한 권으로 읽는

중국여성사

한 권으로 읽는

중국여성사

구성희 지음

이담 Books

머리말 ● ● ●

역사의 흥망성쇠를 이야기할 때 우리는 흔히 그것을 주도해 간 영웅호걸들의 이야기를 먼저 풀어나가기 마련이다. 하지만 역사는 그런 남자들만이 이루어냈던 것이 아니다. 그들 옆에는 항상 뛰어난 여자가 있었다.

중국 역사에는 평범한 인물을 영웅으로 만들고, 위기에 처한 나라를 구하는 데 큰 몫을 해낸 지혜롭고 용감한 여자들 또한 적지 않았으며, 나라가 기울고 집안이 망하는 그 배후에 종종 아름답고 무시무시한 여자들이 도사리고 있는 예들을 드물지 않게 찾아볼 수 있다.

이 책에 수록된 중국 역사에서 걸출한 16인의 여인은 극적이고 특별한 삶을 살아낸 맹렬여성들로서 역사를 소용돌이치게 한 장본인들이라 할 수 있다. 이들 중 일부는 탐욕과 잔인한 행적으로 자신뿐만 아니라 한 나라를 패망의 구렁텅이에 몰아넣기도 했지만, 다른 일부는 빛나는 지혜와 삶에 대한 뜨거운 열정으로 중국 역사를 진취적으로 이끌어 가기도 했다.

중국 역사는 오랜 기간 면면히 흘러오면서 수많은 역사의 기록들을 남겼다. 특히 그 기록들 가운데 황제와 황제의 여인들에 대한 이야기는 역사의 한 장을 장식하며 후대사람들에게 수많은 흥밋거리를 남겼다. 황제의 여인들이 특별한 이유는 그들이 국가 권력의 정점에 있었기 때문이다. 그들은 황제의 여인이었기에 부귀와 호사를 한없이 누릴 수 있었지만, 권력의 핵심에 있었기에 권력의 실타래 속에서 얽히고설킬 수밖에 없었다. 또 사랑의 달콤함과 배신의 쓰디씀, 질투의 시큼함을 한꺼번에 맛보아야 했다.

크나큰 권력의 유혹은 황실을 둘러싼 수많은 비극과 처량한 이야기들을 만들어 냈다. 권력의 위력은 거부할 수 없을 만큼 강하다. 특히 황제가 무소불위의 권력을 독차지했던 봉건사회에서는 권력을 가지면 천하를 얻은 것이나 다름없었다. 깊숙한 황실 내궁에 몰아친 피비린내 나는 폭풍우의 중심에도 바로 권력이 있었다.

측천무후의 권력 앞에서는 피붙이도 매정하게 살해되었고, 권력 장악에 방해가 되면 친자식에게도 칼을 휘둘러 후환을 없앴다. 여후는 '토사구팽'(兎死狗烹: 토끼가 죽으면 토끼를 잡던 사냥개도 필요 없게 되어 주인에게 삶아 먹힌다는 뜻으로, 필요할 때는 쓰고 필요 없을 때는 야박하고 야비하게 버리는 경우를 이르는 말)을 그 누구보다도 충실하게 실천했던 여인이고, '인간돼지'라는 무시무시한 형벌을 만들어 내기도 했다. '매국노'로 불리는 서태후는 권력으로 인간이 얼마나 잔인해질 수 있는지 몸소 보여 준 인물이다. 온 나라를 불구덩이로 내던지고 백성들을 나락으로 떨어뜨릴지언정, 손에 쥔 권력만은 절대로 놓지 않았다. 때문에 일부 역사가들은 서태후를 청나라를 멸망시킨 청나라의 마지막 황제라고 말하기도 한다.

권력은 양날의 칼이다. 이 칼을 제대로 사용하면 온 천하가 태평하고 백성들이 편히 살 수 있지만, 함부로 휘두르면 돌이킬 수 없는 화를 자초하게 된다.

권력을 장악한 황실 여인들에게도 등급이 있었다. 측천무후는 권력을 빼앗기 위해서라면 온갖 수단을 가리지 않았지만 결코 권력을 자신만의 것인 양 함부로 휘두르지 않았다. 그래서 널리 인재를 구하고 개혁을 적극 추진해 이후 당 왕조가 공고히 이어지게 된 사회 문화적 기반을 탄탄히 마련했다. 그러나 서태후의 집권은 나라와 백성들에게 재앙이나 다름없었고, 역사는 그녀를 망국의 장본인으로 기억하고 있다. 반면 권력을 손에 넣는 일에는 관심이 없고, 오로지 황제의 권력과 은총에 기대 사치와 향락에 빠졌던 여인도 있다. 수많은 후궁도 마다한 당 현종의 모든 사랑을 독차지했다는 양귀비가 그랬다.

　3,000여 년간 중국여성들의 삶은 종법宗法조직으로 인해 일찌감치 사회와 단절되었다. 여성은 보잘것없는 존재에 불과했고 잊힌 사람일 뿐이었다. 여성들은 늘 이용되고, 희롱당했을 뿐 3,000년간 어떠한 중요성도 갖지 못했다. 여성들에 대한 박해의 역사는 상상을 초월할 정도이다. 과거 중국의 여성들은 다른 동아시아 국가에 비해 훨씬 열악한 위치에서 삶을 이어갔다.

　송대의 사회·가족제도는 더욱 새롭게 정비되면서 유교문화가 가족 및 사회에 깊이 침투하여 당시의 가훈과 가범家範은 이미 남녀유별을 강조하고 있다. 이렇게 남녀유별, 즉 남존여비사상을 엄격히 함으로써 여성들의 활동공간을 제한했으며 이러한 현상은 특히 명·청대와 1949년 신중국 성립(중국에서는 1949년 이전의 중국을 구중국이라 하고, 1949년 10월 1일 중화인민공화국의 건국 이후의 중국을 신중국이라 함) 이전까지 여성들에 대한 규제와 억압을 가속화했다. 그 결과 여성의 행동에 대한 제한과 생활권을 좁혀 그들의 정상적인 발전은 봉쇄되고, 집 안에서 여성들은 더욱 자유와 자주성을 침해당했다.

한편 평민여성들은 대부분 교육을 받지 못하였고, 경제적으로 다소 나은 형편의 여성들은 완전한 문맹을 겨우 면한 정도의 지식밖에 갖지 못했다. 이들은 어려서부터 문화적 교양권 밖에서 부모형제, 친척, 이웃과 농사를 지으며 삶을 영위했다. 생계를 이어야 한다는 필요성 때문에 평민여성들은 귀족가문의 여성들과 같은 심한 속박을 받지는 않았지만, 유교문화의 영향을 받은 민간의 풍습과 가법·가규는 도덕관으로 굳어져 하층사회의 여성을 억압하였다.

20세기 이전의 송宋·원元·명明·청淸대까지의 1,000년 동안은 중국 역사상 중국 여인들의 생활이 가장 힘들었던 암흑기였다. 그중에서도 명·청 두 시대의 여성들이 가장 큰 박해를 받았다. 이 시기 봉건적인 예교가 중국여성들에게 가했던 제재·편견·압박·구금 등은 말할 수 없을 정도로 심하였다. 전족纏足으로 막대한 고통을 당했으며 사회적으로도 상속에서 소외되었다. 그뿐만 아니라 '현모양처'(賢母良妻: 중국 전통사회가 원하는 현모양처는 노예 같은 며느리와 무조건 순종하는 아내, 모든 것을 희생하는 어머니의 역할이다)가 되고 '삼종

지도'(三從之道: 어려서는 아버지를 따르고 시집가서는 남편에게 순종하며, 늙어서는 아들을 따라야 한다는 덕목)를 지킬 것을 강요하는 것은 물론이고, "남녀가 직접 주고받지 않는다男女授受不親"는 것과 여성에 대한 일반적인 요구가 "정조를 지키고 절개를 지켜라守貞守節" 여성은 "재주가 없는 것이 곧 덕이다無才是德", "발을 집 밖으로 내놓지 않아야 한다"는 등의 금령으로까지 발전되었던 것이다. 이렇게 되자 여성은 심리적으로 극심한 억압을 당해야 했고, 신체적으로 완전한 자유를 상실하였다.

20세기의 중국은 사회·정치·문화 방면에서 엄청난 변화를 겪었다. 그중에서도 변화와 충격이 가장 큰 분야는 단연 '여성'에 대한 것이었다고 할 수 있다.

1911년의 신해혁명과 1949년 신중국의 성립은 중국여성들에게 많은 혜택을 가져다주었다. 우선 전족의 금지는 여성들의 신체를 해방시켰고, 여학교의 설립(특히 1920년부터 여성들도 대학에 진학할 수 있게 됨)은 여성의 문화소양의 기초를 전면적으로 높이는 계기가 되었다. 또한 부모가 혼인을 독단하지 못하도록 한 것은 여성들에게 연애의 자유를 되돌려 주었다. 일부일처제의 법은 여성들이 노예상태에서 벗어나도록 하였으며, 특히 1949년 신중국 건국 후 정부주도하에 근로와 보수의 남녀평등권의 보장은 여성들의 경제적인 지위를 향상시켰다. 더욱이 여성의 정치참여 허용은 여성들의 정치적인 지위를 향상시켰으며, "남녀의 일률적인 평등"은 법률상으로 여성들도 독립적이고 자주적인 공민권과 의무를 가질 수 있게 하여 신체적 침해 및 인격적 침해를 당하지 않을 권리를 보장해 주었다. 이러한 성과들은 몇 천 년 동안 감히 생각지도 못했던 일이었으나 혁명은 이를 단기간에 실현시켰다. 오랜 세월 여성들을 옭아매고 있었던 쇠사슬은 혁명에 의하여 타파된 셈이다. 이로써 중국의 여성들은 경제적·사회적·정치적인 면에서 남성과 동등한 권리를 갖게 되었다.

이 책에서는 춘추시대 월나라 최고의 미녀이며 조국 월나라를 위해 오나라 멸망에 커다란 공적을 세운 서시에서부터 시작하여 여성해방운동과 중국혁명활동에 강력한 영향력을 발휘한 추근, 하향응, 송경령, 송미령, 강청, 등영초에 이르는 중국사에서 두각을 드러낸 여성들의 업적과 역사적 공헌 또는 악영향에 대해 소개하고자 한다.

또한 춘추시대의 서시부터 등영초에 이르는 중국여성들의 삶 속에 비춰진 사회·정치·문화적 지위에 대해 살펴보고, 아울러 이들 여성의 역할과 역사적 공헌을 기반으로 해서 중국 역사 속에서의 이들에 대한 역사적인 지위를 재평가하고자 한다.

이 책을 저술한 것은 역사의 생생한 소리를 현대인에게 들려주기 위함이다. 또한 이들 여성 중 역사의 모범이 된 인물은 긍정적인 평가를 더욱 부각시키고, 역사에 나쁜 영향을 끼쳤던 인물은 그들의 부정적인 행위로 인해 파생된 역사적 폐해를 일일이 드러내어, 현대를 사는 우리의 거울로 삼고자 한다.

2012년 8월
구성희 씀

목 차

머리말 ■ 4

제1장 서시 - 조국을 위해 희생한 월나라 최고의 미녀

1. 춘추시대 말기 오나라와 월나라의 싸움 ■ 20
2. 서시의 등장 ■ 27
3. 서시와 범려의 사랑 ■ 30

제2장 여후 - 중국 역사상 최초로 정권을 잡은 전한의
      여성정치가

1. 여공이 여치를 건달 유방에게 시집보내다 ■ 39
2. 잔혹한 정치가 여후 ■ 42
3. 여씨 천하의 종말 ■ 47

제3장 왕소군 - 화친을 위해 흉노로 시집가다

1. 궁녀가 된 왕소군 ■ 54
2. 흉노족이 한 왕실과 혼인관계를 요구하다 ■ 57
3. 화친의 미녀외교관 왕소군 ■ 63

제4장 풍태후 - 북위를 지배한 여장부

1. 황제를 제거하고 정적을 소탕하다 ■ 70
2. 과감한 '한화漢化' 정책 ■ 75
3. 풍태후에 대한 평가 ■ 78

제5장　문성공주 – 티베트에 문명을 전파하다

　　　1. 토번 왕 송찬간포의 열정적인 구혼 ▪ 84
　　　2. 화친을 위해 멀고 먼 토번으로 시집가다 ▪ 87
　　　3. 토번 백성의 영웅이 된 문성공주 ▪ 89

제6장　측천무후 – 남자황제보다 뛰어났던 중국
　　　　　　유일의 여황제

　　　1. 여자황제의 탄생을 예고한 관상가 ▪ 98
　　　2. 재상에게 인재추천을 강조하고 중요한 인물을 후대하다 ▪ 104
　　　3. 정치적 재능이 뛰어난 측천무후 ▪ 107

제7장　양귀비 – 당나라를 멸망시켰다?

　　　1. 아들의 처를 빼앗은 당 현종 ▪ 116
　　　2. 위험한 수양아들 안록산 ▪ 120
　　　3. 정말 양귀비 때문에 당나라가 망했을까? ▪ 124

제8장　마황후 – 인자하고 후덕한 명나라의 현모양처

　　　1. 출신이 비천한 황제부부 ▪ 132
　　　2. 현명하고 내조를 잘하는 마황후 ▪ 136
　　　3. 지극히 평범한 마수영 ▪ 141

제9장 **효장태후 - 청나라 초창기 기반을 닦다**

    1. 권력은 모든 것의 우위에 있다 ▪ 148
    2. 탁월한 정치감각으로 황제를 보좌하다 ▪ 151
    3. 어린 강희제를 도와 자신의 이름을 천고에 남기다 ▪ 155

제10장 **서태후 - 청나라의 마지막 황제**

    1. 야심만만한 서태후의 등장 ▪ 162
    2. 권력을 지키기 위해 수단과 방법을 안 가린다 ▪ 166
    3. 중국 역사에 오명을 남긴 서태후 ▪ 170

제11장 **추근 - 남존여비에 항거한 여전사**

    1. 유복한 어린 시절과 불행한 결혼생활 ▪ 178
    2. 추근의 남녀평등사상과 혁명활동 ▪ 183
    3. 역사에 이름을 남기다 ▪ 199

제12장 **하향응 - 전족을 거부한 큰 발의 여인**

    1. 전족을 풀어 헤친 하향응 ▪ 207
    2. 신중국 건국에 참여하다 ▪ 215
    3. 애국을 위한 예술활동 ▪ 233

제13장 **송경령 – 중국의 어머니**

　　1. 혁명가 손문과의 결혼 ▪ 240
　　2. 손문사상의 계승자가 된 송경령 ▪ 243
　　3. 문화대혁명시기의 고통과 중국의 양심 송경령 ▪ 247

제14장 **송미령 – 영원한 퍼스트레이디**

　　1. 정치가로서의 송미령을 만든 미국유학생활 ▪ 258
　　2. "영웅이 아니면 시집가지 않겠다"고 공언한 송미령 ▪ 261
　　3. 너무도 다른 두 자매의 인생, 그리고 백 세 생일 ▪ 266

제15장 **강청 – 제2의 측천무후를 꿈꾸다**

　　1. 모택동과의 만남, 권력으로의 첫발 ▪ 274
　　2. 강청의 가족들 ▪ 278
　　3. 붉은 여황제 강청의 몰락 ▪ 283

제16장 **등영초 – 13억 중국인의 큰언니**

　　1. 등영초의 어린 시절 ▪ 292
　　2. 주은래와의 결혼과 혁명활동 ▪ 295
　　3. 등영초에 대한 평가 ▪ 307

제1장

서시
조국을 위해 희생한
월나라 최고의 미녀

"클레오파트라냐, 양귀비냐?" 하는 말도 있듯이 양귀비야말로 중국의 대표적인 미녀로 여겨지고 있지만, 사실 고대 중국에는 양귀비도 무색할 정도의 전설적인 미녀가 있었다. 그 이름은 서시로 춘추시대 말기 회계를 중심으로 홀연히 출현한 남쪽의 강대국 월나라 사람이다. 서시의 미모와 생애에 대해서는 세월의 흐름과 함께 전설이 전설을 낳고 시와 소설 및 희곡 같은 장르에서 수없이 다루어졌다.

 서시는 경국지색(傾國之色: 나라를 기울게 할 만큼 용모가 빼어난 절세의 미인을 뜻한다)의 미인일 뿐 아니라, 절세의 풍치와 재주를 갖춘 위에 담량과 견식을 겸비하여 월나라를 도와 성공적으로 오나라에 설욕을 했다. 그녀는 국난에 처하자 굴욕을 견디고 막중한 임무를 띠어 나라에 몸을 맡겼으니 미모와 절개의 화신이며 전설이다. 서시의 이야기는 민간에 널리 전해졌으며, 그녀의 고상한 애국심으로 인하여 사람들은 널리 이를 전하여 사모하였다.

일본의 시인 마쓰오 바쇼는 서시^{西施}의 자색을 흠모해 중국의 옛 월나라 땅을 유람하며 서시의 흔적을 탐색했다. 그가 중국에 갔을 때는 마침 가랑비와 장대 같은 장맛비가 오락가락하는 계절로, 빗속에 진홍빛 합환화^{合歡花}가 만개한 풍경이 그윽한 묵향을 풍기는 중국의 산수화와 오왕 부차를 매혹시켜 오나라를 망하게 한 월나라의 절세가인 서시를 더욱 생각나게 했다.

서시는 당시 초나라의 전형적인 미인으로 '허리가 가늘고 섬약한 체질'로 사람의 보호본능을 일으키게 하는 부드럽고 온순한 모습을 갖춘 여인이었다. 그러므로 마쓰오 바쇼는 빗속에 우아한 자태를 드러내고 있는 합환화를 서시로 상상하고 있는 것이다.

서시는 춘추시대^{春秋時代: 기원전 770~403년} 말기에 회계^{會稽: 오늘날의 저장성}를 중심으로 출현한 남쪽의 강대국 월^越나라에서 땔나무를 파는 사람의 딸로 태어났다. 어려서부터 타고난 미모로 인해 회계현 일대에서 제일가는 미녀로 손꼽히고 있었다. 그녀의 미모와 '생애에 대해서는 세월의 흐름과 함께 전설이 전설을 낳고, 시와 소설 및 희곡 같은 장르에서 수없이 다루어졌다. 서시에 관한 유명한 일화는 『장자』에도 기록되어 있다.

어느 날 서시가 마음속의 근심으로 인해 자신도 모르게 이마를 찌푸리며 마을을 걷고 있었다. 그런데 이 마을에서 가장 추녀인 여자가, 찡그렸으나 여전히 아름다운 서시의 모습을 바라보곤 자기도 서시와 같이 하면 아름다워 보일까 하여 얼굴을 잔뜩 찌푸린 채 걸어갔다. 그런데 마을 사람들은 이 추녀의 모습을 보고는 모두 고개를 돌려 외면하고는 황급히 집으로 들어가 대문을 잠그고 나오지 않았다고 한다.

'서시는 언제나 아름답다.' 북송의 위대한 시인 소동파蘇東坡: 1036~1101년는 아름다운 풍광으로 수많은 문인들의 사랑을 받은 항주杭州의 서호西湖를 서시에 비유하여 노래하곤 했다. 항주는 옛날 월나라의 영역이다. 소동파는 날씨에 따라 시시각각 모습을 바꾸는 서호를 바라보면서, 화려한 전설에 감싸인 옛날 월나라 미녀 서시를 생각해낸 것이다. 먼 후세의 시인 소동파가 이토록 찬양한 서시는 어떤 여성이었을까, 우선 그녀가 살았던 시대를 살펴보자.

1. 춘추시대 말기 오나라와 월나라의 싸움

구천勾踐은 춘추시대 말기, 월越나라의 패주霸主이다. 오나라와 월나라는 이웃나라이다. 그 지역은 대개 현재 강소성 남부의 모든 지역과 절강성 북부의 일부지역을 포함한다. 월나라는 오나라의 동남부에 접해 있으며, 그 서부와 북부는 각각 초나라·진나라·제나라와 국경이 맞닿아 있었다.

오나라와 월나라 사람들은 본래 한 종족이라서 생활풍속이 같았다. 이처럼 삶의 터전과 경제·언어를 공유한 데다가 사람들의 성격이나 특징도 비슷했기 때문에 두 나라는 춘추시대 중반까지 서로 우호적인 관계를 유지할 수 있었다. 또한 그들은 원래 초나라의 통치에 순종하고 있었다.

기원전 514년 오나라 국왕 합려가 즉위했다. 그는 웅심雄心을 품은 유능한 통치자였다. 중원의 선진 생산기술을 수용하면서 지략가 오자서伍子胥를 재상으로 삼아 국사를 함께 논의하고, 탁월한 군사전략가 손무를 장군으로 기용해 군대를 훈련시켰다.

이 두 사람의 보좌로 오나라는 더욱더 강대해지면서 부국강병을 실현했다. 오나라의 국력이 커지자 중원의 다른 나라들은 오나라를 주시하고 있었다. 마침내 합려는 다른 나라에 군사적 공격을 감행했다. 그는 상대적으로 강성했던 초나라에 여러 번 승리했으며, 제나라에도 위협이 되었다. 물론 비교적 약소했던 월나라에는 큰 부담이었다.

그렇게 오왕 합려가 춘추5패(春秋五覇: 중국의 고대 춘추시대 제후 간 회맹의 맹주를 가리킨다. 춘추시대의 5대 강국을 일컫기도 한다)의 한 사람으로 부상한 데 자극이라도 받았는지 오나라의 동쪽에 새로운 강국이 기지개를 켜고 있었다. 그 나라가 바로 구천이 다스리는 월나라였다.

구천의 부친 윤상允常은 현명한 군주였다. 그는 흩어져 있던 월나라 계통의 부족들을 규합하여 눈부신 성장을 이룬 끝에 강국으로서의 면모를 갖추게 되었다. 윤상이 죽자 구천이 왕위를 계승하니 이가 바로 오왕 부차와 패권을 다투었던 월왕 구천이다.

오나라는 윤상이 죽자 그 기회를 틈타 월나라를 공격했다. 이미 경계해야 할 만큼 월나라가 강대한 세력으로 성장해 있었기 때문이다. 그러나 월왕 구천은 아버지 윤상 못지않은 인물이었다. 오나라의 공격을 받자 그는 참모 범려范蠡의 도움을 받아 뛰어난 계략으로 오군을 대파하고 오왕 합려에게 커다란 부상을 입혔다.

이 싸움에서 월왕 구천은 자살부대를 투입했다. 오군과 월군이 대치하고 있는 상황에서 먼저 월나라의 부대 가운데 한 대열이 오나라 진영 앞에 이르러 전원이 갑자기 제 목을 찔러 자살해 버렸다. 사실 이 자살부대는 모두 죄수들로 구성된 부대였다. 부모와 처자식 등을 귀히 대하겠다는 조건하에 설득된 그들이었다.

이 일로 크게 당황한 것은 오나라 진영이었다. 오나라 군사들은 예기치 못했던 사태에 어리둥절해하며 멍청히 서서 구경만 하고 있었다. 이때 갑자기 월나라의 돌격부대가 오나라 진영 깊숙이 쳐들어 와 오군진영을 유린해 버린 것이다.

오왕 합려는 전혀 문제없는 싸움으로 이길 것을 자신했는데 뜻밖에도 패했으며 그 자신도 화살에 맞아 중상을 입었다. 이미 나이도 많은 왕인지라 일순 병이 악화되어 회복되기 어려운 지경에 빠졌다. 합려는 죽기에 앞서 태자 부차夫差를 불러 말했다.

"나를 이렇게 만든 것이 구천이라는 사실을 너는 잊을 수 있겠느냐?"

"어찌 감히 잊을 수 있겠습니까?"

부차는 아버지께 기필코 원수를 갚겠다고 다짐했다. 부차는 아버지의 한을 잊지 않기 위해 신하들에게 매일 몇 번씩 부왕의 유언을 일깨워 달라고 당부했다. 그의 부하들은 아침마다 큰 소리로 아뢰었다. "부차여! 월왕이 당신의 아버지를 죽였다는 것을 잊었습니까?" 그러면 부차는 눈물을 흘리면서 "잊지 않았습니다"라고 대답하곤 했다. 또한 그는 자신의 다짐을 잊지 않기 위해 밤마다 땔나무[薪]를 자리에 깔고 그 따가움 속에서 아버지의 원한을 되새겼다.

오나라가 이렇게 복수전을 준비하고 있다는 사실을 안 월왕 구천은 기선을 제압하기 위하여 선제공격을 가하려 했다. 그러자 대부 범려는 지금은 때가 아니라며 극구 만류했다. 조급해 있던 월왕 구천은 범려의 말을 귓가에 매어둔 채 오나라를 공격하다가 결국 대패하고 말았다.

오나라가 승세를 몰아 월나라의 수도 회계를 포위하니 월왕 구천의 목숨은 경각에 달려 있었다. 이때 범려가 구천에게 간언했다.

"지금 이 위기를 벗어나기 위해서는 왕께서 직접 오왕 부차에게 나아가 엎드려 용서를 빌고, 그것으로 해결이 되지 않으면 왕 스스로 오왕을 섬기기라도 해서 강화를 이루도록 해야 합니다."

구천은 범려의 말을 듣고 많은 뇌물과 함께 강화를 요청했다. 월왕 구천 자신이 오왕의 신하가 되고 자신의 아내는 오왕의 첩이 되겠다는 내용의 굴욕적인 항복 선언이었다. 오왕은 이 제의를 듣고 만족하여 받아들이려 했다. 그러자 이번에는 오자서가 반대했다.

"지금이야말로 하늘이 월나라를 우리 오나라에 주는 때입니다. 줄 때 받지 않으면 나중에 큰 재앙을 입게 됩니다. 구천은 매우 현명한 사람인 데다가 그 휘하에는 범려와 같은 훌륭한 신하들이 있습니다. 그를 여기에 살려두시면 언젠가 크게 해를 입힐 것입니다."

오자서는 이 기회에 월나라를 완전히 없애버리자고 진언했다. 그러나 이미 월나라로부터 뇌물을 받은 대신 백비 등의 말을 들은 오왕 부차는 강화요청을 받아들이고 말았다. 이때부터 오나라 내부에서는 월나라에 대한 강경파인 오자서와 온건파인 백비 사이의 대립이 싹트게 되었다.

월왕 구천 부부와 범려가 오나라의 수도 고소^{姑蘇: 오나라의 도읍. 현재 소주} (蘇州) 지역에 이르자, 부차는 그들을 부친 합려의 묘소 옆에 돌집을 세워 머물게 하고 오나라 왕실을 위해 말을 기르게 했다.

이곳에서 구천은 남루한 나무꾼 차림을 면치 못했다. 구천은 장작을 패고, 풀을 베고, 말을 길렀다. 그의 처는 물을 긷고, 분뇨통을 씻고, 청소를 하는 등 이들의 고단한 삶은 쉴 틈을 허락하지 않았다.

오왕 부차는 시도 때도 없이 그곳을 방문하였다. 그때마다 수레를 타고 갔는데, 늘 구천에게 자신의 말고삐를 잡게 했다. 오나라 사람들은 그런 구천을 조롱하여 놀렸다.

구천은 이렇게 3년이라는 세월을 보냈다. 온갖 궂은일을 하면서도 구천은 원망하는 말 한 마디가 없었다. 또 후회스러워하는 기색도 전혀 내보이지 않았다. 더불어 그는 언제나 조심스럽게 부차의 시중을 들며 모든 일에 순종했다. 그러하니 부차는 구천 내외에게 불쌍한 마음이 들기 시작했다.

한편 구천의 신하 문종文種은 늘 사람을 보내 오나라 대신 백비伯嚭에게 온갖 선물을 꾸려 보냈다. 그로써 그가 오왕 부차 앞에서 주군 구천을 위해 좋은 말을 하도록 했다. 그런 터에 부차가 구천을 불쌍히 여기는 낌새를 보이자 백비는 이렇게 청했다.

"대왕께서 궁핍하고 외로운 사람을 성인의 마음으로 가련히 여기는 것은 하늘의 뜻과도 일치합니다."

부차가 백비에게 말했다.

"그대를 위해 그들을 사면하겠소."

부차가 구천을 사면한다는 소식은 곧바로 오자서에게 전해졌다. 오자서는 황급히 어전으로 찾아가 대왕 부차에게 말했다.

"적국을 점령하면 그 즉시 종묘사직을 헐어버리는 것이 오늘의 이치입니다. 보복의 화근을 없애야 자손들에게 미칠 해를 면하기 때문이죠. 오늘 월왕 구천의 죽음을 미루심은 훗날 반드시 오나라에 심대한 우환거리가 될 것입니다."

부차는 일리가 있다는 생각이 들어 이 문제를 다시 숙고하기로 했다. 그러던 중 부차가 병이 들었다. 그의 병세는 호전될 기미도 없이 석 달이 흘렀다. 부차에게 병문안을 가기로 결심한 구천은 범려에게 부차의 병세를 예측하게 했다. 범려가 말했다.

"오왕은 죽지 않을 것입니다. 얼마 뒤 병이 나을 터이니, 대왕께서 언행을 조심하시기 바랍니다."

이때 범려가 계책을 내놓았다.

"제가 살피건대 오왕은 약속을 잘 지키는 사람이 아닙니다. 그는 몇 번이나 대왕의 사면을 거론했으나 실행하지 않았습니다. 대왕께서는 문병을 가시어 그의 대변을 맛보시고 그의 안색을 살핀 뒤 그가 곧 완쾌할 것이라며 축수를 올리십시오. 훗날 대왕의 말이 현실이 되면 큰 신임을 받게 될 터이니, 그리 된다면 다시 무엇을 더 근심한단 말입니까?"

이튿날 구천은 오왕 부차에게 병문안을 갔다. 백비는 구천을 옹위하여 부차의 침실로 들어갔다. 때마침 부차가 대변을 보려 하던 차였다. 구천이 급히 다가가 부차를 부축하자, 부차는 손을 내저어 구천에게 침실에서 나가도록 했다. 그러자 구천이 말했다.

"아비에게 병환이 있는데 아들이 어찌 시중들지 않으며, 대왕에게 병환이 있으신데 신하인 제가 어찌 시중들지 않겠습니까? 그리고 저에겐 지난날의 작은 경험이 있사오니, 대변을 통해 대왕의 증세를 알아보려 합니다. 꾸짖지 말아주십시오."

부차는 더 이상 거절하지 않았다. 부차가 용변을 보자 구천은 즉각 대변을 손으로 떠서 대변을 입에 대어 맛보고 나서 이렇게 말했다.

"죄가 많은 신하 구천이 대왕에게 축수 드립니다. 대왕께서는 며칠이 지나지 않아 자리를 털고 일어나실 것입니다. 어찌 기쁜 일이 아니겠습니까?"

부차가 그 이유를 알려고 하자, 구천이 대답했다.

"대변은 오곡의 맛을 따르는 법입니다. 따라서 절기를 거스르면 죽고, 절기를 따르면 삽니다. 오늘 신하가 대왕의 대변을 맛보았는데 맛이 쓰고 시큼했습니다. 이런 맛은 봄과 여름의 기에 응한 것이라 들었습니다."

부차는 그의 말을 듣고 감동했다.

"인과 의를 갖춘 사람이로다!"

구천이 계속해서 시중을 들자, 부차는 미안한 생각이 들었다.

"내 병이 나으면 당신을 돌려보내겠소."

구천이 늘 정성을 다해 부차의 시중을 들고, 또 백비가 월나라 정세가 안정되어 반역의 조짐은 없다고 보고하자, 부차는 구천의 위협은 더 이상 없다고 판단해 그를 돌려보내기로 작심했다.

며칠이 지난 뒤, 부차는 친히 구천 부부를 배웅했다. 구천 부부는 오왕에게 사의를 표하고 범려가 모는 수레 위에 올랐다. 구천 부부는 무사히 고국으로 돌아가게 되었다.

이때부터 구천은 자기가 기거하는 방문에 쓸개를 걸어놓고, 드나들 때마다 그것을 핥으며, '고소에서의 치욕을 잊지 말아라'라며 스스로를 일깨웠다. 그리고 구천은 끊임없이 온갖 보물과 미인을 부차에게 보냄으로써 변함없는 충성을 표시하는 것을 잊지 않았다.

2. 서시의 등장

월왕 구천은 현명하고도 유능한 군주이다. 구천은 범려와 문종 등 유능한 신하들을 수하에 두고 있었다. 천신만고 끝에 고국으로 돌아온 그는 와신상담臥薪嘗膽, 10년 동안은 조용히 역량을 키웠다. 그런 다음 다시 10년 동안 인구를 늘리고 물자를 모았다. 또한 백성들을 가르치고 군사훈련을 시켜 부국강병을 이루었다.

당시 월나라 사람들은 그 치욕을 갚기 위해 밤낮으로 방법을 연구하며 국력을 축적하고 있었다. 이때 범려가 한 가지 방법을 제안했다.

"우리는 오나라를 정면으로 공격할 필요 없이 뒷문으로 들어가 가볍게 그들을 패배시킬 수 있습니다."

범려가 왜 이런 생각을 했을까?

그때 오왕 부차는 회계에서 크게 승리한 뒤로 월나라가 다시는 재기하지 못하리라 여기고 있었다. 그러므로 오자서를 제외한 모든 오나라 사람들은 점점 일상생활에서 풍요로운 물질이 주는 쾌락 속에 빠져들어 갔다. 범려는 부차의 이런 생활을 더욱 부추겨 그가 국사를 돌보지 못하도록 미인을 선물로 보내고자 한 것이다.

구천은 범려의 제안에 따라 전국을 뒤져 20여 명의 미인을 선발하고, 그들 가운데 다시 두 사람을 선발하니 그들은 바로 서시와 정단鄭旦이다. 범려는 서시와 정단의 집에 각각 백 냥씩의 금을 주고 수레에 태워 도성으로 향했다. 이때 백성들이 전국 제일의 미녀들을 보려고 모여들어 거리는 발 디딜 틈이 없을 정도였다. 그러자 범려는 잠시 행렬을 멈춰 객사에 머무르며, 부하에게 돈을 넣을 수 있는 궤를 준비하라 명령하며 말했다.

"누구든지 한 냥을 내면 미인들을 볼 수 있도록 해 주겠다."

그들 일행이 그곳에서 3일간을 머무르는 동안 모인 돈은 헤아릴 수 없었으며, 범려는 그것으로 미약한 국고를 충당했다. 이들이 도성에 이르자 구천은 직접 서시와 정단을 따로 마련된 성으로 보내고, 범려의 지휘 아래 이들은 궁중에서의 예의범절, 시화, 가무에서부터 잠자리에서 남자를 사로잡는 법에 이르기까지 철저히 훈련되었다.

3년 동안 범려의 지시에 따라 모든 훈련을 완벽하게 익힌 서시는 그녀와 전혀 다른 분위기의 미모를 갖춘 정단과 함께 구천이 오왕 부차에게 바치는 선물로 보내졌다. 두 미녀를 데리고 부차를 배알한 범려가 말했다.

"동해의 천신賤臣 구천이 늘 대왕의 은혜에 감읍하던 중 두 미인을 얻었기에 작은 정성으로 바치고자 합니다."

범려의 이 같은 계획은 적중하여 부차는 오나라의 모든 미녀들이 모여 있는 자기의 비빈, 궁녀들과는 비교할 수도 없이 아름다운 미녀를 보자 첫눈에 반했다. 이때 이미 넋이 나간 듯한 부차의 모습을 보며 오자서가 간언했다.

"신이 듣기로 하夏나라는 매희妹喜로 인해 망하고, 은나라는 달기妲己, 주나라는 포사褒姒 때문에 망했다고 하였습니다. 미녀는 군주를 주색에 빠지게 해서 결국 나라를 망하게 하니 이들을 돌려보내야 하옵니다."

"미인을 좋아하는 것은 모든 사람이 마찬가지인데 구천이 이 같은 미인을 얻고도 자신이 거느리지 않고 내게 보낸 것은 나에 대한 충성의 증거이니 그대는 더 이상 의심하지 마시오."

그때부터 부차는 두 미녀, 특히 서시를 총애하여 그녀와 함께 신선과 같은 생활을 하며 정사를 돌보지 않아 오나라는 차츰 혼란에 빠지기 시작했다. 또한 부차는 왕손웅에게 서시를 위해 영암靈巖 위에 관애궁館娃宮을 짓게 하고, 온갖 보석으로 호화롭게 장식하였다. 또한 향섭랑響屧廊을 만들었는데, 향섭랑은 땅을 파서 큰 옹기를 묻어 평평하게 한 후 그 위를 다시 두꺼운 나무로 덮은 회랑이다. 그곳을 서시가 궁녀들과 함께 지나면 그녀의 신발 끄는 소리가 청아하게 울린다는 뜻으로 향섭랑이라 했다. 오늘날의 영암사靈巖寺 원조탑圓照塔 앞의 작고 기울어진 주랑이 바로 그 터이다.

산 위에는 완화지玩花池, 완월지玩月池가 있고, 오왕정吳王井이 있다. 서시가 맑고 푸른 오왕정을 거울 삼아 단장을 하면 부차는 직접 흑단처럼 고운 서시의 머리를 빗겨 주었다. 서시가 연꽃을 딸 때는 비단으로 돛폭을 만든 금범경錦帆涇을 타고, 성의 남쪽 장주원長洲苑에서 사냥하며, 여름에는 삼면이 산으로 둘러싸이고 남쪽만이 문처럼 열려 있는 소하만消夏灣으로 피서가곤 하였다. 부차는 서시를 얻은 후부터 고소대姑蘇臺에서만 기거하며 서시와 함께 가무, 산수를 즐기는 데에만 열중했다.

재상 백비와 왕손웅만이 늘 주위에서 시중을 들어 오자서가 부차를 만나려 하면 언제나 거절당했다. 결국 오자서는 백비의 모함에 의해 죽고 구천의 부추김으로 교만해진 부차는 수만 명의 병졸을 동원하여 성을 쌓고 도랑을 뚫으니, 동북으로는 양호陽湖를 가로지르고, 서북으로는 회수와 합하며, 북쪽으로는 기수沂水에 달하고, 서쪽으로는 제齊나라에 이르렀다.

그리고 부차는 왕손미王孫彌에게 나라의 수비를 맡기고 직접 정병을 인솔하여 황지의 회맹에서 패자가 될 꿈을 꾸며 출발했다. 이것은 바로 월왕 구천이 오랫동안 바라던 절호의 기회였다. 구천은 해로를 통해 오나라를 공격하여 태자를 죽이는 쾌거를 올렸다. 황급히 회군한 부차는 전력을 다해 월군과 싸웠으나 그동안 서시를 위한 낭비로 국고는 피폐하여 있었고, 군대의 기강은 해이해져 제대로 싸우지도 못하고 계속 패퇴했다. 결국 그 후 오와 월이 세 번 싸워 오나라가 세 번 모두 패하고, 부차는 고소성까지 쫓겨 간 후 자살했다.

3. 서시와 범려의 사랑

부차가 자살하고 오나라가 멸망한 뒤 서시는 어떻게 되었을까? 서시의 그 후에 대해서는 온갖 설이 분분하지만, 크게 두 가지 설로 나눌 수 있다. 하나는 월나라에서 구출되었지만 결국 '미녀의 재앙'이라 하여 구천이나 범려에게 살해되었다는 설이고, 또 하나는 범려와 함께 국외로 탈출했다는 설이다. 후한後漢시대 조엽趙曄이 오월 지방에 전해 내려오는 민간전승을 기록하여 서시 전설의 기본 문헌이 된『오월춘추吳越春秋』나 후한 원강袁康과 오평吳平이 쓴『월절서越絕書』, 당나라 때 육광미陸廣微가 오나라의 지리와 풍습을 기록한『오지기吳地記』(이 책에는 당나라 이전 시대의 전승이나 기록이 섞여 있다) 등은 모두 국외 탈출설을 취하고 있다.

그중에서도 가장 황당하고 재미있는 것은『오지기』의 기록이다. 여기에 따르면, 범려가 서시를 오나라로 데려가는 도중에 사랑에 빠져 무려 3년 동안이나 동거하면서 자식까지 낳았다. 그 후에야 서시가 오나라로 가서 오왕 부차의 총애를 받았다. 오나라가 멸망한 뒤 서시는 당연한 것처럼 범려 곁으로 돌아와 함께 월나라를 떠났다는 것이다. 객관적으로 보면 서시를 오나라에 데려가는 사명을 띤 범려가 3년 동안이나 몰래 서시와 동거한다는 것은 아무리 생각해도 불가능하다. 하지만 『오지기』에 단적으로 나타나 있듯이, 범려와 서시 사이에 연애 관계를 상징하는 민간전승은 폭넓고 뿌리 깊게 퍼져 있다. 이것은 도대체 무엇을 의미할까?

월나라 나무꾼의 딸 서시는 특별훈련을 통해 촌티를 벗고 요염하고 아리따운 절세 미녀로 변신하여, 오왕 부차를 농락하는 밀명을 띠고 오나라로 간다. 서시의 미모에 매혹된 오왕 부차는 월나라의 의도대로 서시의 포로가 되어 정신의 균형을 잃었고, 결국 오자서의 간언을 무시하고 자멸의 길을 걷는다. 이 이야기에서 서시는 월나라 정권이 마음대로 움직이는 장기말에 불과하고, 그녀 자신은 도대체 무슨 생각을 하고 있었는지 알 수 없다. 서시는 수동적으로 부차의 사랑을 받았을 뿐, 스스로는 아무 일도 하지 않고 단지 미의 화신으로 존재했을 뿐이라 사람이 아니라 인형이라고 말할 수밖에 없다.

하지만 여기에 범려가 관련되면, 이야기는 갑자기 재미있어진다. 두 사람이 처음 만났을 때, 범려와 서시가 아무리 서로 사랑하여 헤어질 수 없는 사이가 되었다 해도, 범려는 월왕 구천의 참모이고 서시는 오왕 부차에게 바쳐질 몸이다. 요컨대 이루어질 수 없는 사랑이다. 그래서 서시는 연인 범려의 '공모자'로 오나라에 들어가 부차를 농락하여 오나라의 내부 붕괴를 가속화하는 자신의 역할을 멋지게 해낸다. 눈에 띄는 행동을 하면 의심을 받게 되니까 아무 일도 하지 않고 그저 나긋나긋하게 존재할 뿐이다. 고혹적인 미녀를 연기하면서 부차의 마음이 자기한테 기울어지기를 조용히 기다린다. 때가 무르익어 월나라는 마침내 오나라를 멸하고, 부차는 스스로 목숨을 끊는다.

오나라에 보복하기 위해 월왕 구천을 뒷받침했던 범려는 이제 무대에서 물러날 때가 되었고, 더 이상 월나라에 머무는 것은 오히려 위험하다고 판단, 역시 자신의 역할을 멋지게 해낸 서시와 함께 모든 것을 버리고 새로운 삶을 찾아 바다 저편으로 떠난다.

두 사람의 여행은 아마 처음부터 계획되어 있었을 것이다. 이렇게 되면 희대의 미녀 서시는 가련한 인형이기는커녕, 뚜렷한 자각을 가지고 산 여성이라는 이야기가 된다. 서시는 권력의 함정을 교묘하게 피하여 자신의 뜻을 이루고, 오랜 연인 범려와 함께 달아나 사랑을 이루었다. 그리고 최종적으로 월왕 구천과 오왕 부차를 포함하여 그녀를 도구로 여긴 자들에게 통렬한 앙갚음을 했다. 물론 그렇게 되면 감쪽같이 속은 오왕 부차가 너무 불쌍하긴 하지만, 범려의 국외 탈출설이 오랫동안 전해 내려온 것은 권력의 그물을 마술사처럼 빠져나가 해방된 공간으로 자유롭게 떠나간 만만찮은 연인들의 이미지가 사람들의 희망을 계속 자극했기 때문일 것이다.

월나라를 탈출한 뒤, 범려는 장사꾼으로 변신해 교역의 중심지인 도陶 땅으로 거처를 옮겨, 이름을 주공朱公으로 바꾸고 크게 장사를 하여 엄청난 재산을 모았다. 노년에 이르자, 물러날 때를 잘 아는 도주공陶朱公은 자손에게 장사를 물려주고 깨끗이 은퇴하여 유유자적한 여생을 보냈다고 한다. 늙어서도 아름다운 서시와 함께 오나라와 월나라가 싸우던 시절을 회고하며 즐겁게 웃었을 것이다.

이렇게 월나라의 명참모에서 대상인으로 변신한 범려의 신화적 이야기는 중국 최고의 역사서인 사마천司馬遷의 『사기史記』「화식열전貨殖列傳」에 기록되어 있다. 다만 서시의 이름만은 『사기』에 나오지 않는다. 여기서 인용한 서시 이야기는 모두 『오월춘추』나 『월절서』처럼 민간전승을 허구적으로 과장하여 기록한 야사野史나, 『오지기』 같은 풍토기를 토대로 훨씬 후세에 성립된 『동주열국지東周列國志』(명나라의 풍몽룡馮夢龍이 지은 신열국지新列國志를 청나라의 채원방蔡元放이 정리하고 교정한 것)라는 소설을 참고해서 쓴 것이다.

그렇다고 하여 범려 이야기는 정통적인 역사서에 기록되어 있으니까 '사실'이고, 서시는 그렇지 않으니까 '허구'라고 결론지을 수는 없다. 어쨌든 먼 옛날의 이야기다. 사실과 허구, 역사와 문학의 경계를 설정하는 것은 불가능하고, 의미도 없다. 2천 몇 백 년 전 중국 남부에 홀연히 출현한 오나라와 월나라, 이 두 나라의 싸움 자체가 웅장한 드라마이기 때문이다.

오나라가 멸망한 뒤, 월나라도 오래가지 못하고 어느새 사라졌다. 강렬한 원한으로 몸을 불사르고 오왕 부차를 저주하며 죽어간 오자서, 이와는 대조적으로 월왕 구천의 뒤통수를 치고 상쾌하게 변신한 범려, 그리고 신화의 주인공과도 비슷한 이런 사내들 틈에서 치열하게 살았던 미녀 서시, 이들이야말로 환영처럼 홀연히 나타났다 홀연히 사라진 남쪽 나라 오나라와 월나라를 주제로 한 이 일대 로망의 주인공들이다.

춘추시대에 태어난 서시의 전설은 서서히 형태를 바꾸면서 2천 년이 넘도록 전해져 왔다. 그 변화의 흐름을 살펴볼 때, 고대부터 당나라 말기(9세기 말부터 10세기 초)까지는 범려와 함께 여행을 떠났다는 설이 지배적이었다. 그런데 서시 전설을 소재로 한 장편 가곡이나 희곡이 잇따라 지어진 송대宋代 이후에는 극히 드문 예를 제외하고는 오나라가 멸망한 뒤 서시도 나라에 재앙을 가져오는 미녀라 하여 살해된 것으로 처리하는 경우가 압도적으로 많아진다. 이런 작품의 선구를 이루는 송대의 장편 가곡 <박미薄媚>는 이렇게 노래하고 있다.

(구천이) 명령했다.
"오나라가 멸망했는데 그 여자를 용서하면
월나라도 오나라와 똑같은 꼴이 된다.
오나라는 원망하고 월나라도 의심한다.
공론에 따라 요사스러운 마귀는 제거해야 한다.
초승달처럼 구부러진 아름다운 눈썹을 가진 여인도
마침내 인어가 짠 비단에 목숨을 잃어
향기로운 뼈는 진흙이 되었다."

이것은 물론 서시가 목 졸려 죽은 것을 암시한다. 덧붙여 말하면, 범려와 서시의 관계는 이 가곡에 전혀 등장하지 않는다.

송대 이후 이렇게 서시가 고국 월나라를 위해 자신을 희생한 비극의 여주인공으로 바뀌는 한편, 범려는 '요사스러운 마귀'인 서시에게 눈길도 주지 않고 성실하게 임무를 완수한 뒤 명철보신明哲保身: (총명하고 사리에 밝아 자신의 안전을 지키는 것)한 존재로 이상화된다. 그야말로 사대부적인 이상형이다. 고대부터 민간전승 속에 생생히 전해 내려온 범려와 서시의 연애 이야기는 뻔뻔스러울 만큼 강렬해서 근세의 사대부적 미학에 밀려나버린 것이다. 서시는 그런 엄숙주의에 사로잡힌 완고한 사대부 작가들에게 눈살을 찌푸리고 있지 않을까?

제2장

여후
중국 역사상 최초로
정권을 잡은 전한의 여성정치가

여후가 정치적으로 두각을 드러낸 것은 이성異姓 왕들을 주살하기 시작한 때부터이다. 한 고조 유방이 죽은 후에도 여후는 4일간 유방의 죽음을 비밀로 하고 발상하지 않았다. 그 이유는 유방의 늙은 부하들을 모두 제거하기 위해서였으나 그녀의 목적은 달성되지 못하였다. 여후가 유방의 부하들을 모두 죽이지는 못했지만, 대신에 '유씨'들을 박해하고 '여씨'들을 왕으로 세워 통치 집단 내부의 갈등과 투쟁은 갈수록 치열해져 갔다. 여후가 죽은 후에 모든 여씨집단은 유방의 부하들에 의해 제거당하였다. 여후는 야심 있고 정치적 수완이 뛰어난 정치가이며, 또한 중국 역사상 최초로 정권을 잡은 여성이기도 하다. 그러나 그녀의 지나친 잔혹함은 도리어 자신의 업적을 가려 후대인들의 존경을 받지 못하는 면이 있음을 부정할 수 없다.

중국최고의 역사가인 사마천司馬遷은 『사기史記』 「여태후본기呂太后本紀」에서 "혜제와 여태후 시절에 백성들은 전국 시기의 고통에서 벗어날 수 있었으며, 군신들은 모두 '무위無爲'의 경지에서 안식安息하려고 하였다. 그러므로 혜제는 팔짱만 끼고 아무 일도 하지 않았고, 여태후가 여성으로서 황제의 직권을 대행하여 모든 정치가 방 안에서 이루어졌지만 천하가 태평하고 안락했다. 형벌을 가하는 일도 드물었으며 죄인도 드물었다. 백성들이 농사에 힘을 쓰니 의식은 나날이 풍족해졌다."고 그녀의 치적을 상당히 긍정적으로 평가하였다.

중국 역사상 유명한 태후 세 사람이 있으니 이는 한고조 유방의 부인이자 한 혜제의 모친인 여후呂后 또는 여태후(女太后): 기원전 241~180년, 당나라의 측천무후則天武后: 624~705년, 청나라의 서태후西太后: 1835년 11월 29일~1908년로, 이 세 사람은 정치적 능력이 남자에 비해 뒤지지 않는 여자 중의 호걸들이었다.

이들 중에서 여후는 중국 역사상 첫 번째로 정식으로 집권한 여성이다. 젊은 날의 여후는 오히려 가정을 지키는 선량한 아내였으나 온갖 고난과 어려움을 겪은 데다가 하마터면 남편에게 버림받을 뻔도 했다. 이런 잔혹한 현실은 그녀를 갈고닦아서 요지부동의 과감한 성격으로 만들었으며, 현실에 대한 실망은 그녀를 악독한 여자로 만들었다.

여후의 성은 여呂, 이름은 치雉이며, 한漢 고조高祖 유방劉邦을 보좌하여 진秦나라 말기와 한漢나라 초기의 국난을 수습하였다. 여치는 진나라 때 단부현單父縣: 지금의 산둥성 단현(單縣)에서 태어났다. 그녀의 아버지 여공呂公은 원수를 피하여 패현沛縣으로 이주, 유방과 친분을 맺은 뒤 딸을 그에게 시집보냈다. 초한전(楚漢戰: 기원전 206년 진나라의 멸망 후 서쪽의 초楚나라 패왕覇王 항우項羽와 한나라 왕 유방과의 5년에 걸친 전쟁을 뜻한다)이 시작되고 얼마 안 있어 여치는 유방의 부모와 함께 항우 진영에 인질로 잡혀 있었다.

기원전 203년 항우와 유방의 강화가 성사되자 여치와 유방의 부모도 석방되었다. 그 이듬해 유방은 황제에 오르고 여치는 황후가 되었다. 그녀는 일찍이 뛰어난 지략으로 유방의 천하통일을 보좌하였을 뿐만 아니라, 한 초初에는 유방이 유씨劉氏 이외의 왕(제후)들을 제거하는 과정에서 매우 중대한 역할을 하였다.

여치의 슬하에는 아들 유영劉盈: 혜제惠帝과 딸 노원공주魯元公主가 있었다. 그러나 유방은 유영의 성격이 나약하다는 것을 이유로 그가 총애하던 비빈妃嬪 척부인戚夫人의 아들 조왕趙王 유여의劉如意를 태자로 삼으려고 하였다. 척부인의 눈물어린 호소와 유방의 결심으로 유여의는 거의 태자에 오를 뻔했지만, 장량張良을 위시한 여러 대신들의 간언과 여치의 노력으로 유여의는 태자에 오르지 못하고 유영이 태자의 자리를 계속 유지할 수 있었다.

한고조 유방이 기원전 195년에 세상을 떠나게 되자. 마침내 여후의 외아들인 태자 영盈이 혜제로 황제의 위에 올랐다. 그러나 그는 나이가 어리고 성격이 유약하였으므로 사실상 여후가 황제의 전권을 장악하고 있었으며, 여후는 실질적으로 여황제가 된 것이나 다름이 없었다. 여후는 섭정 기간에 여씨일족을 대거 등용하여 여씨천하呂氏天下를 만들었다.

본문에서는 중국 역사상 최초로 정권을 잡은 여성인 여후의 정치가로서의 면모를 소개하고 여후의 역사적 지위에 대해 재평가하고자 한다.

1. 여공이 여치를 건달 유방에게 시집보내다

한고조 유방은 젊었을 때 일정한 직업 없이 늘 공짜 술이나 마시며 여기저기를 떠돌던 건달 신세였다. 비록 정장이란 말단 벼슬을 맡고 있긴 했지만 다른 사람들 눈에는 영락없는 건달이었다. 그런 까닭에 그의 진면목을 눈여겨보는 사람이 거의 없었다.

하지만 유방은 성격이 쾌활한 데다 친구 사귀기를 즐기고 사람을 잘 도와주었으며, 큰일을 이루고자 하는 남다른 포부를 품고 있었다. 언젠가 진시황秦始皇의 행차 때 그의 위풍당당한 모습을 보고는 "사내대장부라면 저 정도는 돼야지!"라며 감탄하기도 했다.

유방의 고향인 패현沛縣의 현령縣令과 절친한 여공呂公이라 불리는 노인이 있었다. 한번은 현령이 잔치를 베풀어 여공을 초빙했는데, 패현의 관리와 유지들이 모두 축하해 주러 왔다. 훗날 유방을 도와 한나라를 건국하는 데 일등공신이 되는 소하簫何는 당시 패현의 주리主吏라는 벼슬에 있으면서 잔치와 관련된 일을 맡게 되었다. 연회가 시작되기에 앞서 소하는 하객들에게 "축의금이 1천 전 이상인 분은 대청에 앉고, 그렇지 못한 손님들은 대청 아래에 앉기 바랍니다."라고 선포했다. 빈객들은 소하의 말에 따라 각자의 자리를 찾아 앉았다.

그런데 이때 풍채가 당당한 한 사내가 "나는 축의금 1만 전이오!"라고 큰소리를 치며 대청 쪽으로 다가오는 것이 아닌가? 하객들이 일제히 얼굴을 돌려 소리 나는 곳을 보니 다름 아닌 유방이었다. 평소 유방을 잘 아는 소하는 그를 저지하면서 대청 아래로 밀어내려 했다.

이때 저 안쪽에서 여공이 나오면서 "축의금 1만 전이 어떤 분입니까?"라며 다급히 물었다. "건달 유방이란 자입니다."라고 소하가 대답했다. 여공은 소하 옆에 서 있는 사내를 보았다. 풍채가 훤칠하고 늠름한 젊은이였다. 여공도 진작에 유방의 이름은 들은 적이 있는데, 지금 자신의 눈으로 직접 보니 과연 그 기개가 남달랐다. 여공은 유방을 대청에 앉게 했고, 유방은 한 마디의 사양도 없이 안하무인의 자세로 대청 상석으로 가서 앉았다.

사람들은 모두 경멸과 조소의 눈빛으로 유방을 뚫어지게 쳐다보았다. 연회가 끝난 후 여공은 유방을 따로 불러 이렇게 말했다.

"내가 지금까지 많은 일을 겪고 많은 사람을 만나보았지만 그대처럼 기개가 비범한 사람은 처음 보았소. 앞날이 창창하니 바라건대 여러 모로 조심하기 바라오. 내게 총명한 딸이 있는데, 그대가 아내로 삼았으면 하오!"

여공의 딸 여치는 용모가 수려하고 귀티를 풍기는 여인이었다. 관상을 볼 줄 아는 여공은 딸이 장차 '봉황'이 될 귀한 상이라며 몹시 아꼈다. 절친한 친구인 현령이 구혼을 했을 때도 여공은 거절을 했다. 그러던 그가 연회에서 유방을 보더니, 관상이 비범하다며 분명 딸 여치와 어울릴 것이라고 한 것이다.

유방은 놀라움과 기쁨이 교차했다. 운이 좋아 벼슬자리를 얻기는 했지만 보잘것없이 낮은 관직인 데다가 배운 것도, 변변한 재주도 없었다. 그런 자신이 여공의 눈에 들었다는 사실이 믿기지 않았다. 근방에서 자신에게 딸을 시집보내겠다는 양갓집은 눈 씻고 찾아봐도 없는데, 단지 관상이 좋다는 이유만으로 곱디고운 규수를 배필로 얻게 되다니! 하늘이 내린 선물이 이보다도 더 귀할까.

그러나 여공의 이런 결정은 아내의 강력한 반대에 부딪쳤다. 여공의 아내는 건달에게 귀한 딸을 주겠다는 남편의 일방적 결정에 화가 나서 "당신은 입만 열면 우리 딸이 출세할 것이라고 하면서 장래가 밝은 능력 있는 남자에게 시집보내야 한다고 하지 않았소? 당신 친구인 현령이 청혼했을 때는 거들떠보지도 않다가 어째서 유방에게 시집보내려는 것이오? 유방이란 놈이 건달이란 이야기를 듣지 못했소?"라며 항의했다. 이에 여공은 "당신의 짧은 안목으로 어찌 사람을 제대로 보겠소. 유방이 앞으로 어떻게 될지 당신은 상상조차 못할 것이오!"라며 아내의 말을 일축했다. 이렇게 해서 훗날 천하를 뒤흔든 부부 한 쌍이 탄생하였다.

관상을 모두 믿을 수 없지만 이 부부의 결합과 훗날 일어난 일들을 놓고 보면, 그 둘은 정말 하늘에서 맺어준 인연인 듯하다.

여공은 유방이 과감하게 진 왕조秦 王朝의 법령과 제도, 관료와 부자들을 무시하는 것을 보았고, 유방의 뜻과 활달한 성격, 늠름한 풍채를 보면서 그가 틀림없이 큰일을 해낼 것이라 예감했던 것이다. 아니나 다를까? 훗날 유방은 민중봉기를 일으켜 진 왕조를 쓰러뜨리고 한 왕조漢 王朝를 개창하는 개국 황제가 되었다. 물론 여공의 딸 여치도 귀한 몸이 되었을 뿐만 아니라, 유방이 죽은 뒤에는 실질적인 황제가 되어 한 왕조의 기반을 든든히 다지는 데 큰 역할을 해냈다. 이와 함께 소하와 조참 등 진 왕조에서 관리노릇을 했던 인물들도 유방의 신하가 되었다. 여공은 유방을 만난 다음 소소한 것은 따지지 않고 날카로운 안목으로 유방이 재목임을 알아보고 그를 사위로 삼았다. 여공이 유방의 사람됨을 알아보고 그를 후원한 것은 뭐니 뭐니 해도 여공의 안목에서 비롯된 것이다.

2. 잔혹한 정치가 여후

고조 12년^{기원전 195} 4월 유방이 죽고 여치의 아들 유영이 제위를 계승하였으니 그가 한나라의 2대 황제 혜제이다. 이에 황태후가 된 여치는 어린 혜제를 대신하여 정사를 보면서 조정의 실권을 장악하였다.

그런데 여태후에겐 눈엣가시가 있었으니, 바로 척희^{戚姬: 척부인}였다. 유방의 사랑을 독차지하여 모조리 빼앗아가고, 자신의 아들 효혜의 태자 자리도 거의 빼앗길 뻔했을 정도로 항상 여태후를 괴롭혀 왔던 척희! 실로 여후는 유방이 살아 있을 때부터 척희에 대한 복수의 칼날을 갈고 있었으며, 유방의 총애를 받던 여인들은 여후의 복수의 칼날을 피할 수 없었다.

그리하여 유방이 죽자마자, 여후는 척희를 곧장 잡아다가 궁중에서 죄지은 자만 가두는 영항^{永巷}이라는 토굴 감옥에 처넣어 버렸다. 그러면서 척희의 아들 여의도 즉각 입궐하라고 명령을 내렸다. 하지만 몇 번의 명령에도 불구하고 여의는 오지 않았다. 대신 주창이라는 신하가 편지를 올렸다.

"선제께서 '여의는 아직 어리니 네가 지켜주어라'는 분부를 내리셨었습니다. 들리는 소문에 의하면 태후께서 척희 부인을 미워하셔서 여의 왕자님까지 함께 죽이시려 한다니, 어떻게 보낼 수 있겠습니까?"

편지를 읽고 난 여후는 화가 머리끝까지 치솟아 올라, "무슨 말이냐, 두말 말고 그놈을 끌어 와라!" 하고 호통을 쳤다.

그리하여 여의는 궁궐로 들어올 수밖에 없었다. 이때 원래부터 우애가 깊었던 효혜제는 여태후의 속셈을 알아채고 여의가 궁궐에 도착하기 전에 손수 궁궐 밖에 나가 함께 궁궐로 돌아왔다. 그러면서 잠시도 여의의 곁에서 떨어지지 않았다. 이에 여의를 죽일 기회만 노리던 여후도 포기할 수밖에 없었다.

그 후 효혜제가 사냥을 나가게 되었는데, 아직 어렸던 여의는 일찍 일어나지 못해 궁궐에 홀로 남게 되었다. 이때를 놓칠세라 여후는 사람을 보내 여의에게 독을 탄 술을 먹이도록 했다. 효혜제가 사냥에서 돌아와 보니 이미 여의는 차디찬 시체로 변해 있었다.

여후의 복수는 여기서 그치지 않았다. 여후는 영항에 갇혀 있던 척희에게 또다시 처참한 복수를 하였다. 우선 척희의 손과 발을 잘라버리고는 눈을 도려내고, 귀를 찢어 태웠으며, 벙어리가 되게 하는 약을 먹였다. 그것도 모자라 변소 밑바닥에 버리고 '사람돼지[人彘]'라 부르게 했다.

며칠 후 여후는 효혜제에게 그 '사람돼지'를 보여 주었다. 효혜제는 처음에 그것이 무엇인지 알 수 없었다. 그러다가 그것이 척희라는 말을 듣자 통곡하다가 실신하여 그대로 앓아누웠다. 그리고는 어머니 여후에게 사람을 보내 애원하였다.

"사람으로서 어떻게 그럴 수가 있습니까? 이제부터 나를 아들로 여기지 마십시오. 나는 이런 식으로 천하를 다스리지 못하겠습니다."

그리고는 매일 주색에 빠져서 정사를 돌보지 않았다. 그 후 여태후는 다시 유씨 성을 가진 제후들을 하나씩 제거하기 시작하였다.

혜제 7년^{기원전 188} 가을, 혜제가 세상을 떠났다. 여후는 효혜제의 상이 끝나자 태자를 왕위에 앉혔다. 그런데 그 태자 역시 나이가 너무 어려서 할머니인 여후가 완전히 황제의 권한을 행사하기 시작했다. 그 나이 어린 황제는 소제^{少帝}라 불렸는데, 사실 그는 효혜제의 정실부인에게서 난 아들이 아니었다. 정실부인에게 아들이 없자, 여후가 자기 집안의 미인 한 명을 후궁으로 들여서 낳은 아들이었던 것이다. 그러고는 그 생모를 죽이고 정실부인이 낳은 태자로 꾸며 자신은 수렴청정을 했다. 황제의 이름으로 반포되는 모든 명령과 조서는 모두 그녀의 손에서 나왔으니, 이때부터 그녀는 실질적인 황제나 다름없었다. 혜제가 재위 7년 만에 세상을 떠나자 어린 태자가 그 뒤를 이어 황제가 되니 이가 소제 공恭이다. 어린 황제가 뒤를 이었으니 정치는 더더욱 여태후의 뜻대로 되었다. 여후는 자기에게 반항한 소제 공을 폐하여 죽이고, 다음에도 역시 나이 어린 황제인 소제 홍弘을 세웠다. 황제가 바뀌면 당연히 연호도 원년이라 해야 옳은 일이었으나 여후는 그 관례를 무시하고 전 황제의 뒤를 이어서 부르게 하였다. 이는 곧 전 황제 때부터 정권이 여태후 손에 있다는 것을 명확히 밝힌 것이다.

여태후는 황제의 지위를 대신한 8년 동안 많은 정적들을 무참히 죽이고, 여씨정권(여후는 자신의 조카와 외척인 여대呂臺 · 여가呂嘉 · 여록呂祿 · 여통呂通 등을 왕으로 봉하여, 그들이 군정대권을 장악하도록 함으로써 조정에서 여씨 외척집단을 형성하게 했다)을 공고히 하기 위해 그 어떤 야만적인 행동도 서슴지 않았지만, 국정 운영 면에서는 그 어느 왕조의 어느 황제에 못지않은 탁월한 능력을 발휘하기도 하였다.

그녀는 먼저 고조 유방 이래로 시행해 오던 민생안정 정책을 계승하여 농업을 장려하는 한편, 삼족을 멸하는 연좌제連坐制: 중범죄를 저지른 경우 친가, 외가, 처가를 모두 멸하는 제도와 요언령妖言令: 유언비어를 퍼뜨리는 사람을 처벌하는 법령 등의 가혹한 형벌을 폐지하였다. 이로써 이 기간에는 백성들의 생활이 비교적 안정되었을 뿐만 아니라, 그동안 혼란했던 사회도 점차 질서를 잡아가고, 피폐했던 경제도 점점 회복되었다.

그러나 그녀는 "유씨 외에는 누구도 왕이라 칭해서는 안 된다"는 유방과 여러 대신들의 약속(한고조 유방은 천하를 통일한 다음 모든 대신들을 모아놓고 "유씨가 아닌 자가 왕이 되었을 때는 모두 힘을 합해 이를 무찌르라"고 했다. 그러나 유방은 꿈에도 생각하지 못했을 것이다. 자신의 서약을 처음으로 위배한 자가 바로 자신의 첫 번째 부인 여후라는 것을 말이다)을 파기하고 많은 여씨일족들을 왕으로 삼음으로써 대신들의 불만은 더욱 커져가고 있었다. 즉, 그 속에는 그녀의 사후 일어날 수밖에 없는 또 다른 정치적 불안 요소가 잠재되어 있었던 것이다.

여후의 일생을 볼 때, 피로 얼룩진 잔혹한 행위가 많았지만 그 가운데에는 빛나는 업적도 적지 않다. 한마디로 여후라는 인물은 걸출한 정치가였다. 그중에서도 여태후가 한고조 유방을 위해 개국공신 한신과 팽월을 잔인하게 죽인 행위는 후세 사람들에게 비판을 받았지만, 나라를 세운 초창기에 막강한 병권을 가진 공신들이 도처에 존재하는 것은 당연히 황제에게는 가장 불안한 요소일 수밖에 없다.

여후는 정권을 잡았던 기간에 '백성에게 휴식을 제공한다'與民休息는 정책을 계속 시행하여, 여러 해 동안 전화戰禍를 겪은 백성들에게 생활을 안정시키고 원기를 회복할 여유를 주었다. 이것은 관리들의 핍박으로 백성이 반란을 일으키는 일을 미연에 방지한 것으로 간접적으로 한 왕조의 통치를 공고하게 만든 것이나 다름없다. 그렇지 않았으면 하루아침에 농민반란이 일어나 강대했던 진나라가 연기 속에 사라진 것과 같은 꼴을 당했을 것이다.

여후가 정권을 잡았던 기간에 부딪혔던 강대한 외환外患은 북방 흉노匈奴의 위협이었다. 흉노와의 공방에서도 여후는 재능을 펼쳐보였다. 한번은 흉노의 선우單于: 흉노족의 임금을 일컫는 말가 여후에게 편지를 보내, 자신이 북방의 황량한 지역에 살고 있어 매우 쓸쓸하니 중국을 한번 구경하고 싶다고 했다. 또한 여후의 남편이 죽은 지 얼마 되지 않아 쓸쓸함을 견디기 어려울 테니 자신에게 시집을 오라는 뜻을 전했다. 이 편지는 한 왕조에 대한 도전이며 여후에 대한 모멸로 받아들이기에 충분했다. 처음에 여후는 분개하여 곧바로 흉노의 사자를 죽이고 군대를 크게 일으켜 흉노로 쳐들어가려고 했다. 그러나 계포季布가 충고하기를, 국가에 전란이 끝난 지 얼마 되지 않아서 병사들이 좀 더 휴식을 취해야 회복할 수 있으니 지금은 군대를 크게 움직여서는 안 된다고 하였다.

여후는 이 충고를 받아들여 회유의 답장을 보냈다. 자신도 선우를 모시고 싶지만 나이가 들어 볼품이 없고 머리털과 이빨도 다 빠졌으니 자신을 용서해 달라는 것이었다. 과장되게 겸허하게 순종적인 태도를 보임으로써 흉노는 두 번 다시 도전해 오지 않았을 뿐 아니라 말을 보내 화해를 청했다.

여후는 국정을 논할 때 타당한 건의를 받아들이고 대국적으로 신중한 판단을 내렸던 인물이다. 이것은 성공한 정치가라면 반드시 갖추어야 할 조건이다. 여후가 남성 중심의 역사에서 선명한 한 줄의 기록을 남길 수 있었던 것은 분명 비범한 담력과 능력을 지닌 덕분이기도 하다.

물론 여후가 이렇게 국가와 백성을 위한 일만 추진하였다면 틀림없이 여걸로 추앙되어 후세에 길이 칭송을 받았을 것이다. 그러나 냉혹한 그녀는 정권이라는 칼날을 자유자재로 놀려 정적에게는 하늘에 사무치는 원통함을 남겨주었다. 유여의, 척부인, 소제는 그녀의 손에 처참하게 죽임을 당했다. 유여의를 독살한 것이나 소제를 제거한 것은 안정된 권력을 위한 어쩔 수 없는 행동이었다고 동정할 수 있으나 척부인을 '사람돼지'로 만든 것은 상식적으로 이해할 수 없는 일이다. 하지만 이것도 그녀의 질투심에 그 죄를 돌릴 수밖에 없다.

여후의 역사적 공과^{功過}는 사람들의 평가에 맡길 일이다. 그러나 그녀가 없었다면 유방의 제위가 공고해지고 문경지치(文景之治: 한 문제^{文帝}와 경제^{景帝} 시기 40년 가까이 사회경제는 공전의 발전을 이룩하였고, 사회질서는 안정되어 태평성세를 이루었다)가 출현할 수 있었을까?

3. 여씨 천하의 종말

한고조 유방이 천하를 통일한 후 진평^{陳平}은 여전히 '꾀주머니'로서 그 역할을 다하며 유방을 보좌했다. 특히 유방이 흉노를 공격했으나 오히려 백등산에 포위되어 매우 위태로웠을 때 진평의 계교가 빛을 발했다.

진평은 그때 화공^{畵工}에게 절세의 미녀도를 그리게 하고 사신을 시켜 선물과 함께 그 미녀도를 묵특선우^{冒頓單于}의 부인에게 보내게 했다. 그러면서 "한나라 황제께서는 어려움에 처해 이 절세의 미녀를 선우께 몰래 바치고자 하십니다."라는 편지를 보냈다.

그러자 선우의 부인은 그 미녀를 선우에게 바칠 경우 그 미녀에게 사랑을 빼앗길까 두려워했다. 그래서 선우에게 졸랐다.

"지금 우리가 한나라 땅을 얻는다고 해도 거기에서 살 수는 없잖아요. 서로 괴롭히면서 살 필요도 없지 않을까요?"

이에 묵특선우는 포위를 풀고 철수했다. 그리하여 유방은 간신히 목숨을 건질 수 있었던 것이다. 진평은 모두 여섯 차례에 걸쳐 위기에 빠진 유방을 신출귀몰한 꾀를 써서 구해 냈다. 그래서 그 공로를 인정받아 큰 벼슬을 받았으며, 승상의 자리에까지 올랐다.

그런데 유방이 죽고 난 후 천하는 여씨의 수중에 들어갔다. 이때부터 진평은 밤낮으로 주색酒色에 빠지게 되었다. 그러자 평소부터 진평을 좋지 않게 보던 여후의 여동생인 여수呂須가 여후를 찾아왔다. 옛날 유방이 여수의 남편인 번쾌를 사로잡은 일이 있었는데, 그 일에 진평이 개입되어 있었던 것이다.

"진평이라는 자가 승상의 자리에 있으면서도 정치는 아예 쳐다보지도 않고 매일같이 주색에만 빠져 있답니다. 그 자를 처벌하세요."

이 소식을 들은 진평은 그 뒤 더욱 주색에 빠지는 것이었다. 여후는 이 사실을 보고받고 얼굴에 웃음을 띠었다. 그러고는 진평을 불러 이렇게 말했다.

"예로부터 아녀자의 말은 듣지 말라는 속담이 있지요. 그대는 어떻게 하면 나하고 잘해 나갈 수 있는가에 대해서만 생각하기 바라오. 여수의 말 따위는 신경 쓸 필요가 없소."

그 후 여후는 아무런 두려움도 없이 여씨일족을 등용시켰고, 진평도 아무런 불평을 말하지 않았다.

그러나 진평이 주색에 빠진 것은 미래를 내다보는 눈이 있었기 때문이었다. "지금은 여씨 권세가 하늘을 찌를 듯 강성하지만, 그 권세는 오래 가지 못한다. 다만 지금은 납작 엎드릴 때다."

진평은 집에 틀어박혀 여씨의 권세를 물리칠 방안을 짜내기에 골몰하고 있었다. 그러던 어느 날 유방의 정치 고문격이었던 육가陸賈라는 대신이 찾아왔다. 진평은 누가 온 사실조차 모른 채 생각에 골똘하고 있었다.

"승상 어른, 무슨 생각을 그렇게 열심히 하고 계십니까?"

"아! 육가 선생 오셨구료. 내가 무슨 생각을 하는지 아시겠습니까?"

"어른께서는 승상의 자리에 계시면서 신하로서는 더 이상 바람이 없을 처지이십니다. 다만 한 가지 걱정이 계시다면 역시 여씨일족의 전횡專橫이 아니겠습니까?"

"정말로 선생의 눈은 정확하시군요. 무슨 방도가 없겠는지요?"

"선비란 원래 태평시대에는 재상에게 기대하고, 난세를 당하면 장군에게 기대하는 법입니다. 그러니 재상과 장군이 힘을 합친다면 선비는 모두 따라가기 마련입니다. 나는 이것을 항상 말씀드리려 했습니다. 지금 이 나라로 말할 것 같으면 재상으로는 당연히 어른이 계시고, 장군으로는 역시 주발周勃 장군이라 할 것입니다. 그러나 주발 장군은 저와 항상 농담을 주고받는 사이인지라, 내가 속마음을 드러낼 때도 그저 농담으로 받아들이는 형편입니다. 그래서 승상 어른께 말씀드리는 것이니, 어른께서는 무엇보다도 주발 장군과 친교를 맺어 여씨일족에 대한 견제를 해내셔야 합니다."

그렇게 말을 마치자 육가는 여씨를 제압하기 위한 여러 방안을 얘기하였다. 원래 진평은 주발과의 관계가 좋지 않았다. 옛날 진평이 유방에게 등용되어 장수들의 감찰을 수행할 때, 주발은 특히 불만을 터뜨린 장군이었기 때문이었다. 하지만 진평은 여씨일족을 누르기 위해 옛날의 감정을 털어버리기로 하고, 즉시 육가의 말대로 주발을 초대하여 성대한 잔치를 벌였다. 또한 그의 생일에는 가무단歌舞團까지 보내어 축하하였다. 주발 역시 진평에게 고맙다는 인사를 하면서 매우 가까운 사이가 되어갔다.

기원전 180년 섭정기가 8년이 되었을 때 여후는 궁 밖으로 외출하였다가 갑자기 뛰어든 개 한 마리에게 겨드랑이를 물렸다. 이 일로 크게 놀란 그녀는 곧 병이 들어 자리에 누웠고, 유여의의 귀신이 나타나 해코지한다며 공포에 떨었다.

기원전 180년 7월에 병세가 위독해지자 그녀는 급히 뒷일을 수습하기 위하여, 조카 여산呂産을 상국相國에 임명하여 북군北軍을 통솔하게 하고, 여록呂祿을 상장군에 임명하여 남군南軍을 통솔하게 한 후, 그 두 사람에게 다음과 같이 부탁했다.

"고조가 천하를 평정했을 때, 대신들과 '유씨 외에 왕이 되는 자는 모두 합심하여 토벌하라'라는 약속을 하였소. 그러나 지금은 여씨가 왕에 책봉되어 권력을 장악하고 있으니 대신들은 모두 이에 불복하고 있습니다. 내가 죽은 후에 황제는 나이가 어리므로 대신들은 아마 난을 일으킬 것이니, 그대들은 반드시 군대를 장악하여 황궁을 수호하도록 하시오. 나의 장례를 치를 때도 그대들은 황궁을 떠나지 말고 반란에 대비해야 할 것이오."

그러나 여후가 죽은 후 2달이 채 되지 않아서, 태위 주발과 승상 진평이 군사를 일으켜 단번에 여씨집단을 제거하였다. 여록과 여산 등은 피살되었으며, 여씨의 남녀노소를 가리지 않고 주살해 버렸다. 이로써 여후가 반평생 심혈을 기울여 보호하려 했던 여씨의 종족은 유방의 늙은 부하들에 의해 완전히 제거당하였다.

여후가 중국 역사상 최초로 국가 대권을 장악한 여인이라는 사실만을 놓고 논한다면 그녀는 세상이 놀랄 만한 패기와 지혜를 갖춘 여인임에 틀림없다. 여후가 살아있는 동안에는 그 누구도 감히 맞서지 못하다가, 세상을 떠난 후에야 충신들이 힘을 합쳐 여씨일족을 몰아낸 것만 보아도 그녀가 생전에 얼마나 막대한 위력을 가지고 있었는지 짐작하고도 남는다.

제3장

왕소군

화친을 위해 흉노로 시집가다

역사의 소용돌이 속에서 이역으로 가 살게 된 여인 가운데 왕소군을 빼놓을 수 없다. 왕소군은 재주가 뛰어난 절세의 미인으로, 광채가 사람을 비추고 짙은 두 줄기 눈썹에는 깊은 한이 보일 듯 말 듯 스며 있으니, 사람들로 하여금 사랑스러우면서도 가련한 정이 들게 하였다. 또한 사람됨이 정직하고, 아첨을 싫어하여 이 때문에 황제를 볼 기회조차 얻지 못했다. 그럼에도 그녀는 평범한 여자이기를 거부하여 스스로 흉노에 시집가서 흉노의 두 군주로부터 지극한 사랑을 받았다. 왕소군은 그 아름다운 용모와 기구한 인생역정으로 인하여 뭇사람들에게 천고의 노래로 전해지게 되었다.

왕소군은 보통 민간의 여자로서 흉노의 왕비가 되어 한나라와 흉노 사이의 매우 중요한 외교관 역할을 톡톡히 하였다. 그녀의 희생은 실로 수십 년의 평화를 가져왔다. 왕소군은 흉노에 온 후 한족의 선진문물을 전파하여 흉노 백성들의 존경과 사랑을 받았다. 오랫동안 한나라와 흉노 간에는 전쟁이 일어나지 않아 백성들은 편안하게 살면서 즐겁게 생업에 종사하였고, 한나라는 국력을 더욱 크게 발전시킬 수 있었으니 왕소군의 역사적 공적은 매우 크다 할 수 있다.

왕소군王昭君, 왕장은 전한前漢시대 남군南郡 자귀秭歸, 지금의 호북성 자귀 출신으로 이름은 장嬙이고 자가 소군昭君: 소군이라는 칭호는 "한나라 왕실을 빛내고", "황제를 대신하여 흉노를 빛내라"라는 의미이다.

왕소군에 대한 역사적 기록은 『한서漢書』 「원제기元帝紀」와 「흉노전匈奴傳」, 『후한서後漢書』 「남흉노전南匈奴傳」에 보이는데, 그 내용은 600자에 불과할 정도로 지극히 간략하다. 그 후 왕소군에 대한 이야기는 후세 사람들의 입에 끊임없이 오르내리면서, 시가·소설·희곡·민간전설 등의 각종 문학양식을 통해서 그녀의 형상도 끊임없이 재창조되었다.

이러한 일련의 과정을 거치면서 현재에 이르기까지 왕소군의 형상은 더욱 풍부함을 갖출 수 있게 되었으니, 즉 문학 속의 왕소군은 역사 속의 왕소군보다 훨씬 더 우아하고 아름다운 매력을 지니게 되던 것이다.

본문에서는 한나라 궁녀인 왕소군이 화친을 위해 흉노족의 왕비가 되어 두 나라의 오랜 평화와 안정을 지켜온 역사적 공적에 대해 소개하고자 한다.

1. 궁녀가 된 왕소군

왕장^{왕소군}은 호북지방 자귀현에서 태어났는데, 그녀의 부친은 늘그막에 딸을 얻어서 왕장을 매우 총애했다. 왕장에게는 오빠와 남동생이 있는데 이들도 그녀에게 매우 잘해줬다.

왕장은 이처럼 평범하고 행복한 가정에서 평화롭게 어린 시절을 보냈다. 자라면서 왕장은 타고난 미색에 총명하고 영리한 데다가 시서를 탐독하고, 가무에도 능했다. 왕장이 15세가 되었을 때 이미 옥처럼 솟아오른 날씬한 몸매가 뭇사람의 가슴을 뛰게 하니, 당시 남군에서 이름난 미녀가 되어 있었다.

한漢 원제元帝 건소建昭 원년, 전국에 후궁을 모집한다는 조서가 내렸는데, 각지에서 선발되어 입궁한 궁녀들은 그 수가 수천 명에 이르렀다. 이때 왕장도 18세의 꽃다운 나이에 궁녀로 선발되었다.

황제는 수천 명에 이르는 궁녀들의 신상을 일일이 파악할 수 없었기에, 먼저 화공 모연수毛延壽에게 한 사람 한 사람의 초상화를 그려 바치게 했다. 그래서 부귀한 집안의 출신이나 경성京城에 후원자가 있는 궁녀들은 수단과 방법을 가리지 않고 화공에게 자신의 모습을 예쁘게 그려달라고 모연수에게 뇌물을 바쳤다.

왕장은 자신의 초상화를 그릴 차례가 되었을 때 어깨를 으쓱거리며 화공이 있는 방으로 들어갔다. 안에서 보니 머리가 반백인 늙은이가 앉아 있는 것이 아마도 모연수 같았다. 왕장은 모연수에게 인사하였는데, 모연수가 보니 그녀가 빈손으로 들어왔는지라 좀 이상하게 생각하여 그녀가 꺼내는 것을 잊고 있는 것으로 여기고 암시하고자 옆에 있던 조소에게 물었다. "방금 그 여자는 얼마를 가져왔지?"

조수가 대답했다. "방금 그 여자는 30냥을 대인께 바쳤습니다."

왕장은 모연수의 속뜻을 알고 대놓고 말했다. "소인은 집안이 빈한하여 화공에게 바칠 게 없으니 화공께서 널리 양해해 주시기 바랍니다."

모연수가 보니 그녀의 태도가 오만한지라 마음속으로 생각했다. '이 어린 것이 스스로 얼마나 예쁘다고 여겨서 반드시 황제의 총애를 받을 것이라고 빼긴단 말인가?' 그리하여 한 번 획 그러서 눈동자에 찍어야 할 단청을 얼굴에 찍어 버리니 왕장의 초상은 남편 잃고 눈물을 흘려 얼룩 자국이 여럿 있는 꼴이 되었다.

초상화를 황제에게 보낸 후 바로 소식이 있더니, 오래지 않아 여러 여자들이 후궁으로 선발되어 갔으며, 왕장과 대부분의 여자들은 계속 부름을 받지 못했다. 그러나 뽑혀간 궁녀들의 자색이 절대로 왕장처럼 대단하지는 않았다.

그 후 원제는 왕장의 초상을 보았으나 추하게 그려진 그녀의 모습을 안중에도 두지 않았다. 이리하여 왕장은 입궁한 지 5년이 흘러갔지만 여전히 황제의 얼굴도 보지 못한 궁녀 신분에 머무르고 있었다.

왕장은 궁중의 잡다한 일을 맡으면서도, 많이 남는 시간을 이용하여 독서와 서예, 가무歌舞, 그림 등을 익히면서 항상 내실을 다지고 자신을 가꾸는 일에도 소홀하지 않았다. 그러나 밤이 되면 아무도 찾아주지 않는 쓸쓸한 방에서 홀로 고독을 달랠 수밖에 없었다. 꽃다운 나이를 이렇게 흘려보내고 나면, 언제나 세상의 빛을 볼 수 있을지, 언제나 부모님의 은혜에 보답할 수 있을지 모르는 일이었다.

다시 낙엽이 지고 풀벌레 슬피 우는 가을이 찾아와 차가운 빗줄기가 창문을 두드리면 그녀의 마음속에는 한없는 그리움이 물밀 듯이 밀려왔다. 그때마다 그녀는 비파를 타면서 향수를 달래곤 하였다. 유명한 <오경애원곡五更哀怨曲>에는 바로 그녀의 이러한 심정이 잘 나타나 있다.

왕장은 어느 날 궁 안에서 반백이 되도록 늙었으나 여전히 아리따운 궁녀들을 발견하고는 친구 임채林采에게 물었다. "저 궁녀들은 평생 궁 안에 있는 거지?"

임채가 말했다. "그러게!"

왕장이 다시 물었다. "그럼, 그녀들은 이후 궁에서 이생을 마치는 거야?"

임채가 말했다. "듣는 바로는 그녀들도 이후에는 집으로 돌아간대." 임채는 말을 마치고 멀지 않은 곳에 있는 늙은 궁녀를 가리켰다. "저 주씨 노인네는 다음 달에 돌아간다고 하더라고."

왕장이 그 주씨를 보니, 아직도 매력적인 자색이 남아 있으나 이미 좋은 시절은 지난 후였다. 왕장이 걱정스럽게 말했다. "이렇게 나이가 많아 돌아가면 부모님도 이미 없을 텐데, 이후 어떻게 생활을 하는 거야?"

"다시 시집가는 거지!" 임채가 대답했다. "하지만 진짜 시집갈 수 있는 사람은 드물어. 비록 미모가 있다 하나, 세월이 용납하지 않는 거지!"

왕장은 저도 모르게 후일이 걱정이 되었다. '난 저렇게 살아갈 수는 없어!' 하고 생각했지만 저러지 않고 달리 무슨 수가 있단 말인가? 왕장은 전도가 망망함을 뼈저리게 느꼈다.

왕장은 궁 안의 생활을 조용히 보내면서 의기소침하여 "인생은 이미 정해졌구나."라며 탄식했다. 그럼에도 불구하고 인생에는 가끔 뜻하지 않은 변화가 찾아오니, 한나라 원제 경녕竟寧 원년기원전 33년에 호한사 선우가 다시 한나라에 입조하여 황제를 배알하였는데 이 일로 왕장의 운명에는 자신도 모르게 큰 변화가 일어나게 되었다.

2. 흉노족이 한 왕실과 혼인관계를 요구하다

한 원제 경녕 원년, 남흉노^{南匈奴}의 선우^{單于: 흉노의 왕 호칭} 호한사^{呼韓邪: 기원전 58~31년 재위}가 원제를 알현하기 위해 장안^{長安}으로 왔던 것이다.

당시 흉노에는 내란이 발생하여 호한사의 형 질지골도^{邪支骨都}가 북흉노를 세워 남흉노를 위협하고 있었다. 이때 한나라의 서역도호^{西域都護} 감연수^{甘延壽}가 북흉노를 정벌하고 질지골도를 죽이자, 호한사 선우는 감격해 마지않아 스스로를 한나라의 신하로 칭하고 서신을 올려서 장안에 와서 황제를 배알하기를 청하면서 변방 신하로서의 예를 다했다.

호한사는 많은 양의 모피와 예물을 가지고 장안에 와서 원제에게 바쳤는데, 당시 원제가 호한사보다 훨씬 젊은 나이였음에도 불구하고 호한사 선우는 그를 매우 존경하여 머리를 조아리고 절을 하며 공경했다. 원제는 크게 기뻐하며 잔치를 열어 호한사를 대접했다.

술자리에서 호한사는 한 원제와 현재 흉노의 발전상을 이야기하며 한나라가 그를 도와 대업을 이루게 한 데 대한 감사의 마음을 표시하여 두 사람은 의기투합하였다.

술자리가 무르익자 호한사가 말했다. "황상, 이번에 찾아뵌 것은 사실 또 하나의 소청이 있어서입니다."

원제는 한창 흥이 나던 터라 바로 말했다. "무슨 일이든 말해 보아라!"

호한사가 말했다. "오래전부터 한나라 공주는 기품 있고, 우아하며,

박학다재하고, 예법에 밝다고 들어 왔습니다. 오늘 바라는 것은 황상께서 공주를 저에게 시집보내 주셔서 한나라와 흉노의 관계를 더욱 친밀하게 해 주셨으면 하는 것입니다."

원제는 호한사와의 사이가 틀어지는 것을 원치 않았다. 이때 한나라는 비록 경제는 매우 빨리 발전했지만, 변경은 아직 크게 안정되지 않았으므로 원제로서는 흉노가 서북 변경의 병풍이 되어 주기를 바라고 있는 터라 한마디로 수락했다.

그런데 한 원제는 자신의 딸을 멀리 흉노로 시집보내고 싶지는 않았는데 호한사에게는 응낙한 상태라 부득이하게 두 가지 해결책을 찾았다. 원제가 생각한 것은 일찍이 여후呂后가 써먹었던 수법으로, 여후는 황실종친의 딸을 공주로 가장하여 화친의 사자로 보냈던 것이다. 어차피 상대방이 그 사정을 모르는 이상 질녀를 골라 보내는 것이나, 궁녀를 골라 보내는 것이나 그 효과는 같으므로 이번에 원제는 궁녀 한 명을 골라서 호한사에게 시집보내기로 하였다.

원제는 후궁에 사람을 보내 말을 전했다. "누구든 흉노로 시집갈 사람이 있으면 폐하께서 그녀를 공주로 대우할 것이다."

후궁의 궁녀들은 여러 해를 황궁에 갇힌 새와 같은 신세가 되어 모두가 황제의 총애를 받을 날을 갈망하였고 더러는 황궁을 벗어날 기회를 학수고대했다. 그러나 듣자니 흉노 땅의 호한사 선우에게 시집간다는 것이니 큰 사막을 건너가 궁벽한 초막 생활을 한다는 것이라 이는 또 모두가 원치 않는 일이었다.

이 소식은 왕장의 귀에도 바로 전해져 그녀의 마음을 일으켰다. 그녀는 '흉노지방에 가는 것이 비록 고생스럽긴 하나 보통 사람의 생활은 아니겠지. 사람이 한평생을 살아감에 있어서 고생하고, 힘 드는 게 무슨 대수일까?'라고 생각했다.

왕장은 환관을 찾아가서 자신이 흉노로 시집가겠다고 하였다. 환관은 왕장의 일을 원제에게 보고했고, 원제는 바로 호한사에게 함께 만날 것을 권유했다.

원제는 왕장에 대해서는 아무런 인상이 없었는데, 그것은 후궁에 미인이 너무 많은 데다가 그동안 그녀의 초상화만 보았기 때문이었다. 원제는 자기가 뽑고 남은 여자니 변변찮을 것이라 생각하여 기꺼이 사람을 보내 왕장을 시집보낼 혼수를 준비시켰다. 며칠 후 원제는 호한사를 불러서 왕장을 볼 수 있도록 준비시켰다.

호한사는 일찍이 의관을 정제하고 달려와 황제에게 인사하고 옆에 앉았다. 이때 원제가 좌우에 왕장을 들게 하라고 분부했다.

왕장이 분부에 따라 다가오는데, 원제와 호한사는 눈을 떼지 못하고 보는데 요염하고 아리따우면서, 기품과 재주가 당대에 다시 없을 여자가 천천히 다가오는 것이었다. 원제는 놀랐다.

원제는 왕장을 보고 속으로 진작 그녀를 보지 못한 것을 통탄하였으나, 이미 다른 사람에게 주겠다고 승낙한 터라 식언할 수도 없어 호한사에게 "바로 영호^{寧胡}공주로서 나의 여동생이오."라고 소개했다.

호한사는 황제가 자신에게 이렇게 꽃 같고, 옥 같은 공주를 골라줄 줄은 생각도 못하였던지라 저도 모르게 감사함을 연방 표했다.

며칠 후 왕장은 흉노족 차림으로 단장을 하고 원제에게 작별을 고하였으며, 원제는 그녀에게 '소군^{昭君}'이라는 칭호를 내렸다. '소군'이라는 칭호에는 "한나라 왕실을 빛내고", "황제를 대신하여 흉노를 빛내라"라는 의미가 깃들어 있다.

황제는 소군에게 많은 비단과 명주, 황금, 서적과 그림 등 귀중품을 예물로 주고, 전문가로 하여금 혼례를 진행하게 하였다. 원제가 준비한 대로 왕소군과 호한사는 먼저 장안에서 혼례를 올렸다. 혼례가 끝나자 호한사는 신혼의 처를 데리고 희희낙락 돌아갔다.

혼례가 끝난 후 원제는 급히 후궁으로 돌아가서 궁녀들의 초상화를 다시 대조해 보았다. 그런데 왕소군의 그림이 본래의 모습과는 천양지차로 다른 데다 얼굴에 점까지 그려져 있었던 것이었다. 그 순간 원제는 화공 모연수에 대한 분노가 치밀어 올라 진상을 철저히 조사토록 명령하였다. 진상이 밝혀지자 모연수는 결국 황제를 기만한 죄로 참수되었다.

왕소군은 결혼식을 한 며칠 후 호한사를 따라 현지로 갔다. 왕소군은 마지막으로 장안을 한 번 바라본 다음, 가슴에 비파를 안고 말에 올랐다. 왕소군 일행이 장안의 거리를 지나갈 때는 구경 나온 사람들로 거리를 꽉 메웠다. 이렇게 왕소군은 번화한 장안을 떠나 늙은 흉노의 선우 호한사를 따라 황량한 흉노 땅으로 갔던 것이다.

전하는 말에 의하면, 왕소군이 정든 고국산천을 떠나는 슬픈 마음을 달랠 길 없어, 말 위에 앉은 채 비파로 이별곡을 연주하고 있는데, 마침 남쪽으로 날아가던 기러기가 아름다운 비파소리를 듣고 말 위에 앉은 왕소군의 미모를 보느라 날갯짓하는 것도 잊고 있다가 그만 땅에 떨어져 버렸다고 한다. 여기에서 왕소군을 일러 '낙안落雁'이라고 하게 되었다는 것이다.

왕소군이 떠날 때 중원은 따뜻한 봄이었지만 북쪽 변방은 차가운 바람이 불어닥쳤다. 황량한 대사막을 가면서 왕소군은 일말의 처량함을 금치 못하였다. 이때 왕소군은 스물을 갓 넘은 인물 좋고 재주 넘치는 나이였으나 호한사는 이미 처첩을 여럿 두고, 자녀들이 모두 어른이 된 노인이었다.

그러나 이미 선택한 길이라 되돌아갈 여지도 없었다. 18세에 부모를 떠나 황궁으로 뽑혀 들어온 후 5년간의 고통스러운 생활을 하고 다시 말에 올라 만리타향으로 향해 가니 왕소군은 천만 상념을 금치 못하였다.

왕소군은 고향을 너무 그리워하여 마침내 중도에 병으로 쓰러졌고, 대오도 부득이 정지하여 어의가 소군을 치료했다. 호한사는 지극한 관심으로 물었다. "왜 그러시오? 혹시 대사막의 기후에 적응이 잘 안 되는 것은 아니오?"

왕소군은 쓴웃음을 지으며 고개를 끄덕였다. "네, 최근 몸이 허약한 데다가, 오는 길에 황사가 너무 심해서 일시적으로 적응이 어렵네요."

그러나 태의가 진맥하더니 고개를 저었다. "공주는 사막의 기후에 적응이 안 되는 것이 아니라, 마음에 병이 든 것입니다."

"마음의 병?" 호한사가 물었다. "공주, 혹 오는 길에 내가 당신을 제대로 못 보살핀 건 아니오? 혹시라도 못마땅한 게 있으면 내게 바로 말하시오."

소군은 가볍게 고개를 저었다. "선우께서는 소군에게 줄곧 잘해주셨어요. 소군이 생각하는 것을 헤아리시고, 생활에 보살피심이 조금도 못 미치는 구석이 없어서 소군은 감격해 마지않습니다. 다만 소군이 처음으로 집을 떠나고, 바로 천리 먼 곳으로 시집을 가니, 아마도 이후 돌아올 가능성이 매우 희박하므로 부모와 고향이 그리워 심사가 어지러웠습니다."

"아, 그랬었군." 호한사가 말했다. "공주 안심해요. 공주가 고향을 그리워하면 내가 매년 사람들로 하여금 공주를 장안으로 모셔 가서 부모님을 찾아뵙도록 조치하리다.

소군은 호한사를 바라보며 눈물을 흘렸다. 호한사는 소군의 손을 잡았다. "안심하시오. 내 이후 틀림없이 당신에게 아주 잘하리다."

며칠을 쉬면서 요양을 한 후 안문관^{雁門關}을 나서자 흉노의 대부대가 기다리고 있었다. 수많은 기병이며, 모피를 깐 차, 호족 여자들이 일제히 다가와 소군과 호한사를 영접하니 만리 황량한 사막에 일대 장관이 펼쳐졌다.

무리들이 왕소군과 호한사를 에워싸고 흉노의 왕궁으로 돌아오니, 보이는 것이라고는 지천으로 깔린 소와 양이며 끝없이 펼쳐진 푸른 초원뿐이었다. 흉노의 왕부에 도착한 호한사는 대단히 기뻐하면서 초저녁이 되자 장막마다 등을 달며, 색동줄을 걸고, 호한사와 왕소군은 다시 한번 혼례를 올렸다. 그러고는 "흉노족에게 안녕과 평화를 가져다 주기를 기원하는 뜻"에서 왕소군을 '영호연씨^{寧胡閼氏}'에 봉하고, 그녀의 환심을 사기 위해 갖은 노력을 다했다. 그러나 오랑캐 땅의 피리는 슬피 울고, 날랜 말은 황야를 달리고, 마시는 것은 비린내가 나고, 먹는 것은 노린내가 나며, 풍경은 모두가 낯선 나라의 것이니 이 모든 것이 왕소군으로 하여금 고국에 대한 그리운 정에 더욱 사무치게 했다.

당시 한나라의 경제는 이미 크게 발전했지만, 흉노는 수년간의 내전으로 세력이 흩어져 국력이 미약한 상태였다. 이때 왕소군이 흉노로 시집오면서 가져온 한나라의 발전한 농업기술과 많은 재물은 흉노가 전란으로부터 회복하는 데 중요한 역할을 하였다.

3. 화친의 미녀외교관 왕소군

왕소군과 결혼한 호한사는 마치 보배를 얻은 것처럼 왕소군을 무척이나 사랑했다. 이때 호한사는 이미 60세가 되었으나, 왕소군은 겨우 스무 살을 갓 넘긴 나이였다. 호한사의 처들은 이미 늙어서 시들었는데, 지금 이렇게 꽃 같고 옥 같은 왕비를 얻었으니, 호한사는 그녀를 더욱 총애했다.

왕소군도 한나라 조정의 기대를 저버리지 않고, 호한사 선우에게 전쟁을 일으키지 말도록 간청했으며, 호한사는 왕소군의 말을 아주 잘 들었고, 원제에게도 매우 감사해 하는지라 원제에게 변경의 군대를 철수하여 한나라 백성들을 편하게 해달라고 청원하는 상주문을 올릴 정도였다.

왕소군은 흉노에 온 후 점차 추운 날씨며, 하늘을 덮는 황사에도 익숙해지고, 흉노족과 같은 빠오에 살며, 갖옷을 입고, 양고기를 먹는 생활에 익숙해져 갔다. 왕소군은 대의를 통찰하여 흉노와 한나라의 관계에 협조한 외교가일 뿐 아니라, 한편으로 현명한 왕비였다. 그녀는 백성들을 사랑하고 보호하여 그들에게 베를 짜고, 바느질을 하며, 농사짓는 기술을 가르쳐서 백성들의 깊은 사랑과 존경을 받았다.

오래지 않아 왕소군은 아들을 낳아 지아사智牙師라 이름 지었는데 이는 왕소군과 호한사 사이의 유일한 혈육이었다. 그러나 이 아들이 두 살도 되기 전에 호한사는 병으로 세상을 떠났다. 이때 소군의 나이는 불과 24세였다. 당시 왕소군은 너무 큰 충격에 빠진 나머지 한나라 황제에게 고국으로 귀국하게 해달라고 요청하였으나 결국 귀국을 허락받지 못했다.

호한사가 죽은 후 그의 아들 조도막고雕陶莫皐가 선우의 직위를 계승하자, 흉노의 예법에 따라 왕소군은 조도막고의 아내가 되었다. 흉노는 유목민족으로 처음에는 인구가 매우 적었다. 일개 민족이 세가 커지려면 반드시 인구를 늘려야 하며, 그래야만 충분한 인력으로 생산을 늘리고 침략을 막을 수 있는 것이다. 자기 민족을 키우고, 후대를 번성하게 하기 위해 흉노에는 "아들이 어머니를 취한다"는 풍속이 있었는데, 이는 척박한 자연환경에 적응하기 위한 선택으로 부득이한 면이 있었다. 이러한 풍속이 대대로 전해져 와 이미 확고한 흉노의 전통이 되어 있는지라 아무도 그 합리성을 따지는 사람이 없이 그저 맹목적으로 이를 지킬 뿐이었으며, 왕소군도 이들의 전통을 지킬 수밖에 없었다.

　　젊은 선우 조도막고는 왕소군과 결혼한 후 왕소군을 더욱 아끼고 사랑하여 부부간의 금슬이 매우 좋았다. 왕소군은 두 명의 딸을 더 낳았다. 장녀의 이름은 운雲이고, 차녀의 이름은 당當인데, 후에 이들은 모두 흉노의 귀족에게 시집갔다.

　　두 사람의 결혼생활이 8년쯤 지났을 때, 조도막고는 심한 천식에 걸려, 몸이 점점 쇠약해져 갔다. 한 성제成帝 홍가鴻嘉 원년기원전 20년, 조도막고는 왕소군과의 11년 부부생활을 마치고 세상을 떠났다. 이때 왕소군의 나이 35세였다.

　　왕소군은 흉노에 와서 비록 두 남자의 사랑을 받았으나, 두 번이나 남편을 잃는 고통을 당하였다. 조도막고가 죽은 후 그녀는 한 황제에게 또다시 서신을 올려서 한나라로 돌아가겠다고 청원했다.

　　그러나 그녀의 청원은 윤허되지 않았다. 한나라로 돌아갈 수 없다는 것은 곧 왕소군이 어쩔 수 없이 다음 대의 선우에게 다시 한 번

더 시집을 가야 한다는 것을 뜻하니, 왕소군은 저도 모르게 만 가지 상념이 모두 한줌 재로 돌아가 버리는 절망감에 빠져들었다. 다른 사람들에 의해 도구로 취급되면서 구차하게 살아가느니 차라리 깨끗하게 죽는 것이 낫다는 생각이었다.

그리하여 가을바람이 살랑거리던 어느 날 오후, 왕소군은 독약을 먹고 자살했다. 절세가인으로서 뜻을 얻지 못하고, 연거푸 마음이 찢어지는 고통을 겪은 끝에 이 세상과 영원히 작별한 것이다.

왕소군이 어디에 안치되었는지는 아무도 모른다. 지금 서북지방에 있는 왕소군의 묘는 왕소군의 의관衣冠 묘로서 그 안에는 왕소군이 신던 자수 놓은 꽃신 한쪽이 있을 뿐이다. 전해 오는 말로는 왕소군이 국경을 나서서 황하를 건널 때, 강의 물살이 급해서 소군이 타고 있던 백마가 놀라 울부짖으며 앞발을 들고 곧추서므로 소군이 황급히 고삐를 당겼는데, 뜻밖에도 신고 있던 한쪽 꽃신이 물속으로 떨어졌다. 왕소군과 호송하는 부대가 떠난 후 현지 백성들이 분분히 강으로 들어가 뒤져서 마침내 그 수놓은 꽃신 한쪽을 찾았다. 백성들은 이 신발이 길하고 상스러운 물건이라 여겨 땅속에 묻어 두었는데, 왕소군이 세상을 떠난 후 이곳이 바로 그녀의 묘로 개조되었던 것이다.

왕소군의 묘는 원래 이름이 없었으나, 두보杜甫가 후일 "푸른 묘만 홀로 남아 황혼을 바라고 있네"獨留靑冢向黃昏라는 시구를 남기자, 후세 사람들이 이곳을 '청총靑冢'이라 부르게 되었다.

제4장

풍태후
북위를 지배한 여장부

풍태후의 일생은 변화무쌍하여 불행과 행운이 겹쳤으나 은혜를 베풀고 위엄을 보였으며, 과감하고 용기 있게 처신했다. 그녀의 개혁정책은 후세 사람들에게 칭찬을 받았다. 그녀가 없었다면 북위가 과연 중국사에서 그나마 중요한 위치를 차지했을지 의문이다. 북위 왕조의 관점에서, 그리고 유구한 중국사에서 볼 때 풍태후의 개혁은 각 민족 간의 융합에 속도를 더하여 각 민족 간의 갈등을 완화시켰으며, 북방 지역의 통일을 유지하여 통일로 향해 가는 대세에 적극적인 영향을 끼쳐 뒷날 수隋 왕조가 중국을 통일하는 데 기초를 마련했다. 그녀가 정적을 쳐서 정권을 탈취하고 부패를 척결한 방법도 후대의 통치자들에게 교훈을 주었다.

386년 선비족鮮卑族 수령인 탁발규拓跋珪가 북위北魏를 세웠다. 이때부터 기원후의 중국 역사에서 변방에 머물렀던 소수민족이 역사무대에 주인공으로 등장하기 시작한다. 493년 북위는 북량北涼을 멸망시키고 북방을 통일하여 남조南朝와 대립함으로써 작지 않은 세력이 되었다. 그러나 북위 통치권의 내부 대립과 민족 간 갈등이 날로 첨예해졌으므로 국가권력을 공고하게 하기 위해서는 일대 변혁이 절실했다. 그리고 이러한 시대적 요구에 따라 뛰어난 여성 개혁가 풍태후馮太后: 442~490년가 태어났다.

풍태후는 본래 한족의 후예로서 선비족의 후궁으로 들어갔다가 황후가 되었다. 부귀영화를 누렸으나 일찍이 미망인이 된 황후는 이후에 황태후 및 태황태후를 지내며 20여 년 동안 정권을 잡는다. 그녀는 용기와 지혜를 갖춘 여성이었으며, 선비족의 옛 제도를 과감하게 개혁하여 북위의 사회제도 변혁을 위한 튼튼한 기초를 닦았고 이러한 탁월한 정치적 업적으로 인해 '문명태후文明太后'로 추앙되었다.

그녀의 노력에 힘입어 북위는 번성기를 구가하며 훗날 몇 대 왕조에까지 영향을 주었다. 심지어 수나라와 당나라도 북위의 영향을 받았다. 비록 정권을 잡는 과정에서 정변을 일으키고 잔혹한 행동을 저지르기는 했지만, 사람들은 그녀의 업적만을 기억하고 싶어 한다. 이 여인이 바로 '문명태후'라고 불리는 '풍태후'이다.

본문에서는 풍태후가 변화무쌍한 자신의 삶 속에서도 과감하고 용기 있게 처신하면서 개혁정책을 실행하는 과정을 소개하고, 그러한 그녀의 역사적 공적을 기반으로 하여 풍태후의 역사적 지위를 재조명하고자 한다.

1. 황제를 제거하고 정적을 소탕하다

풍태후의 원래 이름은 고증할 길이 없고, 단지 황후가 되기 전에 '풍씨'로 칭해졌다. 『위서魏書』「황후열전」의 기록에 의하면, 그녀는 장락신도長落信都: 지금의 허베이성 지현 사람으로 장안에서 태어났다. 그녀의 조부 풍문통馮文通은 원래 북연北燕의 군주 풍발馮跋의 막냇동생으로, 풍발이 죽은 뒤 제위를 계승했다. 부친인 풍랑馮朗은 북연의 광평공廣平이었는데, 모친인 왕씨가 폐위되었기 때문에 북위 연화延和 원년(432)에 동생인 풍막馮邈과 함께 요서로 달아난 뒤, 맏형인 풍숭馮崇을 설득해 함께 북위에 의탁했다. 풍숭은 북위에서 요서왕으로 봉해졌고, 풍랑은 뒤에 진秦과 옹雍 두 주의 자사刺史와 서군공西郡公을 지냈다. 나중에 풍랑은 북위에서 큰 죄를 지어 피살되었고, 그 화가 가족들에게까지 미쳤다. 어린 풍씨는 궁중에서 태무제太武帝의 좌소의左昭儀로 있던 고모에게 의지해 성장하게 되었다.

풍씨는 총명하여 학업을 부지런히 닦았으며, 몇 년 뒤 적지 않은 지식을 익혀 품위 있고 의례를 아는 여인으로 성장했다. 게다가 소녀만이 가질 수 있는 아름다움을 지녀 후궁에서 남의 이목을 끌 만했다.

곧 태자 탁발준拓跋濬의 총애를 입어 바로 간택되었다.

북위 흥안興安 원년452년, 남안왕南安王 탁발여拓拔余가 붕어하자 태자 탁발준이 후위를 이었으니, 곧 문성제文成帝이다. 풍씨는 귀인貴人으로 봉해졌고, 태안太安 2년456년에 다시 황후에 올랐다가 후세에는 '문명황후文明皇后'로 칭해졌다.

'인간만사 새옹지마'(塞翁之馬: 『회남자淮南子』의 「인간훈人間訓」에 나오는 이야기로, 인생의 길흉화복은 바뀌기 마련이므로 미리 헤아릴 수가 없다는 말이다)라는 옛말처럼, 풍랑이 죄를 지어 피살되지 않았다면 풍씨도 궁에 들어가 황후가 되지 못했을 것이다. 재앙을 맞아 최고의 부귀를 얻었으니 풍씨는 자신의 삶을 통해 이 옛말을 증명한 셈이다.

북위 화평和平 6년465년 5월 계미일, 26세로 재위 13년을 맞은 문성제는 불행하게 북위의 수도인 평성平城: 지금의 산서성 다퉁현에서 병으로 숨을 거두었다. 북위의 관례상 국상이 끝난 사흘 뒤에는 생전에 사용했던 망자의 의복과 기물을 전부 소각하고 문무 대신 및 황후는 소리 내어 통곡함으로써 애도를 표해야 했다. 환관이 횃불을 들어 산더미처럼 쌓인 의복과 기물에 불을 붙이자 슬프게 통곡을 하고 있던 풍황후가 갑자기 불길 속으로 뛰어들었다. 주위의 사람들이 다급히 구출했을 때 그녀는 의식을 잃었고, 어의가 급히 응급조치를 한 뒤에야 생명을 보전할 수 있었다.

이 일은 여러 관리들 앞에서 문성제에 대한 충성과 절개를 보여주기 위한 풍태후의 연극이었다. 정말로 사랑을 위해 죽으려 했다면 굳이 여러 사람이 있는 곳에서 보란 듯이 행동하지는 않았을 것이다. 물론 전혀 진심이 아니었다고 말할 수는 없겠으나, 어쨌든 과감히 불길에 뛰어드는 행동으로 보아 그녀는 지모^{智謀}가 뛰어났던 듯하다.

며칠 뒤 열두 살의 태자 탁발홍^{拓拔弘}이 제위를 계승했는데, 곧 북위의 헌문제^{獻文帝}였다. 중국의 왕조사에서 어미가 자식으로 인해 귀해지는 것은 지극히 당연하다. 그런데 탁발홍은 원래 풍태후의 소생이 아니라 귀인 이씨^{李氏}의 소생이었다. 북위 조정의 가법에 의하면, 비빈이 낳은 아들이 태자로 책립되면 외척의 정권 개입을 방지하기 위하여 생모를 죽이도록 되어 있었다. 태안^{太安} 2년^{456년} 이씨도 예외 없이 탁발홍이 태자로 책립되는 순간 사사되었다.

문성제와 함께 지낸 13년 동안 풍태후는 자식을 전혀 낳지 못했다. 이것은 대체로 비극적인 상황을 초래하기 마련인데 풍태후는 운 좋게도 무사히 죽음의 위협에서 벗어나 태후의 지위를 지켰으니, 그야말로 인간의 운명이란 알 수 없다. 이렇게 황태후의 자리에 오른 풍태후는 자신의 능력을 펼치기 시작한다.

헌문제가 막 친정을 시작했을 때는 감히 독단적으로 처리하지 않고 태후에게 보고하여 허가를 받는 식이었다. 풍태후는 헌문제의 능력에 비교적 만족하는 편이었으나 세월이 지나자 황제는 점점 풍태후의 말에 따르지 않았을 뿐 아니라 구실을 붙여 난처하게 만들기도 했다.

이때 서른도 안 된 풍태후가 풍류객이자 호방한 신하인 이혁^{李奕}과 은밀한 관계라는 추문이 나돌았다. 그리고 헌문제는 이때가 기회라고 판단했다.

황흥^{皇興} 4년^{470년} 10월, 이혁의 동생이자 남부상서^{南部尚書}인 이부^{李敷}가 상주자사^{相州刺史}로 있을 때 뇌물을 받았다는 고발이 있었다. 헌문제는 이 일을 철저하게 조사하라고 지시하고는 국법에 따라 두 형제의 집안을 연좌시켜 주살했다. 이러한 조치는 풍태후에게 자신의 입지를 분명히 해두려는 일종의 경고였다.

그러나 풍태후는 황제보다 강했다. 성난 사자처럼 화를 내며 제위를 도로 빼앗겠다고 위협하였다. 헌문제는 뜻밖의 상황을 맞이하여 충격을 받았다. 또한 스스로 업적을 쌓아 역사에 이름이 남을 천자가 되기는커녕 태후의 손아귀에서 벗어날 수 없음을 괴로워하였다. 평소 도교와 불교의 이론에 흥미를 가졌던 헌문제는 인간세의 무상함을 깨닫고 제위를 포기하고 그 자리를 숙부인 탁발자추拓拔子推에게 내줌으로써 풍태후를 제약하고자 했다. 그러나 탁발자추에게 양위하는 것은 나라를 혼란하게 만드는 일이니 원칙대로 태자에게 물려주어야 한다는 대신들의 강력한 주장대로 어쩔 수 없이 헌문제는 겨우 다섯 살인 태자 탁발굉拓拔宏에게 제위를 물려주었다. 그해 8월에 탁발굉은 보위에 오르게 되는데, 그가 바로 뒷날 이름을 떨친 효문제孝文帝이다.

어린 황제를 통제할 수 있게 된 풍태후는 안심했지만 한편으로는 효문제에 대해 경계하는 마음을 갖고 있었다. 어린 시절부터 태자를 친히 양육해 왔던 터라 비록 효문제가 어리다 해도 영리하고 조숙하다는 것을 잘 알고 있었기 때문이다. 풍태후는 미리 효문제를 길들이지 않으면 안 되겠다고 판단하고 실험을 해보았다. 엄동설한에 얇은 옷만 입힌 채 사흘 동안 먹을 것과 마실 것을 주지 않았다. 극심한 고통을 통해 효문제를 고분고분하게 만들겠다는 작전이었다. 효문제는 뜻밖의 일에 놀랐지만 필시 무슨 연유가 있을 것이라 짐작하고 용서를 빌지 않고 침묵으로 대항했다. 조그만 아이의 의연함에 질린 풍태후는 아예 효문제를 폐하고 그의 아우 탁발희拓拔禧를 황제로 옹립하고자 했다. 하지만 대신들의 반대에 부딪혀 잠시 계획을 보류했다.

이 일을 계기로 효문제는 권력은 적게 사용할수록 안전하다는 사실을 깨달았다. 그 후로는 온종일 틀어박혀 글 읽기에만 몰두하며 바깥일에 대해서는 전혀 관심을 두지 않았다. 효문제의 이런 모습에 풍태후도 점차 경계의 끈을 늦추었다.

권력을 지키기 위한 풍태후의 몸부림은 더욱 강해졌다. 당시의 풍태후는 악녀라고 해도 과언이 아닐 정도로 마음대로 권력을 휘둘렀다. 효문제는 자기 아버지보다 훨씬 똑똑해 자신을 보호할 줄 알았던 덕분에 다행히 목숨을 지킬 수 있었다.

그러나 이미 태상황으로 물러난 헌문제는 아직도 손에서 권력을 완전히 놓을 수 없었다. 헌문제는 계속해서 조정에 나름의 영향력을 행사하며 수시로 직접 군대를 이끌고 전쟁에 나서곤 했다. 그런데 헌문제가 남부 지방을 시찰하던 중 풍태후가 파면한 설호자薛虎子의 관직을 회복시켜 주었다가 풍태후의 노여움을 사는 일이 생겼다. 이 일로 풍태후는 자신의 권력 유지를 위해 반드시 헌문제라는 장애물을 제거해야 한다는 사실을 깨달았다.

476년 풍태후는 이제 겨우 스물셋의 젊은 상황에게 독이 든 술을 마시게 함으로써 최대의 걸림돌을 제거해 버렸다.

이처럼 풍태후는 냉혹하고 과감한 방식으로 다시 한 번 정상의 자리에 우뚝 섰다. 이때부터 북위의 조야는 풍태후의 독무대가 되었고, 한동안 그녀의 권세에 도전하는 자가 없었다. 그러나 풍태후는 감시를 소홀히 하지 않았고, 세력을 공고히 다지기 위해 정적을 제거하는 데 몰두했다.

'천자가 바뀌면 신하도 모두 바뀐다'는 말이 있듯이 풍태후는 헌문제의 죽음을 석연치 않게 여겨 자신을 따르지 않는 세력을 제거함으로써 통치의 정도正道를 수호하였다. 풍태후는 정당하지 못하거나 비열한 방법을 썼지만 어쩔 수 없는 일이었다. 어떤 시대에도 권력의 중심이 없으면 안정된 기반을 세울 수 없기 때문이다. 여자의 몸으로 뭇 남성 군주보다 패기 있게 통치한 풍태후의 능력에 대해서는 인정해야 할 것이다.

2. 과감한 '한화漢化' 정책

선비족이 중원에 진입하여 북위를 세운 후 여러 풍습과 관례들을 중원에 도입했다. 그런데 건국한 지 90여 년이 흘러 제도의 불합리성이 속속 드러났다. 이에 한족인 풍태후는 과감하게 제도를 개혁하기 시작했다. 이것이 바로 '태화개혁太和改革'이다.

당시 북위 통치하에서 백성들의 삶은 그리 행복하지 않았다. 백성들이 각급 관리들의 수탈과 핍박에 시달려 온 나라가 뒤숭숭했다. 북위의 제도가 유목민족인 선비족의 생활방식에는 적합할지 몰라도 중원을 통치하기에는 부족함이 많았다. 결국 여러 곳에서 모순과 갈등이 불거져 곳곳에 위기가 산재하는 지경에 이르렀다. 문성제와 헌문제는 이 같은 상황을 타개하고자 했으나 이렇다 할 성과를 내지 못했다. 이를 가까이서 지켜보던 풍태후는 이런 상황을 완전히 변화시키기로 마음먹었다.

북위의 역사에 변화의 조짐이 나타나고, 그때부터 세인들이 가진 풍태후에 대한 이미지도 변하기 시작했다.

승명承明 원년476년 누군가 북위의 법도에 따라 태묘에서 헌문제의 신주를 관리하는 집사관에게 작위를 내려야 한다고 건의했다. 하지만 풍태후는 앞으로 모든 선례를 따르지 않을 것이라며 이 제의를 단호히 거부했다. 신하들은 이런 풍태후가 의외였지만 잠자코 있을 수밖에 없었다. 이것이 바로 개혁의 서막을 알리는 신호탄이 되었다.

당시 북위는 관리들에게 봉록을 내리지 않았다. 풍태후는 이런 상황이 계속되다가는 부정부패가 끊이지 않아 재앙을 부를 것이라 여겨 이를 고치기로 마음먹었다. 이에 한족의 봉록 제도를 받아들여 태화 8년^{484년} 6월, '반봉록^{班奉祿}'이라는 조서를 내렸다.

그 내용은 이렇다. 원래 있는 호조^{戶調: 호를 단위로 특산물을 바치게 하는 제도} 외에, 각 호에 포목 세 필과 곡식 두 말 아홉 되를 추가로 징수하여 관직에 따라 봉록을 내린다. 만약 세금을 더 징수하거나 이를 시행하지 않은 관리는 엄벌에 처한다는 것이다. 엄격한 법률이 시행되자 나라가 비로소 안정을 되찾았다.

풍태후는 조서를 공포한 즉시 이를 따르지 않는 관리 40여 명을 처형했다. 이렇게 강하고 과감한 조치는 신하들에게 국가의 위엄성과 새로운 제도의 엄격함을 알리기 위함이었다. 그러나 어떤 제도든 처음 시행되면 반대에 부딪히는 법, 많은 신하들이 새 제도에 불만을 품고 개혁이 도리어 혼란을 가중시킬 것이라고 생각했다.

풍태후는 조정 회의를 소집하고 신하들에게 직접 이 일에 대해 논의하고 결정하도록 했다. 고려^{高閭}는 옛 제도로 회귀할 경우 관리들의 부정부패가 횡행해 국가의 불안을 해소할 수 없다고 밝혔다. 또한 새로운 제도만이 이 같은 혼란을 가라앉힐 수 있으며, 한족들이 세운 역대 왕조가 안정을 유지할 수 있었던 근본 원인이 바로 이 제도라고 역설했다. 풍태후는 고려의 말에 흡족한 미소를 지었다. 고려 외에도 안목이 높은 여러 신하들이 새 제도를 지지했다. 이로써 개혁은 별다른 어려움 없이 추진될 수 있었다.

봉록제의 시행은 단지 시작에 불과했다. 관리들의 부정부패가 해결되자 풍태후는 또 다른 문제점을 발견했다. 토지와 산을 몇몇 부자와 지주들이 독점하고 백성들은 아무것도 가지지 못해 많은 토지가 황무지로 방치되고 있었다. 게다가 수많은 백성들이 먹을 것이 없어 굶어 죽거나 폭도나 산적으로 전락하는 일이 비일비재했다.

태화 9년^{485년} 10월, 풍태후는 대신 이안세^{李安世}의 건의에 따라 '균전제^{均田制}'를 실시했다. 이로써 사회 및 경제에도 거대한 변화가 시작되었다. '균전제'란 주인 없이 버려진 땅을 백성들에게 균등히 분배하고, 일정 기간 농민들을 지원하는 제도다. 이렇게 되자 땅을 얻은 농민들이 속속 고향으로 돌아와 정부의 편호^{編戶 농민호적에 편재된 농민}이 되었다. 농사를 짓는 사람이 땅을 소유하게 되니 농민들의 생활이 안정되고 생산량이 늘어나는 효과도 나타났다.

이렇듯 국가의 세금 징수 대상이 늘어나자 낙후되었던 경제 구도도 점차 정비되고 발전했다. 북위는 민생에서 통치에 이르기까지 새롭게 변모하고 점차 번영으로 나아갔다. 이 제도가 북제^{北齊}, 북주^{北周}는 물론, 수^隋, 당^唐대에 이르기까지 300년이 넘도록 영향을 미쳤다. 풍태후의 주도로 실시한 균전제는 북위의 발전에 크게 기여했으며, 후대 왕조에도 훌륭한 본보기가 되었다.

이후 풍태후는 지방 호족 세력의 권익을 극대화한 종주독호제^{宗主督護制}를 개혁하고 '삼장제^{三長制}'를 실시했다. 만약 삼장제를 실시하지 않았더라면 균전제의 시행도 그리 여의치 못했을 것이다. '삼장제'는 이충이 건의한 것으로 한족의 통치 조직을 본떠 만든 것이다. 북위의 지방 조직을 새롭게 정비해 5가^家를 1린^隣으로 하고 5린을 1리^里로 하며

5리를 1당黨으로 편제했다. 그 다음 린, 리, 당에서 명망이 높은 사람을 뽑아 각각 인장, 이장, 당장으로 임명했다. 그들은 호구 조사와 부역 징발 및 조세 징수, 생산 관리, 치안 유지 등을 담당했다. 인장과 이장, 당장은 1~2인의 관역官役을 면제받을 수 있었다.

그런데 이 제도를 내놓자마자, 중서령 정의鄭義와 비서령秘書令 고우高佑 등 여러 대신들이 반발했다. 제도가 제대로 시행될 수 없다는 것이 이유였다. 하지만 이충과 탁발비拓跋조 등은 이를 강력하게 밀어붙이자고 주장했다. 풍태후는 이충의 건의를 받아들여 '삼장제' 실시를 단행했다.

결과적으로 이 제도가 경제와 사회 발전을 촉진하고 풍태후의 통치력을 뒷받침했으니 풍태후의 결정이 탁월했던 셈이다.

선비족이 세운 북위는 역대 왕조에 비해 통치 시기가 길지 않았다. 하지만 풍태후의 개혁이 사회 발전에 미친 긍정적이 영향은 매우 컸다. 풍태후는 한족의 우수한 전통을 북위에 적극 도입하여 발전과 진보를 촉진했다. 이런 점에서 풍태후는 위대한 여성이라고 할 수 있으며, 북위는 풍태후 덕분에 상전벽해의 발전을 거두었다고 할 수 있다.

3. 풍태후에 대한 평가

후대 사람들은 풍태후에게 '문명태후'란 애칭을 붙여 주었다. 이 호칭만 보더라도 풍태후가 위대한 여성정치가였음을 짐작할 수 있다.

풍태후에게는 권력을 장악했던 다른 황후나 후비와 다른 점이 있었다. 어려서부터 혹은 대권을 잡기 오래전부터 오매불망 권력을 갈구하지 않았으며, 권력에 대한 욕구는 당시 그녀가 처했던 환경 속에서 조금씩 자라났다는 점이다.

풍태후는 평탄치 않은 어린 시절을 겪었다. 또 궁궐로 들어가 피비린내 나는 정쟁을 직접 목격했다. 그녀는 자기 힘으로 풍파를 헤치고 일을 처리해야 하는 상황이 닥쳐서야 비로소 자신에게 뛰어난 능력이 있음을 깨달았다. 그 후 풍태후는 자신이 가진 권력을 자유자재로 이용하여 조정의 일들을 자기 뜻대로 처리해 나갔다. 그녀는 정말 뛰어난 감각의 소유자였다.

풍태후는 권력의 힘을 맛보고 난 후, 권력에 눈을 뜨고 점점 그 권력을 확대하고 싶은 욕심이 생겨났다. 그리고 더 이상 올라갈 수 없을 만한 지위에 오르고 나서는 권력을 온전히 지켜내기 위해 투쟁했다. 이후 풍태후는 아편 같은 권력에 점점 중독되어 북위 역사에서 유례를 찾아볼 수 없는 큰 비극을 초래했다.

풍태후는 자신을 지지하지 않는 신하를 살해하고, 온갖 수단을 동원해 헌문제를 폐한 것도 모자라 뒤탈을 염려해 그를 죽여 버렸다. 또한 권력을 빼앗기지 않기 위해 어린 효문제를 핍박하고 위협했다. 사람은 아마도 권력의 달콤함을 맛보고 나면 한없이 독해지는 존재인가 보다. 풍태후가 바로 이를 증명하는 생생한 증거가 아닌가!

아무리 공이 커도 죄를 덮을 수는 없다. 그러나 후대 사람들은 역사라는 큰 흐름에 입각하여 풍태후의 악행을 모른 척 덮어 버린 것 같다. 풍태후는 문성제와 두터운 금슬을 과시하고, 심지어 문성제가 죽은 후 따라 죽겠다고 불길 속으로 뛰어들었으면서도 권력 앞에서는 무시무시한 살육을 저질렀다. 그럼에도 불구하고 풍태후를 칭송하는 이유는 그녀 덕분에 북위가 안정되고 번성했기 때문이다.

북위는 소수민족이 세운 나라였지만 풍태후는 한족이었다. 풍태후는 권력을 장악하는 과정에서 결코 이를 남용하지 않았다. 그저 권력의 힘을 적극 활용해 북위의 개혁에 누구보다도 큰 공헌을 했을 뿐이다. 한화 정책 추진이나 효문제를 정성껏 교육한 것 모두 나라의 안정과 번영을 실현하기 위해서였다. 풍태후는 권력을 제대로 쓸 줄 아는 여인이었다. 수단과 방법을 가리지 않고 권력을 쟁탈했지만, 이렇게 해서 얻은 권력을 반드시 필요한 곳에 사용한 것은 역사적으로 그리 흔한 예가 아니다.

역사에서 풍태후를 '문명태후'라고 기록한 것을 보면, 그녀의 좋은 면만 부각하고 있는 듯하다. 풍태후의 일생을 서술한 전기 외에는 악행에 대한 기록이 거의 없다. 오늘날 풍태후의 일생을 다시 조명해 봐도, 다른 시대에 권력을 장악했던 황후나 후비들과 비교할 때 악행은 그리 심하지 않은, 이해해 줄 수 있는 정도이다. 반면 업적은 그 어떤 시대, 그 어떤 인물과 비교해도 결코 뒤지지 않는다. 그녀를 훌륭한 황후로 기억해도 큰 무리는 없을 듯하다.

제5장

문성공주

티베트에 문명을 전파하다

문성공주와 송찬간포의 혼인은 실질적으로는 정략결혼으로, 당나라와 토번의 안정과 발전을 위한 것이었다. 이로써 당나라는 오랫동안 서남쪽의 안정을 얻어 침범해 오는 다른 적들을 방어할 수 있었고, 문성공주를 통해 당나라의 선진문명을 흡수한 토번은 백성들을 원시적인 생산노동에서 벗어나게 해주었다. 집 짓기, 농토 관리, 비단 짜기, 음악, 서책과 같은 문명을 전수함으로써 은택을 끼친 것이다. 그녀는 토번을 급속도로 발전하게 했고, 선진 당나라의 분위기를 미개한 땅에 불어넣어 민족의 융합을 촉진하고 국가의 통일을 공고하게 했다. 또한 문성공주는 티베트의 대신이 티베트 문자를 만들도록 격려하기도 하였으며, 후일 그녀는 다시 수많은 한족의 서적을 티베트 문자로 번역하여 당과 토번의 문화교류를 촉진하였다.

그녀는 토번에서 근 40년을 살면서 토번의 경제와 문화의 발전에 지대한 공헌을 하였다. 그래서 문성공주는 지금까지도 티베트 사람들에게 추앙받는 존재로 남아 있다. 티베트에는 문성공주에 관한 희극과 그녀에 관한 아름다운 시가와 전설이 많이 전해지고 있다. 장족의 전통적인 8대 티베트극 중 첫 번째가 바로 〈문성공주〉이다. 티베트 백성들에게 그녀는 바로 천상 신녀의 화신이며 우호의 화신인 것이다.

중국 역사상 중앙왕조의 통치자들은 정치적으로 변경지역^{邊境地域} 소수민족의 상층부와 연맹을 공고히 하여, 변경지구에 대한 통치를 강화하거나 변경지역의 사회질서를 안정시키기 위해서 가끔 화친^{和親}을 위해 혼인정책^{婚姻政策}을 썼다.

한^漢나라 원제 때 흉노족^{匈奴族} 선우^{單于}에게 시집을 갔던 왕소군^{王昭君}도 그 경우에 속한다. 그러나 '오랑캐의 나라'로 시집간 수많은 한족^{漢族} 공주 중 가장 유명한 인물은, 당^唐나라 태종^{太宗} 때 토번^{吐蕃: 중국 당·} 송 시대에 티베트 고원에 있던 티베트 왕국 및 티베트족을 일컫던 이름의 송찬간포^{松贊干布:} 617~650년에게 시집간 문성공주^{文成公主: 623년경~680년}라 할 수 있다.

문성공주가 머나먼 토번으로 시집감으로써 당 왕조와 토번의 변경지대는 몇 십 년간 안정되었을 뿐 아니라 한족의 선진문화를 받아들임으로써 장족^{藏族}[중국에서는 티베트족을 **짱족**(중국어: 藏族, 병음: Zàng Zú, 장족)이라고 부르며 한국에서는 한자어로 **서장족**^{西藏族}이라 부르기도 한다]은 큰 발전을 일궈냈다.

오늘날까지도 티베트 사람들은 문성공주를 신처럼 받들며 대대로 제사를 지내고 있다. 본문에서는 당나라 문성공주가 티베트로 시집가게 되는 과정과 결혼 후 티베트에서의 문명전파와 영향력에 대해 소개하고자 한다.

1. 토번왕 송찬간포의 열정적인 구혼

7세기 초 토번족^{吐蕃族: 지금의 티베트족}의 제32대 찬보^{贊普: 국왕} 송찬간포^松^{贊干布}는 청장고원^{青藏高原} 일대의 여러 부락을 통일한 후 라싸^{拉薩}를 중심으로 강대한 토번왕국을 건설하였다. 토번 사람들은 유목을 주업으로 생활하였으며, 야크·말 등을 키우고, 더러는 쌀보리와 메밀을 뿌려서 걷기도 하였다.

7세기 송찬간포는 왕위를 계승하여 찬보가 되었다. 송찬간포의 부친 낭일론찬^{異日論贊}은 많은 일을 한 찬보였지만, 당시 내부 분열이 심해서 왕위를 계승한 지 오래지 않아 피살되었다. 부친의 영향을 받아서 송찬간포는 어릴 때부터 이미 비범한 재능을 보였다. 부친이 원수들에 의해서 독살된 후 13세에 찬보의 지위를 계승한 그는 한편으로는 군대를 훈련한 다음 신속히 각지의 반란을 진압하여 전후로 주변의 부족을 모두 복속시켰다.

송찬간포는 왕권 확립에 힘을 다하여, 찬보가 중심이 된 고도의 중앙집권적인 완벽한 정치, 군사기구를 수립하였다. 동시에 그는 법률과 세제를 제정하고, 현명한 대신을 기용하여 백성들이 선진 생산기술을 배워서 운용하도록 장려하는 수많은 조치를 시행하여 농목업 생산력을 발전시켜서 토번의 사회경제와 인민생활이 신속히 고속성장의 궤도에 오르도록 했다. 송찬간포는 당시 대당 왕조의 국력이 강성한 것을 보고, 당나라와 우호관계를 진일보 발전시키고자 했다.

당 정관 8년^{서기 634년}, 당 왕조와 토번은 외교관계를 수립하고 상시

사자들이 서로 방문하기에 이르렀다. 한번은 송찬간포가 당나라 사자와 이야기하던 중 돌궐과 토욕혼吐谷渾이 모두 당의 공주와 혼인하여 화친을 맺었다는 말을 들었다. 그 외에도 사적으로 당나라 여자들이 아름답고, 기품이 있어 투박하고 심지어 야만스럽기까지 한 토번의 여자들과 다르다는 말을 듣게 되자 당나라와도 더욱 친밀한 관계를 가지고 싶었던 그는 자신도 당의 공주와 혼인하기를 바라게 되었다. 그러나 송찬간포의 이런 행복한 소망은 바로 이루어지지 않고, 여러 차례 구혼한 끝에 이루어졌다.

첫 번째 구혼은 정관 10년636년의 일로 송찬간포는 대량의 금은보석과 함께 사자를 장안으로 보내서 당 태종에게 구혼하였다.

장안에 와 보니 처음에 당 태종은 토번에게 매우 잘 대해 주고, 토번에 공주를 시집보내겠노라고 속 시원하게 승낙하고 많은 선물을 그 사자에게 하사하였으나, 바로 이때 방해꾼이 등장했다. 토욕혼의 사자도 구혼하러 왔던 것이다.

그는 가만히 당 태종에게 말했다. "토번의 찬보 송찬간포는 매우 야만적인 사람으로 첫 번째 왕비 적존공주赤尊公主 : 송찬간포의 제일 왕비로 원래 네팔의 공주도 강탈해 온 것입니다."

당 태종은 여식이 토번에 가서 시달리며 고생할 것을 걱정하게 되었고, 그래서 토번의 예물이 너무 적다는 핑계로 혼사를 취소해 버렸다.

토번의 사자는 매우 화가 나서 돌아가 송찬간포에게 이를 그대로 보고했다. 토번과 토욕혼은 원래부터 마찰이 많았던지라 이 말을 들은 송찬간포는 즉시 20만 대군을 이끌고 토욕혼을 공격하였다. 토욕혼의 왕은 막강한 토번의 세력을 보고 기겁을 하여 환해環海 일대로 퇴각하였다.

당 왕조에 대해서도 송찬간포는 불만이 매우 컸다. 체면을 구겼다고 여겼을 뿐 아니라, 이 구혼에 자신은 국가대계를 걸고 있었기 때문이었다. 그는 공주가 당의 선진문화를 이 설원으로 가져와 자신의 무공武功에 이어서 문치文治를 완성하겠다는 꿈을 꾸고 있었던 것이었다. 구혼해서 되지 않으면, 혼사에 응하도록 압박하는 수밖에 없었다. 이를 위해 그는 적존공주를 취할 때 써 먹었던 낡은 수법(애당초 네팔국의 왕은 공주를 그에게 시집보내지 않으려고 했으나, 송찬간포가 5만 병마로 네팔을 초토화하겠다고 위협하여 강제로 결혼하는 데 성공하였다)을 다시 썼다.

그래서 송찬간포는 토욕혼을 패퇴시킨 승세를 타고, 정관貞觀 14년 640년 당나라의 변경 송주松州: 지금의 사천성(松潘縣)를 침략하였다. 그러고는 당나라에 사신을 보내어 "만약 공주를 나에게 시집보내지 않는다면 곧장 장안長安: 지금의 섬서성 서안 서북으로 쳐들어갈 것이다."라고 위협했다.

이때 매우 분노한 당 태종은 즉시 토번을 정벌하기 위하여 군대를 파견하였다. 송찬간포는 애초에 당나라와의 전쟁을 원치 않았기 때문에 당나라의 원정군이 오는 것을 보고 철수를 요구했다. 그러나 상대를 너무 얕잡아보고 무모한 행동을 하던 송찬간포는 결국 송주성 아래에서 당나라 군대에 크게 패하고 말았다. 이에 송찬간포는 신하의 예를 갖추고 사죄를 청하면서, 황금 5,000량과 진귀한 보물들을 바치고 다시 혼인을 요청하였다. 당 태종은 여러 가지 정황을 고려한 후 마침내 아름답고 총명한 문성공주를 그에게 시집보내기로 결심하였다.

2. 화친을 위해 멀고 먼 토번으로 시집가다

문성공주는 도대체 누구의 딸인가? 역사상 기록은 남아 있지 않다. 당시 당 고조 이연李淵에게는 19명의 딸이 있었고 당 태종 이세민李世民에게도 21명의 딸이 있었는데 어려서 요절한 사람을 빼놓고는 모두 문헌상에 기록이 있는데 하나같이 당조의 신하들에게 시집갔다. 문성공주에 대하여 알려져 있는 것은 그녀가 당종실의 딸이라는 것뿐이니 성은 의당 이씨일 것이다. 그러면 황제의 질녀인가? 관례에 따르면 친왕親王의 딸도 전적典籍에 기록이 있기 마련인데, 역사상 이 부분에 대한 기록도 없다. '종실녀宗室女'의 신분으로 기재되어 시집간 것으로 볼 때 아마도 황실의 비교적 먼 종친일 것이며, 그녀 부친의 지위가 그리 높지 않았으나 화친이라는 일의 중대성으로 인해 그녀를 파격적으로 공주에 봉하였다.

문성공주는 당 태종이 자기를 토번족의 찬보에게 시집보내기로 했다는 소식을 듣고 마음이 매우 착잡하였다. 토번의 국왕 송찬간포와 결혼하여 두 민족이 대대로 우호관계를 맺는 것은 지극히 바람직한 일이었지만, 친지라고는 아무도 없고 풍속도 전혀 다른 먼 이역 땅으로 떠나야 한다는 생각을 하니 불안한 마음을 떨쳐 버릴 수 없었기 때문이었다. 태종은 그러한 문성공주를 위해서 상당히 많은 혼수품을 마련해 주었다. 그중에는 각종 가구·그릇·패물·비단은 물론, 고대의 역사·문학·각종 기술서적 및 의약품·곡물·누에알과 양식종자 등도 가져갔다. 그리고 사절단에는 문성공주를 따라다니는 시녀들 외에도 일군의 목사, 악사와 농업기술자들이 있었으니, 가히 '문화방문단'이며, '농업기술대'와 같았다. 또한 독실한 불교 신자였던 문성공주는 동불상도 함께 가져갔다.

당시에 토번족은 서남지역에서는 여전히 강성한 국가였기 때문에 당 태종은 서남의 변방을 안정시키기 위해 그들과의 경제적·문화적 협조가 필요하다고 판단하였다. 그래서 그들을 융화시키기 위한 목적으로 문성공주와 함께 대규모 문화사절단을 파견하기로 하였던 것이다. 문성공주는 실제로 이러한 우호관계를 유지하기 위한 중대한 정치적 임무를 지고 있었다. 이리하여 그녀는 중국 역사상 왕소군에 이어 두 번째로 화친의 임무를 띠고 이역 땅으로 시집간 여인으로 기록되었다.

태종은 멀리 시집가는 문성공주을 위해 족제族弟인 강하왕江河王 이도종李道宗을 파견하여 공주를 호송하게 했다. 이도종은 공주가 여행 도중에 충분한 휴식을 취할 수 있도록 미리 숙소를 지어놓았고 안전을 위해 직접 정예 호위대를 선발했다. 그리하여 641년 대규모로 구성된 호송대의 호위 아래 문성공주는 토번을 향한 여정에 올랐다.

정관 15년641년 정월 문성공주 일행은 장안에서 티베트까지 약 3,000km에 이르는 장도에 올랐다. 문성공주 일행은 추운 한겨울에 길을 떠날 수밖에 없었다. 장안에서 농남隴南과 청해靑海를 거쳐 티베트까지 가는 동안 물살이 급한 몇 개의 큰 강을 거쳐야 했는데, 강물이 완만할 때인 겨울이라야 편하게 건너갈 수 있기 때문이다. 모진 고생 한번 안 해 보고 자란 문성공주는 모진 바람과 눈을 무릅쓰고 청해에 이르자, 동쪽으로 흘러가는 황하를 바라보며 탄식하지 않을 수 없었다.

"천하의 강물이 모두 동쪽으로 흘러가건만, 나만 홀로 서쪽으로 가는구나."

한 달여의 풍찬노숙을 거쳐, 문성공주는 황하의 발원지이자 토번의 변경인 하원河源에 도착했다. 이곳은 수초가 무성하고 소와 양이 무리지어 풀을 뜯고 있었다. 줄곧 아득한 모랫길로만 오면서 토번의 험한 지세에 걱정이 앞섰던 문성공주도 한시름 놓을 수 있었다. 신부 일행은 이곳에서 휴식을 취하며 라싸성으로 들어갈 준비를 했다.

송찬간포는 문성공주가 하원에 머물며 쉬고 있다는 소식을 듣자, 곧 바로 정예 금위군을 이끌고 가서 신부를 맞이했다. 송찬간포는 후행後行: 결혼 때 신부나 신랑을 데리고 가는 일 온 예부상서禮部尚書 이도종李道宗에게 사위의 예를 표하고 찰릉호札陵湖에서 성대한 영친迎親 의식을 거행함으로써 당나라를 토번의 상국上國으로 대접하였다. 고원에서 말 달리던 이 토번왕은 중원에서 온 문성공주를 보고 한순간에 매혹되었다. 화려한 옷차림에 엄숙하면서도 우아한 자태를 지닌 문성공주는 소박한 토번 여자와는 비교할 수조차 없었다. 한편 문성공주가 본 송찬간포는 비록 고원의 뜨거운 태양과 세찬 바람 때문에 거무스레한 얼굴을 하고 있었지만, 건장한 몸집과 표정에서 우러나오는 호탕한 기상과 용맹스러움을 느낄 수 있었다. 문성공주는 훌륭한 남자에게 시집을 오게 된 것에 대해 스스로 자부했다. 오는 내내 시달렸던 향수병도 나아졌다.

장력藏曆 4월 15일 송찬간포는 문성공주를 데리고 북문을 통해서 라싸성으로 들어갔다. 공주의 풍속을 존중한 송찬간포는 특별히 당 왕조에서 하사한 화려한 예복을 입고 문성공주와 혼례를 거행하였다.

3. 토번 백성의 영웅이 된 문성공주

문성공주가 티베트에 들어간 것은 티베트의 역사를 뒤바꾸는 일대

사건이었다. 당대唐代 이전에 토번은 중원과의 왕래가 없었다. 토번인은 동진東晉 말년에 선비족 사람인 남량국왕南涼國王 독발리록고禿髮利鹿孤: 투파리루구의 후예로, 나라를 잃고 전전하다가 티베트 고원까지 오게 되었다고 전한다. 조상들을 기리기 위해 '독발投파'을 국호로 삼았고 나중에 '토번'으로 이름이 바뀌었다. 그들은 유목 위주의 생활을 하여 야크와 고라니 및 낙타를 기르고 쌀보리와 메밀을 심기도 했다. 이런 생활을 하는 민족이었으니 문화수준은 당나라와 비교조차 할 수 없는 지경이었다.

송찬간포는 한때의 기분으로 문성공주를 위해 궁을 짓겠다고 약속했으나 곧 자신이 바보 같은 실언을 하였음을 깨달았다. 토번은 정착된 주거생활을 하지 않는 유목민족이므로 이동에 편리한 천막이 집이었고 따라서 집을 지을 수 있는 기술을 배운 바가 없었다. 결국 문성공주도 천막 안에서 지내는 불편을 감수해야 했다.

어느 날 송찬간포와 천막 안에 앉은 공주는 주위를 보며 말했다.

"한번 보세요. 토번 사람들의 집은 모두 천막이에요. 날씨가 좋은 날은 괜찮지만 거센 바람이 불고 폭우가 쏟아질 때는 어떻게 하죠? 당신들은 왜 집을 짓고 살지 않나요?"

"그렇긴 하지만 방을 만들고 지붕을 얹는 기술을 익히지 못했소. 기술이 있었다면 애초에 당신한테 약속한 궁전을 벌써 지었을 거요."

미소를 지은 공주는 시녀에게 책을 몇 권 가져오라 하여 찬보에게 건네주었다.

"제가 궁전에서 사는 것은 중요한 게 아니에요. 다만 토번의 백성들이 항상 편안한 집에서 살게 하는 것이 중요하죠. 이것은 제가 당나라에서 가져온 건축에 관한 책들이에요. 또 솜씨가 뛰어난 장인들도 데리고 왔으니, 그들이 당신을 도울 거예요."

송찬간포는 기뻐하며 공주에게 궁전을 지어주겠다는 약속을 지키겠다고 공언했다.

그는 온갖 방법을 동원하여 크고 높은 새 궁전을 완성시켰다. 궁전의 내부는 웅장하고 화려했으며 정자는 정교하면서 우아했다. 푸른 물이 넘실대는 연못을 파고 여러 종류의 기이한 나무와 풀들을 심었다. 문성공주가 편안하게 살 수 있도록 모든 건축양식은 당나라의 궁전과 정원을 본떴다.

토번에는 해마다 큰비가 내려 밭이 빗물에 쓸려 내려가는 일이 벌어지곤 했다. 이러한 사실을 알게 된 공주는 당나라에서 데려온 농사 기술자들에게 문제를 해결하도록 명했다. 그들은 밭 사이와 가장자리를 자세하게 관찰한 뒤, 토번 사람들의 잘못된 경작습성을 알아냈다. 토번 사람들은 농사를 짓는 법을 제대로 몰라 대충대충 경작해 왔던 것이다. 농사 기술자들은 곧 도랑을 만들어 빗물을 빼낸 다음 땅을 평평하게 한 뒤 중원에서 가져온 곡식 종자를 파종하고 정성껏 물을 대고 비료를 주고 잡초를 제거했다. 그 후 수확할 때가 되자 굵고 튼실한 농작물이 주렁주렁 열렸다.

토번 사람들은 쌀보리나 메밀 같은 작물을 재배해 왔지만, 그저 씨만 뿌려둘 뿐 관리를 열심히 하지 않아 생산량이 낮았던 것이다. 그들은 한족 농업기술자들의 뛰어난 재배기술에 탄복하지 않을 수 없었다. 송찬간포와 문성공주의 뜻에 따라 농업기술자들은 계획적으로 토번 사람들에게 농업기술을 전수하여 대량의 양식을 수확하게 해주었다.

식량문제를 해결하자 문성공주는 다시 토번 백성의 복장문제 해결에 착수했다. 당시 토번 사람들은 비단을 짜는 기술이 없었기 때문에 일 년 내내 야크 가죽과 털로 만든 옷을 입었다. 겨울에는 괜찮으나 여름을 나기에는 너무 두껍고 무거운 차림이었다. 공주는 농업기술자들에게 뽕나무를 심는 법부터 누에를 쳐서 실을 뽑고 짜는 기술을 배운 뒤 토번의 부녀자들에게 전수했다. 그리하여 토번도 점차 스스로 만든 방직품을 가지게 되었다. 부드럽고 얇으며 무늬와 빛깔이 화려한 옷을 입게 됨으로써 토번 사람들은 고급스러운 생활문화를 갖게 되었다. 그들은 모두 문성공주가 자신들에게 베푼 은혜에 감사했다.

백성들의 생활이 점차 안정되자, 이제 문성공주가 데리고 온 당나라의 악사들이 직분을 수행할 수 있게 되었다. 그들은 송찬간포와 공주를 위해 당나라 궁궐에서 유행하는 음악을 연주하였다. 음악과 악사들에게 찬탄한 송찬간포는 자질이 있는 남녀 어린이를 뽑아 악사들에게 배우도록 하여 당나라의 음악을 토번에 널리 알리게 하였다.

문성공주는 독실한 불교신자였다. 그녀가 그 멀고 험난한 길에 불상을 가지고 간 것 그 자체만 보아도 그녀가 얼마나 불교를 깊이 신봉하였는지를 알 수 있다. 송찬간포도 정치적으로 불교의 교의가 토번족 토속 신앙인 분교焚教보다 통치에 훨씬 더 적합하다고 여겼기 때문에, 그는 왕권신수王權神授 사상을 빌려 왕권을 공고히 하고 찬보의 절대적 권위를 수립하였다.

이에 그는 불법佛法을 제창하고 신봉한 문성공주의 주장을 강력하게 옹호하면서 400여 개에 이르는 사원 신축공사에 심혈을 기울였다. 이때부터 티베트불교가 크게 번성하게 되었다. 티베트에 세워진, 최초이자 방대한 규모의 불교사원 라싸 대소사大昭寺는 바로 문성공주의 배려로 건축된 것이다. 대소사 안에는 지금도 공주가 가지고 간 석가모니 불상이 모셔져 있다. 대소사 입구에는 공주가 직접 심은 것으로 전해지고 있는 버드나무가 몇 그루 있는데 사람들은 그것을 "당류唐柳" 또는 "공주류公主柳"라 한다.

그 후 공주는 다시 와조의 서북쪽 모래밭에 순수한 당나라 양식의 사원을 지었으니 그것이 바로 지금의 소소사小昭寺이다.

송찬간포는 현명하고 아름다운 문성공주를 위하여 포달라궁布達拉宮을 지어주었는데, 모두 1,000간의 궁실로 이루어져 있는 포달라궁은 그야말로 화려하고 웅장하다. 현재의 건물은 17세기에 두 번에 걸쳐 증축한 것이다. 포달라궁은 외관 13층, 실제 9층으로 되어 있고 전체 높이 117m, 동서 길이 360m, 총면적 10만㎡에 이르며, 벽은 두께 2~5m의 화강암과 나무를 섞어서 만들었다. 건물 꼭대기에는 황금빛 궁전 3채가 있고 그 아래로 5기의 황금탑이 세워져 있다. 포달라궁 내부에는 많은 벽화가 보존되어 있는데 거기에는 문성공주가 티베트로 들어가는 도중에 겪은 일 및 라싸에 도착했을 때 열렬한 환영을 받던 장면 등의 벽화가 있다.

영휘 원년650년, 송찬간포와 문성공주가 혼사를 치른 지 9년이 되는 해에 송찬간포는 불행히도 병에 걸려 향년 35세에 세상을 뜨고 말았다. 제도에 따라 문성공주는 장안으로 돌아갈 수 있었지만 이미 토번 땅과 백성들을 깊이 사랑하고 있었고, 이곳의 백성들도 그녀를 신처럼 받들고 있었으므로 떠나지 않았다.

문성공주는 영륭永隆 원년680년에 40년간의 티베트생활을 마감하고 세상을 떠났다. 문성공주가 토번을 위해 당조의 선진문화를 가져가서 내륙 깊숙한 곳에 있는 토번의 경제와 문화가 크게 발전하도록 하여 당조와 토번의 관계가 하나로 융합되었던 것이다. 문성공주가 세상을 떠났을 때 토번은 애통함에 빠졌다. 토번 사람들은 그녀를 위해 곳곳에 사당을 세우고 제사를 지내며 기렸다. 공주를 위해 세웠던 건축물들은 지금까지도 여전히 문성공주의 잊을 수 없는 공적을 말해주고 있다.

문성공주를 따라갔던 문사와 공장工匠들도 계속 후한 예우를 받다가 죽은 후에는 하나같이 문성공주 묘의 양 옆으로 안장되었다. 지금까지도 문성공주와 그가 데려간 문사와 공장들은 여전히 티베트 사람들에게는 신처럼 인식되어 있다.

당 고종 이후의 중종이나 현종은 모두 토번과의 우호관계에 주의하였다. 서기 710년 당 중종, 즉 고종의 아들은 금성공주金城公主를 토번의 찬보에게 시집보냈다. 서기 729년 토번의 찬보는 사자를 보내서 당의 현종을 알현하게 하고, 당조와 한 집안이 되어 천하 백성들이 영원히 태평세월을 누리게 하고 싶다면서 우호적인 마음과 소망을 표했다. 문성공주의 오래된 소망이 그녀의 사후에도 다시 계속되어 갔던 것이다.

제6장

측천무후·
남자황제보다 뛰어났던
중국 유일의 여황제

측천무후는 어려서 혈혈단신으로 황궁에 들어와 20년 넘는 단련을 거친 뒤 당당하게 당 왕조의 명패를 떼어내고 대주大周 왕조라는 명패를 새로 달았다. 그렇게 많던 이씨의 옛 신하들, 그렇게 많던 당 왕조의 문무백관들이 그녀 앞에 엎드려 복종했다. 그녀의 통치력은 정말 보통이 아니었다. 측천무후는 다양한 재능을 가졌기 때문에 여러 분야에서 그 솜씨를 발휘했다. 그렇게 치밀한 측천무후에게 황후나 후비들은 결코 경쟁 상대가 되지 못했다. 그녀가 황후에 오른 것은 어찌 보면 당연한 일이다. 그러나 황후가 된 측천무후는 권력에 대한 욕망이 몸속에서 계속 자라나는 것을 느꼈다. 내궁을 주관하는 것에 그치지 않고 정사에 관여하며 권력이 주는 미묘한 쾌감을 맛보고 나니 당연히 포기할 수 없었을 것이다.

친자식이라도 자신의 권력에 걸림돌이 된다면 가차없이 죽였다. 다른 시대에도 이런 후비는 적지 않았다. 그런데 그녀들은 권력을 독점하면서도 아들을 키워 후계자로 삼은 반면, 측천무후는 뛰어난 치세로 나라를 태평하게 하면서도 황위 계승자를 완전히 억압하고 스스로가 황제가 되었다.

측천무후에 대한 평가는 비난과 찬사가 엇갈리고 있다. 유교적 도덕윤리에 물들었던 후대의 역사가들은 그녀에 대한 편견을 가지고 비난을 서슴지 않았고, 그 기록조차 정확히 하지 않았을 뿐만 아니라 측천무후가 세운 주周도 당조唐朝의 사이에 끼어 하나의 왕조로 계산치 않고 있다. 측천무후는 당 제국의 황후로서, 태후로서 그리고 황제로서 거의 반세기를 지배했다. 측천무후야말로 지혜와 담력을 겸비한 여걸이라고 불리기에 조금도 부족함이 없는 여인이었다.

측천무후의 역사적 공적은 크게 4가지이다. 첫째, 보수적인 문벌귀족에 타격을 주고 신진 인재들을 대거 기용하여 당나라의 기틀을 잡은 것, 둘째, 경제발전을 촉진시키고, 셋째, 국경지역을 안정시킨 것과 넷째, 이러한 기반위에 문화발전을 촉진시킨 점 등이다.

측천무후가 중국 최초의 여황제라는 자리에 오르기까지 잔인하고 악랄한 방법을 썼다는 것은 인정해야 하지만, 중국 역사에서 황제라는 자리에 오르기 위해 형제와 일가를 죽인 사람은 그녀뿐이 아니다. 그녀를 평가할 때에는 권력을 잡기까지의 행보보다는 권력을 잡은 이후에 어떤 치적을 폈는지를 살펴야 할 것이다. 지금까지 많은 중국 역사가들이 여황제라는 측천무후의 치적을 과소평가하기에 급급했으나 현대에 들어서는 그녀가 이룩한 사회개혁과 당 왕조가 이후 공고히 이어지게 된 사회·문화적 기틀을 세웠다는 공적을 높이 평가하고 있다.

측천무후則天武后 또는 무측천(武則天): 623~705년의 성은 무武, 본명은 조瞾이
고, 어릴 적 이름은 미랑媚娘이다. 중국 역사상 전무후무한 여성 황제이
다. 물론 중국 역사상 군주전제체제를 2천 년 넘게 실행하는 과정에
서 서한西漢 또는 전한(前漢)의 여후처럼 모후로서 권력을 쥐고 흔들었거나
청淸나라의 서태후西太后처럼 수렴청정을 통해 실권을 장악했던 경우는
있었다. 측천무후는 황후에서 더 나아가 스스로 황제의 자리에 올라
명실상부한 일인자로 군림했다. 그런 의미에서는 측천무후야말로 중
국 역사를 통틀어 여걸 중의 여걸이라 하기에 부족함이 없다.

690년 67세의 측천무후는 "당唐" 대신 "주周" 왕조를 세우고 스스로
황제에 즉위함으로써 무씨 왕조를 열었다. 그녀는 보잘것없는 재인才人
에서 시작하여 황제의 보좌에까지 올랐다. 이는 결코 우연히 찾아온
기회를 잡았던 것이 아니라 계획적으로 한 걸음 한 걸음 위로 올라간
결과였다. 그녀는 황제의 자리를 얻기 위해 오늘날에는 상상할 수도
없는 거대한 벽을 돌파해야 했다. 유교 도덕이 지배하던 옛 중국에서
여성의 지위는 매우 낮아 사회적으로는 없는 것이나 마찬가지였다.
그 당시 여성의 인권 따위는 아예 없었다. 이렇게 남성 위주의 사회
에서 여성의 사회 진출은 '완전히'라고 해도 과언이 아닐 정도로 불

가능에 가까웠다. 그런데 측천무후는 그 벽을 깼다.

측천무후의 일생은 자신보다 강한 남자와 겨루면서 거대한 자기성취의 역사를 걸었다는 데 큰 의의가 있다. 강한 남자만이 주인공이 되어 세상을 좌지우지하던 시절에 남자와 맞서고, 조정하고, 제압하고, 협력하면서 자기를 세우는 데 주저함이 없었다. 자기 가치관을 남자들의 세계에 구축하는 전략을 자유자재로 펼쳤다.

측천무후는 14세에 황궁에 들어와서 82세로 죽을 때까지 황궁에서 만난 온갖 남자 사이에서 여자로서 당당한 '통치능력'을 과시했다. 측천무후는 작은 유혹에도 흔들리지 않고 참을성 있게 미래를 준비했다. 지혜와 용기를 겸비하기 위해 쉼 없이 노력했으며, 때로는 밤잠을 이루지 못하고 고민했다. 한발 앞서 가려고 스스로를 날마다 채찍질하며 살았다. 본문에서는 중국 역사상의 남자황제들보다 훨씬 더 뛰어났던 측천무후의 통치능력과 역사적 공적에 대해 소개하고자 한다.

1. 여자황제의 탄생을 예고한 관상가

수나라 태원유수太原留守 이연李淵의 수하에서 행군사개行軍司鎧: 태원부의 무기장비를 관리하던 직책를 맡았던 무사확武士彠은 원래 목재 장사로 재산을 모은 상인이었다. 그는 세상이 혼란스러운 틈을 타 응양부대정鷹揚府隊正이라는 보잘것없는 군직을 샀다. 그러다가 우연한 기회로 훗날 당나라를 건국한 이연을 사귀게 되었고, 이것이 무씨 가족의 운명을 바꾸어놓았다.

출신이 미천했던 무사확은 늘 왕궁귀족들의 조롱을 받았고 이로 인해 분노하곤 했다. 그러나 당시 출신은 미천하지만 돈이 많으면 종종 몰락한 귀족과 사돈을 맺어 혈통을 바꾸는 것이 무상의 영광으로 인식되던 시절이었으므로 머리가 좋았던 무사확은 자연스레 이 방법을 생각하게 되었다.

당 무덕武德 3년620년, 문수향文水鄕 출신인 무사확은 본처 상리씨相里氏가 세상을 떠나자 기회가 왔음을 느꼈지만, 안타깝게도 사귀어 놓은 존귀한 인사가 많지 않았다. 그때 무사확의 마음을 꿰뚫어 본 이연이 양달楊達의 여식을 소개하고 나섰다. 양달은 수나라에서 재상까지 지낸 인물로, 그가 죽고 가문은 쇠락해진 상태였다. 불혹을 넘긴 무사확은 양달의 딸을 후처로 삼았다.

무사확은 양씨가 아들을 낳아주기를 바랐으나 첫딸을 낳자 두 번째 자식으로 희망을 걸었다. 그러나 희망이 크면 실망도 크다고 했던가. 무덕 6년623년 집안에 둘째딸이 태어난 것이다. 그러나 그 누가 알았겠는가? 바로 이 아이가 훗날 중국 역사에 혁혁한 이름을 남길 인물이 될 줄을……. 무사확의 둘째딸로 태어난 아이가 바로 무측천이다. 정관貞觀 원년627년 12월, 무사확은 이주利州: 지금의 사천성 광위안 시 도독으로 임명되었고, 세 살이었던 무측천도 아버지를 따라 이주로 왔다.

무씨 집안이 이주로 온 지 얼마 지나지 않았을 때였다. 원근에 명성이 자자한 관상가인 원천강袁天罡이 성도成都에서 장안으로 황제를 뵙기 위해 가는 길에 이주에 들른다는 소식이 들렸다. 좀처럼 얻기 어려운 기회라고 여긴 무사확은 그를 집으로 초대하고 집안사람 모두의 관상을 보아달라고 부탁했다. 원천강은 무사확 옆에 사내아이 옷을 입은 무측천의 얼굴을 자세하게 뜯어보더니 놀란 표정을 지으며 가볍게 몸을 떨었다.

"이 도련님은 눈은 용이요, 목은 봉황새군요. 그리고 이마 가운데

가 솟아오른 것이 영락없는 용의 얼굴입니다. 더할 나위 없이 귀한 상이기는 하나, 남자아이라는 게 안타까울 따름입니다. 만약 여자아이라면 뒷날 반드시 천자가 될 텐데…."

원천강은 경탄을 금치 못하는 표정으로 말했고, 이 말을 들은 무사확은 정신이 멍해졌다. 원천강의 놀라운 예언은 오랫동안 무씨 부부의 머릿속을 맴돌았다. 그들은 어찌 여자가 천하의 주인이 된단 말인가 하는 의문을 떨칠 수 없었다. 그러나 야심이 넘쳤던 무사확은 딸이 설령 천자는 못 되더라도 황후로 책립되는 것은 가능하다고 생각했다. 그는 원천강의 예언을 깊이 새기고 정성을 다해 키웠다. 그는 무측천이 황제가 된다면 말할 것도 없지만, 황후가 된다 해도 천자의 장인이 될 수 있다는 기대를 하게 된 것이다. 예나 지금이나 점쟁이들은 희망적인 말을 해주기 마련이다. 어쩌면 원천강은 상투적으로 "귀공자께서는 크게 부귀해질 것이고 훗날 높은 자리에 오를 것입니다." 등의 말을 했을 뿐인데, 후세 사람들이 견강부회하여 지어낸 것일 수도 있다. 그러나 이 이야기는 무측천이 일찌감치 사람들에게 주목을 받았다는 사실을 내포하는 것이기도 하다.

무측천이 귀한 인물이 되고 자신도 부귀를 맛볼 날을 고대했던 무사확은 애석하게도 원천강에게 자신의 수명을 물어보는 것을 잊은 듯하다. 무측천이 12세 되던 해인 정관 9년^{635년}, 그는 형주 도독으로서 생을 마감했다. 무사확이 죽고 난 뒤 전처 상리씨 소생인 원경^{元慶}, 원상^{元爽} 두 아들과 그들의 삼촌인 유량^{惟良}, 회운^{懷運} 등은 후처인 양씨에게 각박하게 굴었다. 아비와 남편을 잃은 이 모녀는 장안에서 궁핍한 생활을 할 수밖에 없었다.

원래 무사확은 부유한 상인에서 상승하여 개국공신으로 3품의 관

등을 받았지만, 태종 정관12년^{638년}에 『씨족지^{氏族志}』를 편수할 때 전통적 문벌개념에 따라 무씨가족은 귀족에서 밀려났다. 당시는 가통을 따질 때 부계를 중시했으므로 외가 쪽의 귀족 혈통은 논외였다. 한미한 가문 출신이라는 이유로 무측천은 세상으로부터 멸시받은 계층이 되었으며, 이것은 그녀를 자극했다. 이때부터 그녀는 권력에 대한 추구와 지배하려는 욕망, 수단을 이용하는 성격을 길러나갔다. 무측천은 권세와 지위로 현재의 생활을 극복하려고 했으므로 생활의 궁핍함에 굴복하지 않았다. 그녀는 늘씬한 몸매에 활달하고 총명했으며 보는 사람의 얼을 쏙 빼고도 남을 정도로 눈이 아름다웠다.

당 정관 10년^{636년} 장손황후^{長孫皇后: 601~636년}가 세상을 뜨고 난 이듬해, 태종은 무측천의 용모가 아름답다는 평판을 듣고 궁중으로 불러들여 재인^{才人}으로 삼는다. 당시 14세의 무측천은 궁중생활에 대한 신비한 동경으로 가득 차 있었기 때문에 작별할 때 모친 양씨가 통곡을 하며 딸의 운명을 걱정하자 태연하게 "천자를 뵙는 것은 복입니다. 왜 슬퍼하세요?"라고 말했다. 이처럼 다른 여자들은 입궁하게 되었을 때 눈물을 흘렸지만 무측천은 기대에 잔뜩 부풀어 황궁으로 들어갔다. 궁중이 여자들에게는 청춘의 무덤인 줄 그녀가 어찌 알았겠는가? 아니, 당연히 잘 알고 있었을 테지만 자신만은 3,000명의 미녀들을 제치고 황제 곁의 첫 번째 여인이 될 것이라 믿었을 것이다.

이와 같이 무측천의 궁중 생활은 태종 이세민에 의해 재인으로 뽑히면서 시작되었다. 당시 그녀는 젊을 때는 한순간 태종의 총애를 얻을 수 있을지 모르나 나이가 들어 미모가 시들면 버림받고 결국은 찬밥 신세로 전락하는 많은 비빈들의 말로를 밟기 싫어 갖은 탈출구를 찾았다. 태종의 재인으로 있던 시절부터 그녀는 태자 이치^{李治}와 관계를 가졌다.

태종이 죽자 감업사^{感業寺}로 보내져서 비구니가 되었지만, 감업사에 아버지 태종을 제사지내러 온 고종^{628~683년}을 유혹해 다시 입궁하는 데 성공하여 이때부터 고종의 소의^{昭儀}가 되었다. 이는 그녀에게 있어 큰 진전이었으나 결코 만족할 측천무후가 아니었다. 측천무후는 왕황후를 몰아낼 잔혹한 계획을 세웠다. 어느 날, 왕황후가 자신의 처소에 와서 갓 낳은 예쁜 공주를 보고 있다가 고종이 오고 있다는 전갈을 받고 왕황후가 급히 나가자 그녀는 자기가 낳은 공주를 질식사시킨 후, 이불로 덮어 두었다. 잠시 뒤 고종이 공주를 보러 오자 측천무후는 두려운 표정을 지으며 통곡하기 시작했다. 공주가 죽은 것을 보고 놀란 고종이 이유를 물었을 때 시녀는 왕황후가 방금 다녀갔다고 아뢰었다. 측천무후는 '황후가 우리 딸을 죽였다'고 참소하였고, 이 일로 왕황후는 속수무책으로 누명을 쓰게 되었다.

아무리 사나운 호랑이라 해도 자기 새끼는 잡아먹지 않는다는데, 어미가 제 딸을 죽이는 짓은 보통사람으로선 도저히 못할 짓이다. 그러나 측천무후는 보통사람이 아니었으며 권세에 대한 그녀의 욕망은 그 누구도 상상할 수 없는 정도였던 것이다. 그녀는 이런 방법이 아니고서는 왕황후의 지위를 흔들 방법이 없음을 잘 알고 있었다. 더욱이 12년 동안 재인으로 지내면서 받았던 냉대와 2년간의 비구니 생활은 그녀의 웅대한 뜻에 더욱 불을 지펴주었다. 그녀는 딸의 생명을 걸고 황후의 지위를 차지하는 도박을 하였고, 운 좋게도 이겼다.

측천무후는 그렇게 왕황후를 몰아내고, 황태자 이충^{李忠}마저 폐위시켜 버린 후 655년 32세에 황후가 되었다. 웬만한 사람이면 이 정도에서 만족했을 것이다. 하지만 그녀는 남들과 달랐다. 그녀는 황후의 지위를 이용하여 황제 보좌까지 넘보았다. 권력의 최고봉에 오르고 싶었던 것이다. 공교롭게도 남편인 고종 이치가 그녀를 거들고 나섰다. 그는 무능한 데다 평소 편안한 것만 추구하고 일에는 신경을 쓰기 싫어했으며 건강조차 좋지 못했다. 아내인 무측천이 정치를 배우는 데 열의를 보이는 데다 능력도 뛰어난 것을 보고는 옆에서 자신을 도와 정사를 처리하게 했다. 그에 따라 무측천의 야심도 커져만 갔다. 그녀는 서른여섯에 벌써 남편을 대신해 정치 일선에 공개적으로 모습을 드러냈고, 마흔에는 황제와 더불어 '이성二聖'으로 불리면서 조회에 공식 참여하여 정사를 처리했다. 이로써 실습 황제는 대리 황제가 되어 황제와 나란히 보좌에 앉기에 이른 것이다. 이후 그녀는 정치에 '끼어드는' 것이 아니라 정치를 '접수'하여 점점 실권을 수중에 넣었다. 이씨 부자는 차례로 꼭두각시로 전락하여 모든 것을 그녀의 명령에 따르게 되었다. 그녀의 나이 67세, 시기는 무르익었다. 그녀는 힘들이지 않고 당나라의 정권을 완전히 접수하여 국호를 주周로 바꾼 다음 금륜성신황제金輪聖神皇帝가 되었다.

개인적인 덕망으로 보자면 그녀는 결코 훌륭한 인물이 아니었다. 각박한 데다 음험하고 독해서 자신에게 유리하기만 하면 인륜이나 천륜을 해치는 것쯤은 아무것도 아니었다.

그러나 측천무후가 28년간의 황후, 7년간의 황태후, 15년간의 황제를 하는 동안 국가적으로는 커다란 변고나 난이 일어나지 않았으므로 황제라는 직업적인 측면에서 본다면 그녀는 확실히 나름의 노하우가 있어 치국의 방법과 권력 장악에 남다른 능력을 보였다.

2. 재상에게 인재추천을 강조하고 중요한 인물을 후대하다

지도자가 부하를 후대하면 충성심으로 보답을 받는다. 영리한 지도자는 자신의 이익을 우선시하지 않고 부하의 마음을 살펴 후대하는 데 힘쓴다. 측천무후도 그러했다. 그녀는 적인걸^{狄仁杰: 630~700년}[당대의 并州太原(지금의 산서성 태원) 사람으로 걸출한 정치가이며 재상이다]을 '국로^{國老}'로 봉해 중요한 인물로 후대했다.

적인걸은 측천무후 시대 혁혁한 공을 세운 명재상이다. 그는 사건의 판결에 뛰어났고, 백성들의 억울함을 잘 이해하고 해소하여 널리 존경을 받았다. 적인걸은 천수 2년^{693년}에 재상이 되었다. 당시 적인걸은 재능과 학식이 출중하여 사람들로부터 "적인걸의 유능함을 따를 자가 없다"는 칭찬을 들었다. 이에 측천무후는 적인걸을 철두철미 신뢰했다.

한번은 측천무후가 적인걸에게 "그대가 여남지방에 있을 때 뛰어난 실적을 보였는데도 불구하고 내게 그대를 헐뜯은 사람이 있었소. 그 자가 누군지 알고 싶지 않소?"라고 물었다. 이에 적인걸은 "제게 잘못이 있어 폐하께서 지적해 주시면 반드시 고치겠습니다. 잘못이 없다고 여기신다면 저로서는 다행이지요. 하지만 저를 헐뜯은 자가 누군지는 알고 싶지 않습니다."라고 대답했다.

이 말에 측천무후는 한동안 칭찬과 감탄을 금치 못했다. 군주와 신하의 마음이 서로 통했던 것이다.

측천무후가 자신의 조카 무삼사^{武三思}를 태자로 삼으려 했을 때 아무도 나서서 반대하지 못했다. 그러나 적인걸이 홀로 나서서 공개적으로 이를 막았다. 측천무후가 반대하는 이유를 묻자 적인걸은 측천무후에 의해 폐위당한 노릉왕 이현^{盧陵王 李顯}과 무삼사를 비교하면서 이렇게 말했다. "만약 흉노가 변경을 침범했을 때 무삼사에게 적을 무찌를 병사를 모집하라고 하면 한 달이 지나도 1천 명을 채 모집하지 못하겠지만, 노릉왕에게 임무를 맡기면 며칠이 지나지 않아 5만 명은 충분히 모집할 수 있을 것입니다!"

측천무후는 적인걸의 말에 일리가 있다고 판단하고, 그의 의견을 존중하여 노릉왕의 태자 지위를 회복시켰다. 이렇게 해서 측천무후 이후 황위를 다시 이씨에게 돌려줄 수 있게 함으로써 황위 계승문제로 야기될 것이 뻔했던 대혼란과 분열을 예방할 수 있었다.

측천무후가 재상에게 요구한 것 중 가장 중요한 것이 인재추천이었다. 장간지^{張柬之}란 인물은 측천무후가 적인걸의 추천을 통해 얻은 대표적인 인재이다.

어느 날 측천무후는 적인걸을 찾아 "어떻게 하면 뛰어난 인재를 찾을 수 있겠소?"라고 물었다. 이에 적인걸은 "형주장사 장간지는 비록 나이는 많지만 재상감이니 등용하시면 나라의 복이 될 것입니다"라며 장간지를 적극 추천했다. 측천무후는 즉시 명을 내려 장간지를 낙주사마에 임명하였다.

며칠 지나지 않아 측천무후는 적인걸에게 또 인재를 추천하라고 했다. 적인걸은 "제가 이미 폐하께 장간지를 추천했는데 폐하께서는 그를 등용하지 않았습니다."라고 말했다. 측천무후는 이미 발탁했다고 하자 적인걸은 "저는 그를 재상감으로 추천했지 사마를 시키라고 추천한 것이 아니기에 등용하지 않았다고 한 것입니다."라고 대꾸했다.

측천무후는 다시 적인걸의 건의를 받아들여 장간지를 재상으로 임명했다. 과연 그는 측천무후의 기대를 저버리지 않고 큰 공적을 쌓았다. 장간지의 경우처럼 적인걸이 천거한 이들 중 고관이 된 사람이 수십 명이 넘었다. 누가 그에게 말했다.

"천하의 인재들이 다 공의 문하에서 나오는군요."

적인걸은 겸허하게 말했다. "신하된 자로서 마땅히 해야 할 일을 한 것뿐입니다. 굳이 거론할 가치도 없습니다."

자신의 공로를 과시하지 않는 적인걸을 측천무후는 더욱 중용했다. 또한 그의 세세한 삶에까지 신경을 썼다. 어느 날 적인걸이 측천무후와 함께 야외로 나갔다가 거센 바람을 만났다. 적인걸의 두건이 떨어졌고 그가 타고 있던 말이 놀라 날뛰었다. 측천무후는 속히 놀란 말을 멈춰 세우고 태자를 시켜 그의 두건을 주워 건네게 했다. 무주武周 성력聖曆 3년700년에는 특별히 적인걸이 살 집을 선사하였고, 친히 지은 옷을 하사하기도 했다. 이에 조정의 모든 대신들이 그를 부러워했다.

평소 측천무후는 적인걸을 나라의 원로元老, 즉 '국로國老'라 칭했는데 이는 당시 매우 드문 일이었다. 연로해진 적인걸이 건강을 이유로 여러 번 낙향을 청했지만 측천무후는 번번이 허락하지 않았다. 그가 조정에 나오면 측천무후는 절을 하지 못하게 했다. 국로가 절하는 것을 보면 마음이 불안하다는 게 그 이유였다. 또 그의 건강을 염려해 야간 당직을 서지 못하게 했고, 큰일이 아니면 그를 귀찮게 하지 말라고 대신들에게 당부했다. 적인걸이 세상을 떴을 때 그녀는 통곡하며 말했다.

"국로가 세상을 뜨니 황궁이 다 빈 듯하구나!"

그 후 조정 대신들이 큰일을 결정하지 못할 때마다 그녀는 탄식하며 말했다.

"하늘이 눈이 없어 우리 국로를 빨리 데려갔도다!"

측천무후는 이처럼 인재를 중용하고 후대했다. 그 결과 조정 안팎으로 정치가 잘 이뤄져 인심이 부드러워지고 경제가 나날이 발전하여 당나라 부흥의 물질적 토대가 마련되었다.

3. 정치적 재능이 뛰어난 측천무후

측천무후는 중국 역사상 유일한 여제이다. 남권男權이 지배하던 시대에 여성이 황제가 되었으니 얼마나 많은 반대와 혼란이 있었을지 쉽게 상상할 수 있다. 그런데 천 년이 넘게 지난 오늘날까지도 그녀의 공功과 과過를 둘러싼 논쟁은 계속되고 있다.

그녀에게 과연 공보다 과가 컸을까, 아니면 과보다 공이 컸을까? 이런 논쟁이 불거진 가장 근본적인 원인은 바로 그녀가 여자라는 사실이다.

지금이야 여성들의 지위가 현저히 격상되었지만 당시 여성은 남성의 부속품에 불과했다. 측천무후가 남자이고 황족 출신에다가 그 정도 능력까지 갖추었다면 영웅호걸로 일세를 풍미하고도 남았을 것이다. 그러나 그녀는 여성이다. 당시 사람들은 이 현실을 받아들일 수 없었을 것이고, 아무리 잘한 일도 늘 반감을 가졌을 것이 뻔하다.

카리스마와 재능이 넘치는 여인, 야심과 포부로 똘똘 뭉친 여인, 치밀한 수단과 독한 심장을 가진 여인, 측천무후는 세인의 반대 앞에서 오기가 발동해 극단적인 방식으로 그들에게 본때를 보여주려 한 것인지도 모른다.

친자식을 죽이고, 충신을 모살하고, 왕황후王皇后와 소숙비蕭淑妃를 무참히 살해한 그녀의 잔인함은 지탄받아 마땅하다. 하지만 나라를 태평하게 만들고, 백성들을 편안히 살게 한 그녀의 통치력은 당 태종의 '정관의 치貞觀의 治: 627~649년'(당나라 2대 황제 태종 이세민의 치세시기로 중국의 태평성대 중 하나이다. 밖으로는 돌궐突厥을 제압, 토번吐蕃을 회유하였고 국위를 널리 떨치며, 당나라의 기틀을 닦았다)와 필적할 만하다. 그런 점에서 측천무후는 매우 뛰어난 정치가이다.

하지만 당시 사람들이 그녀가 이씨 천하를 뒤엎고 여인의 몸으로 황제에 올랐다는 사실에 거부감을 느꼈다. 측천무후가 황위를 찬탈하지 않았더라면 아마 그녀에 대한 평가는 북위北魏의 풍태후馮太后: 442~490년와 크게 다르지 않았을 것이다. 풍태후도 과오를 저지르기는 했으나 훗날 훌륭한 치세를 펼친 덕분에 후대 사람들은 그녀의 공을 더 많이 기억하고 있지 않은가.

그러나 측천무후는 달랐다. 남권 중심 사회에서 그녀의 황위등극은 천지가 뒤바뀔 큰 충격이었다. 후대 사람들은 측천무후가 황제가 된 과정에 초점을 맞출 뿐, 풍태후처럼 권력을 가지기 위해서 악행을 저질렀지만 훗날 나라를 훌륭하게 다스린 점은 크게 부각시키지 않았다. 거시적인 관점에서 측천무후의 황제 등극이 사회에 가져온 약간의 부작용을 배제한다면, 그녀는 당연히 당나라 발전에 크게 이바지한 위인임에 틀림없다.

객관적으로 판단할 때, 측천무후는 과보다 공이 많은 통치자였다. 공은 나라를 위한 것이고, 과는 어떻게 보면 당시 시대 상황으로 인해 어쩔 수 없이 행한 일이었다. 측천무후는 권력을 손에 넣는 과정에서 본성을 적나라하게 드러냈다. 그러나 당시 여성이 권력을 얻기 위해서는 사회적으로 받아들이기 힘든 수단까지 동원해야 했던 입장도 조금은 이해해 줘야 하지 않을까? 그녀는 입궐할 때부터 목표가

명확했다. 황제를 정복하고 스스로 운명을 개척하겠다는 것이었다. 태종에게서 자신의 포부를 실현할 수 없음을 깨달았을 때, 그녀는 과감하게 목표를 수정해 미래의 황제에게 모든 희망을 걸었다. 측천무후는 자신의 미래를 차근차근 설계하며 자신의 꿈을 향해 한발 한발 내디뎠다.

유교적, 가부장적 사회에서 권력을 장악하고 제위에까지 올랐다는 것은 그녀 자신의 남다른 뛰어난 능력에 의함은 물론, 또한 권력의 집중을 위해 여러 가지 비상한 정책을 썼으리라는 짐작을 가능케 한다.

측천무후는 음모를 꾸미며 서위시대 이래 강고하게 중앙정치를 주도해 왔던 관롱집단關隴集團(5호 16국과 남북조 시대를 거치면서 혼란한 중국 사회에서 탄생한 독특한 집단이다. 북위 말기부터 서위·북주를 거치는 동안 위수 지역을 중심으로 뭉친 집단)을 몰아낼 정도로 비상한 능력의 소유자였다. 일군의 정치세력을 몰아내는 것과 여자가 황제가 되는 것엔 엄청난 차이가 있다. 이 지난한 작업을 위해 그녀는 먼저 불교를 이용하였다. 자신의 등극을 정당화시키는 이데올로기로 적극 이용하기 위해 『대운경大雲經』을 위조하였다. 즉, 정광천녀淨光天女가 여왕으로 변신하는 이야기를 미륵불이 하생하여 여자 황제가 된다는 식으로 참문을 제작한 것이다. 여자 황제 출현은 곧 부처의 의지라 해석하도록 한 것이다. 또한 황제가 되기 위해 위해서는 무엇보다 우호세력을 확대할 필요가 있었다. 이를 위해 여러 가지 정책을 시행하였다.

우선 관료에 대한 정책으로는 당나라 초기부터 실시된 과거科擧는 무후 때부터 더욱 성행하기 시작하여 과거등용자의 수도 급증하였다. 따라서 무후는 과거제도를 충분히 이용하여 자신에게 권력을 집중시

컸다고 하겠다.

둘째, 무후는 자신에 반대하는 세력을 제거하기 위해 밀고密告와 혹리酷吏를 이용하였다. 혹리는 반측천무후적인 관료뿐 아니라 이당李唐: 이씨의 당 왕조의 종실들도 제거하여 무후즉위의 발판을 닦았다. 그러나 이들은 적절히 통제를 받고 있었으며 무후가 즉위한 후에는 그 이용가치를 상실하고 서서히 제거되었다. 이와 같이 무후는 자신의 권력집중과 안정을 위해 어떠한 권모술수도 마다하지 않는 철저한 정치가였다는 것을 알 수 있다.

셋째, 납간納諫과 지인知人은 흔히 무후의 장점으로 논의되고 있으나 이것도 그 시기에 따라 다른 양상을 나타내고 있다. 즉, 즉위 전에는 정치와 자신의 권력에 관한 납언일 경우에는 이를 잘 받아들이지 않았으나 즉위 후에는 거의 대부분의 간언을 받아들이고 있다. 이로 보아 납간 역시 자신의 권력 장악을 위한 한 수단이었다고 할 수 있다. 그러나 지인에 있어서는 시기의 전후에 관계없이 유능한 사람을 등용하여 보호하며 적재적소에 배치하고 있음은 높이 살 만하다. 무후가 납언納言을 잘 받아들이고 인재를 잘 선별하여 썼다는 것은 무후정치 중에서 후세인에게 좋은 평가를 받는 면이라 할 수 있다.

끝으로 국가의 바탕을 이루는 백성들의 민심을 수습하기 위해 무후는 또 여러 가지 조치를 취했다. 즉, 부세賦稅와 요역徭役을 경감하고 토지를 잃은 백성들에게 새로운 토지를 나누어주어 생산에 전념하게 하여 백성의 생활을 안정시켰다.

또한 군사방면에서 측천무후는 자영 농민으로 병사를 충당하는 이른바 부병제府兵制: 병농일치(兵農一致)의 군사제도를 계승하는 한편 이를 더 발전시켰다. 그녀는 군사력의 비축에 중점을 두었으며, 장수를 비롯한 군사에 필요한 인재를 기르는 데 주의를 기울였다. 이에 따라 무측천 시기에 외족을 물리치고 강토를 보존한 걸출한 장수들이 적지 않게 출현했다. 역사서에 등장하는 유명한 적인걸·정무정·당휴경·왕효걸·곽원진·흑치상지(백제 출신) 등이 대표적인 인물들이다.

노년에 접어든 측천무후는 권력과 욕정 때문에 간사하고 약은 무리들을 기용하기 시작했다. 장창종張昌宗·장역지張易之 형제가 가장 심한 간신들이었다. 이 두 사람은 권세를 위해 측천무후의 노리개를 기꺼이 자청했으며, 총애를 믿고 당파를 지어 조정을 좌지우지함으로써 국가와 백성들에게 재앙을 가져다주었다.

신룡神龍 원년인 705년 정월 22일, 재상 장간지는 주도면밀한 안배를 거친 끝에 마침내 궁정 쿠데타를 일으켰다. 그는 군사를 둘로 나누어 황궁에 쇄도하여 먼저 장창종·장역지 형제 등 간신들을 죽인 다음 측천무후를 압박하여 황위를 태자로 책봉된 이현에게 양위하게 했다. 번득이는 칼날 아래서 측천무후는 하는 수 없이 황제 자리를 아들 이현에게 물려주었다. 4일째 되던 날, 이현이 황제 자리에 오르니 이가 바로 중종中宗: 656~710년, 재위 705~710년이다. 국호는 다시 당으로 바뀌었다.

그해 12월 26일, 측천무후는 병으로 세상을 떠났다. 향년 82세였다. 일대를 풍미했던, 통 크고 남다른 모략을 지닌 풍운의 여걸은 죽음을 앞두고도 끝까지 자기 생애의 마지막 모략 하나를 구사했다. 그녀는 유언을 통해 엄숙하게 자신의 황제 칭호를 떼 내고 '측천대성황후'로 부르게 하라고 선포했다. 그녀는 잘 알고 있었다. 남성이 권력을 차지하고 있는 봉건제도에서 사람들은 여황제인 자신을 탐탁지 않게 생각하고 있다는 사실을. 그리고 그녀는 자신의 무덤 앞에서 전례가 없는 '무자비無字碑'를 세우게 했다.

역사상 수많은 제왕과 장상들이 죽기 전 자신의 공덕을 잊지 못해 비석에다 자기 일생과 공을 새겨 세우도록 했다. 그러나 측천무후는 글자가 없는 무자비를 세우라고 했으니 이것이야말로 그녀가 참으로 남다른 정치가임을 잘 보여주는 반전이 아닐 수 없다. 누군가 측천무후의 묘비에 비문을 새기려고 한다면, 그녀의 재능에 초점을 맞추어야 마땅할 듯하다. 자식과 신하를 죽인 잔혹한 성격은 시간이 갈수록 점점 옅어져 그녀의 공과를 평가하는 잣대가 아닌 역사적 연구대상에 지나지 않기 때문이다. 자신의 묘비를 '무자비'로 만들어 달라던 측천무후의 유언은 묘비가 보는 사람에 따라 각기 다르게 읽히길 바랐기 때문은 아닐까? 그렇다면 이 묘비에 무엇을 써야 할지는 면면히 흘러가는 역사에 맡기는 편이 어떨까?

제7장

양귀비
당나라를 멸망시켰다?

당나라는 고조 이연李淵이 나라를 열고 이세민의 '정관지치'를 거쳐 측천무후가 그 뒤를 이었고, 현종 이융기의 통치 초기에 '개원성세'를 이루었다. 중국의 봉건사회는 이때 번영의 최고조에 달했다. 같은 시기에 종교암흑기를 맞이한 중세의 서양을 고려할 때 중국은 당시 세계에서 가장 강성한 국가였다.

그러나 가장 강성했던 당 제국이 기울기 시작한 것은 안록산이 반란을 일으킨 데서 비롯됐다. 그리고 당시 현종이 양귀비에게 빠져서 정치를 잘 못한 것이 반란의 원인이었다고 말한다. 그러나 현종의 사치한 생활이 정말로 나라를 망치게 할 정도로 중대한 문제였을까? 안록산이 난을 일으키기 직전의 호부통계를 보면, 당나라 초기에 비해 세 배나 증가한 960만 호로 기록되어 있다. 이렇게 정부의 통제가 강화된 것을 보면 잘못이라고 할 수는 없다. 오히려 중앙정부가 전통적인 통치방식을 벗어나서, 통치공식을 만들고 이를 강제로 확대 적용시키는 과정에서 나타난 관료들의 반발이 당나라를 기울게 했다. 그리고 정부가 새롭게 변화된 환경에 걸맞은, 숫자를 통한 관리를 제대로 실시하지 못한 것도 당나라의 멸망의 원인이 되었다. 때문에 당나라의 멸망의 원인을 양귀비에게 뒤집어씌우는 것은 지나친 감이 있다. 양귀비의 아름다움은 죄가 아니다. 황궁에 그것도 내우외환에 처해 있는 그곳에 발을 들여놓은 것이 잘못이었다.

마외馬嵬의 병변兵變은 양귀비를 제물로 바쳤다. 현종의 정치가 부패하고 무능한 탓을 양귀비 한 여인의 죄에 돌린 것이다. 안록산이 모반하기 전 여러 방면에서 그 현상이 나타나고 있었지만 현종은 보고도 알지 못하였다. 금군은 안록산의 모반을 양국충과의 갈등관계에서 비롯되었다고 생각했으나 사실 그것은 표면적인 것에 불과하였다. 현종이 주색에 빠져 정사를 돌보지 않고 양국충을 재상으로 발탁한 것은 현종의 실정이지 양옥환의 과실이 아니다.

역사상 양옥환은 천진난만하고 향락을 추구하며 정치에 관심이 없는 여인이었을 뿐 용서할 수 없을 만큼 대역죄를 범한 것은 아니었다. 그러나 금군이 양국충을 살해한 후 양옥환을 살려줄 수는 없었다. 양국충과 연루되어 그녀의 생명도 끝이 났다. 그녀의 죽음은 현종과 양옥환이 꿈에도 생각하지 못했던 것이다. 양귀비는 마외에 묻혔는데 후에 현종이 양귀비를 위해 묘를 다시 수리하도록 하였다. 그런데 놀라운 것은 관 속에는 의관衣冠만 놓여 있을 뿐 시신은 없었다. 양귀비의 죽음은 역사의 의문으로 남았다. 소문에는 당시 양귀비는 죽지 않았으며 민간에 잠적했다가 양주에 잠시 머물다 일본으로 도망했을 것이라는 설이 전해진다.

양귀비와 사랑에 빠졌던 당나라 현종玄宗 이융기李隆基: 685~762년는 어떤 사람이었을까? 그는 당 왕조 제6대 황제이다. 당 왕조를 통틀어 이세민太宗, 측천무후와 더불어 세 명의 걸출한 인물로 꼽힌다. 그는 43년 동안 황제로 있으면서 한 번은 나라를 잘 다스려 전성기를 구가했고, 한 번은 나라를 혼란으로 몰아넣은 특이한 이력의 소유자이기도 했다. 역사에서는 전자를 '개원開元의 치治'로 대변하고, 후자를 '천보天寶의 난'이라 부른다. 그는 개원 연간713~741년의 능력 있고 현명한 군주에서 돌연 천보 연간742~755년의 방탕하고 음탕한, 형편없는 황제로 전락했다. 말하자면 전후가 판이했던 역사상 대단히 특이한 두 얼굴의 인물이었다. 그는 민간에서는 매우 유명한 인사였다. 양귀비楊貴妃와 더불어 비극적인 애정연기를 했기 때문인데, 그는 양귀비와 함께 '하늘에서는 비익조가 되길 바랐고, 땅에서는 연리지가 되길在天願作比翼鳥, 在地願爲連理枝' 바랐다. 이 러브스토리가 천 년 넘게 사람들의 입에 오르내리며 숱한 관심을 끌었다.

1. 아들의 처를 빼앗은 당 현종

당 현종은 정치면에서 태평성대의 극성기를 이루었는데 그의 여인 편력 또한 이에 못지않게 화려했다. 현종의 재위기간에 정식 황후로 책봉된 사람은 오직 왕황후 한 사람뿐이나 그녀 외에 무혜비, 양귀비, 유화비, 조려비, 전비, 황보비, 우미인 등 그 수를 헤아릴 수 없을 정도이다. 역사의 기록에 의하면 이들 비빈에게서 태어난 아들이 30명, 딸이 29명, 손자는 수백 명이라 한다.

그러나 구름과 같은 비빈들 가운데 양귀비처럼 현종의 헌신적인 사랑을 받은 사람은 없었다. 그 모든 미녀들이 양귀비의 등장으로 하루아침에 황제의 총애를 상실하고 말았다.

양귀비楊貴妃: 719~756년는 포주蒲州 영락永樂: 산서성 영제(永濟) 사람으로 본명은 양옥환楊玉環이다. 부친 양현염楊玄琰을 일찍 여의고 숙부인 하남부사 양현교楊玄璬에게 양육되었다. 어려서부터 뛰어난 미모와 재질로 음률과 가무에 능했다. 한 번 그녀의 미소를 본 사람은 다른 곳으로 고개를 돌리지 못하고, 그녀가 춤을 추면 사람마다 자신이 있는 곳이 인간세상인지 신선의 세상인지 가늠하지 못했다고 한다.

당시 현종과 무혜비武惠妃의 아들인 수왕壽王 이모李瑁가 양옥환양귀비의 미모에 빠져 구애를 하였다. 그녀는 17세로 한창 물이 오르기 시작하는 꽃봉오리와 같을 때 수왕의 비가 되었다. 수왕의 사랑 속에 꿈같은 세월을 보내고 있던 양옥환의 인생에 새로운 길이 전개되었으니 그것은 시아버지인 현종과의 만남에서 비롯되었다.

개원 24년736년, 현종은 총애하던 무혜비가 병으로 떠나자 슬픔에 잠겨 우울한 나날을 보내고 있었다. 비록 후궁에 수많은 미인들이 있었으나 누구도 황제의 사랑을 불러일으키지 못했다.

현종은 나이 61세가 되던 해, 여산驪山에서 우연히 그의 며느리 양옥환을 만나게 되었는데, 그녀를 한 번 본 현종은 양옥환의 미모에 마음을 온통 빼앗겼다. 현종은 윤리적인 문제도 아랑곳하지 않고 온갖 계책을 써서 양옥환을 손에 넣고 귀비貴妃로 삼았다. 주위 사람 중에서 한 사람이 잘되면 모든 사람이 덕을 보게 된다. 양옥환 때문에 그녀의 오빠 두 명이 관직을 받았고, 언니 3명은 부인夫人에 봉해졌으며, 먼 당형제인 양조楊釗는 금위군참군禁衛軍參軍에 봉해졌다. 양조는 특히 아첨을 잘하여 양귀비를 등에 업고 훗날 재상의 지위에까지 올랐는데 이가 바로 양귀비의 외척 양국충楊國忠이다.

현종은 양귀비의 환심을 얻기 위해 백방으로 그녀를 즐겁게 해 줄 방도를 찾았다. 그녀가 여지荔枝를 아주 좋아하자 현종은 영남嶺南지역 관리에게 명령하여 신선한 여지를 장안까지 빠르게 운송하도록 하였다. 양귀비 한 사람을 위해 여지를 실어 나르는 마차는 쉴 새 없이 밤낮으로 먼 영남지역에서 장안으로 달렸다. 양귀비는 춤과 노래를 잘했는데, 현종 역시 음악을 좋아하여 자주 그녀와 함께 술을 마시며 가무를 즐겼다. 현종은 궁중에서 연주하는 옛 노래가 점점 싫증이 나자 새로운 가사를 쓸 사람을 찾도록 하였다. 마침 이때 시인 이백이 수도 장안에 왔다. 현종은 그의 명성을 듣고 궁중으로 이백을 불러들였다. 그리고 이백이 쓴 시가 과연 다르다는 것을 알고 그를 한림원공봉翰林院供奉에 임명하고 전문적으로 궁중의 시문을 쓰도록 하였다. 이백은 술을 아주 좋아하였다. 그는 자주 만취상태가 되도록 마셨는데 오히려 이런 상태에서 그의 시상詩想은 샘처럼 솟아났다고 한다.

하루는 현종과 양귀비가 궁중에서 술을 마시면서 악사에게 신곡을 만들도록 명령하고 이백에게 가사를 쓰도록 하였다. 이백은 이때 이미 취한 상태였다. 태감太監은 아랑곳하지 않고 그를 가마에 태워 궁중으로 데려와 탁자 앞에 앉혔다. 이백은 만취한 상태에서 신발이 답답한 느낌이 들어 옆에 있는 태감에게 큰소리로 신발을 벗기라고 소리쳤다. 이백이 신발을 벗기라고 명령한 태감은 바로 현종이 총애하는 환관 고력사高力士였다. 고력사의 직위는 당시 발해군공渤海郡公이었고, 당 조정에서 막강한 권력을 갖고 있는 인물 가운데 한 사람이었다. 고력사는 당시 황제 앞이어서 화를 참고 분한 마음으로 이백의 신발을 벗겼다. 이백은 즉석에서 『청평조淸平調』한 수를 써 내려갔다. 현종과 양귀비는 이 시를 보며 이백을 극찬했지만, 고력사는 이후 마음속으로 이백을 원망하게 되었다.

하루는 양귀비가 자신도 모르게 이백의 『청평조』를 노래하고 있었는데, 고력사가 그 소리를 듣고 옆에서 일부러 아주 놀란 표정을 지으면서 "소인은 귀비께서 부르는 『청평조』를 듣고 이백을 몹시 원망하고 있습니다."라고 하였다. 이 말을 들은 양귀비는 의아하다는 듯, "왜, 이백을 미워하는가?"라고 물었다. 고력사는 과장하여 "이백의 시는 귀비를 조비연趙飛燕과 비교하고 있습니다. 조비연은 방탕한 여인으로 후에 한나라 성제成帝가 그녀를 폐위시켰는데, 이것은 이백이 귀비를 저주하고 있는 것이 아니고 무엇이겠습니까?"라고 대답하였다.

고력사의 말은 양귀비를 매우 기분 나쁘게 하였다. 이때부터 양귀비는 현종 앞에서 이백을 비난하기 시작하였다. 현종이 점점 자신에게 냉담한 반응을 보이자 이백 역시 조정에서 그의 포부를 실현할 수 없음을 깨닫고 관직을 버리고 장안을 떠나 다시 끝없는 유랑의 길을 나섰다.

천보 13년^{754년}, 당나라는 이미 폭풍전야와 같은 위기에 직면하고 있었으나 현종은 여전히 정치에는 관심을 두지 않고 음주가무를 즐기면서 인생을 즐기고 있었다. 궁중에서는 계속 연회가 이어졌고 이렇게 754년 7월 7일을 맞이하였다. 궁중의 법도에 의하면 이때는 성대하게 칠월칠석 연회를 베푸는 것이 관례였는데, 양귀비는 그 관례를 무시하고 현종과 자신 두 사람만 참가하는 작은 연회를 갖자고 청하였다. 현종은 그러자고 귀비의 말을 따랐다. 칠월칠석날 밤 현종과 귀비는 장생전에서 작은 잔치를 열었다. 궁중의 악대는 현종이 아무리 들어도 싫증내지 않았다고 하는 『예상우의곡^{霓裳羽衣曲}』을 연주하고, 두 사람은 먼 직녀성을 바라보며 마치 자신들이 하늘가에 있는 것처럼 취해 있었다.

이때, 양귀비가 매우 감동하며 "황상^{皇上}, 견우와 직녀가 우리를 보호하여 황상께서는 80, 90이 될 때까지 지금처럼 건강하게 사시도록 기원합시다."라고 하자, 현종은 귀비를 바라보며, "그대가 나와 함께 한다면 짐은 100세까지 살 수 있을 것이다."라고 대답하였다. 현종과 귀비는 견우와 직녀성을 향해 합장하며 경건한 마음으로 하늘에서는 비익조가 되고, 땅에서는 연리지^{連理枝}가 되어 영원히 부부의 인연을 맺게 해달라고 기원하였다. 현종과 양귀비는 이처럼 내세^{來世}의 환상 속에 빠져 있었다.

조정 신하들은 날마다 현종에게 안록산이 모반을 일으키려 한다고 보고를 올렸다. 현종은 조정의 번거로운 일에 염증을 느끼고 있었고, 더구나 정치에 무관심한 양귀비와 더불어 갈수록 정치에서 멀어지고 있었다. 현종은 양귀비가 정치에 관심이 없다는 점이 마음에 들었다. 왜냐하면 당이 건국된 이래 황후와 후궁들의 정치 간섭이 계속되었기 때문이다. 무측천과 위황후를 보면, 그녀들의 정치 간섭은 남성들 위에 군림하였다. 그러나 양귀비는 정치에 뜻이 없었다.

양귀비가 궁에 들어온 후, 현종이 날마다 가무와 여색에 빠져서 정치에 무관심해지자 조정 대권은 재상 이림보^{李林甫}와 양귀비의 오빠 양국충에게 넘어갔다. 현종과 양귀비가 장생전에서 한 서약은 아름다운 이야기로 전해진다. 그러나 바로 이 시기 안사^{安史}의 난이 발생하여 번영을 누리던 당나라는 쇠퇴의 길을 걷게 되었다.

2. 위험한 수양아들 안록산

양귀비의 방탕하고 사치한 생활은 사람들의 질시를 받았지만, 양씨 가족들은 그녀로 인해 벼락출세를 했다. 사촌오빠인 양섬, 양기^{楊錡}와 삼국부인^{三國夫人}(양귀비의 세 언니로 현종에게 가각 한국부인^{韓國夫人}, 괵국부인^{虢國夫人}, 진국부인^{秦國夫人}의 봉호를 받았다)은 각각 모두 장안에 황제가 내린 저택을 소유하고 도성 내에서 가장 호화로운 생활을 누렸다.

양귀비의 사촌오빠인 양조는 촉 땅에서 말단 관리로 있었으나 양옥환의 덕으로 장안에서 청귀궁^{清貴宮}의 감찰어사가 되었다. 그 후 고력사가 추천하고 양귀비가 관여하자 양조는 매우 빨리 승진하는 등 양귀비의 적극적인 지원 덕분에 양조는 조정에서 중요한 인물로 부상했다. 천보 9년⁷⁵⁰년, 어느새 그의 관직은 병부시랑^{兵部侍郎} 겸 어사중승^{御使中丞}, 요령검남절도사^{遙領劍南節度使}에 올라 있었으며 그 권력은 조정 안팎을 압도하고 있었다. 그리고 그해 8월 현종은 양조에게 국충^{國忠}이라는 이름을 하사했다.

양국충은 음험하고 간사한 인물로, 현종에게는 아부로써 총애를 얻는 한편, 몰래 뇌물을 받아 파당을 지었다. 그리고 현종의 신임을 받는 재상 이임보를 공격하고 배척하기 시작했다. 양국충은 이임보와 대적하기 위해 양귀비의 도움으로 안록산과의 관계를 더욱 강화했다. 천보 9년 양국충이 안록산에게 동평군왕東平郡王의 직위를 하사할 것을 청하자 현종은 승낙하여 조서를 발표했다. 이렇게 그는 조정에 들어온 지 불과 4년 만에 17년간 대권을 독차지해 온 이임보의 강력한 라이벌이 되어 날마다 격렬한 암투를 벌였다.

천보 11년^{752년} 19년간 집전하던 재상 이임보가 병으로 세상을 떠났다. 그러자 현종은 곧바로 양국충을 우상右相으로 삼는다는 조서를 발표했다. 양국충이 정무를 맡게 되자 당나라의 정치는 더욱 혼란 속으로 빠져들었다. 양국충은 윗사람을 기만하고 아랫사람을 속여 변경의 패전을 알리는 상소문을 황제에게 보이지 않고 제멋대로 처리했다. 심지어 관리들의 인사문제도 현종과 상의하지 않고 결정했다. 양국충은 총신寵臣이라는 지위를 이용하여 30개가 넘는 직책을 차지하고는 뇌물을 받아, 이임보의 뒤를 잇는 또 한 명의 큰 간상奸相이 되었다.

천보 13년^{754년} 정월 북쪽 변경의 평로平盧, 범양范陽, 하동河東을 관할하는 삼전절도사三鎭節度使 안록산이 입조하여 새해인사를 올렸다. 앞서 천보 2년^{743년} 정월에 현종은 호족胡族 출신의 장군인 안록산을 융숭하게 대접하라는 명을 내렸다. 안록산의 부친은 호족이며 모친은 돌궐족으로, 그는 일곱 민족의 언어를 할 줄 알며 범양절도사인 장수규張守珪의 부하로 있다가 현종의 눈에 들어 승진을 거듭했다. 처음에 평로병마사, 영주자사營州刺史에 임명되었다가 천보 원년에 다시 평로절도사로 발탁되어 당나라 최초의 호족 출신 절도사로서 북부 변경의 군권을 장악한 인물이었다. 그러한 안록산에게 현종이 관심을 가지는 것을 본 양귀비는 안록산을 궁금하게 여겼다. 그러던 어느 날 황제를 알현하러 온 안록산을 처음 본 그녀는 웃음을 터뜨릴 뻔했다. 전설적인 무용담의 주인공치고는 몸집도 뚱뚱하고 외모가 볼품없었기 때문이었다. 그런데 놀라운 일은 안록산이 현종에게는 절을 올리지 않고 양귀비를 향해 절을 한 것이다. 이에 현종이 따져 물었다.

"허허, 이런 오랑캐 같으니라고, 그대는 어째서 여자에게만 절하고 짐에게는 예를 표하지 않는가?"

"신은 어려서부터 모친에게만 절을 했습니다. 저는 그저 모친이 저를 낳아주신 것만 알고, 부친이 누구인지는 확실하게 말씀드리기 어렵습니다. 그래서 신은 언제나 여자에게만 절을 올립니다."

양귀비는 큰 소리로 웃었고, 현종도 더 이상 추궁하지 않았다.

안록산의 노고를 치하하기 위해 현종은 수많은 금은보화를 하사하고 범양절도사^{范陽節度使}, 하북채방사^{河北采訪使}로 임명했다. 안록산은 10만의 인마^{人馬}를 한꺼번에 더하게 됨으로써 북부 변경의 군사적 실권을 쥐게 되었다.

"폐하, 신에게 한 가지 청이 있사온데 부디 윤허하여 주십시오."

연회를 베푸는 자리에서 안록산이 갑자기 진지한 태도로 말했다.

"신은 어려서 어머니를 여읜 뒤로 고상한 여자분을 어머니로 모시려 마음먹고 있었습니다."

"그 여자가 누구인지 모르겠지만, 설마 짐의 아내는 아니겠지?"

현종은 흥미를 보이며 물었다.

"맞습니다. 바로 폐하의 곁에 계신 이분입니다."

안록산은 솔직히 말했다.

현종과 양귀비에게는 뜻밖의 일이었다. 현종은 곧 승낙하면서 양귀비의 의중을 물었다. 자신보다 10여 년 위인 안록산을 수양아들로 삼는다는 것은 경악할 일이었지만 그녀는 유쾌하게 그 뜻을 받아들였다. 그녀는 당시 '지방의 실권을 가진 천하 무장이 내 수양아들이 된다면 도움이 되겠지'라고 생각했다. 그러나 그녀는 상상조차 못 했을 것이다. 자신과 양씨가문이 누리는 부귀영화뿐만 아니라 자신의 목숨까지도 이 수양아들로 인해 잃게 되리라는 것을….

이렇듯 황궁에 불려온 안록산은 현종과 양귀비의 열렬한 환대를 받았다. 사흘 뒤, 양귀비는 괵국부인 등의 부추김에 따라 안록산을 자신의 처소에 초대하여 갓 낳은 아기를 목욕시키는 의식을 행하는 등 늦은 밤까지 법석을 떨었다. 이러는 동안 둘 사이에서 정분이 싹트기 시작했다. 늙은 현종에 비해 힘이 장사인 안록산은 남성다운 매력을 느끼기에 충분했다. 그래서 그들은 현종의 눈을 피해 밀회를 즐기곤 했다.

그러나 안록산이라는 새로운 권력자의 등장에 위기감을 느낀 양국충은 안록산을 견제하게 되는데, 이를 계기로 '안사^{安史}의 난'이 일어나 당나라가 멸망하는 원인이 된다.

755년 안록산은 '간신 양국충을 주벌한다'는 명분으로 범양^{范陽: 지금}의 베이징 서남쪽에서 군사를 일으켜, 호족과 한인 군대 15만을 거느리고 남하하여 곧장 장안으로 향했다.

756년 6월 수도를 방어하는 최후의 거점인 동관^{潼關}이 함락되었다. 그러자 현종은 양귀비, 양국충 일족, 태자부부, 황족과 환관 등과 함께 좌용무대장군^{左龍武大將軍} 진현례^{陳玄禮}가 지휘하는 2천여 명의 병사들의 호위를 받으며 은밀히 궁을 빠져나와 촉으로 도망갔다.

다음 날 황제의 행렬이 장안 서쪽 약 120리가량 떨어진 마외파^{馬嵬坡}에 이르렀을 때 현종 일행을 호위하던 병사들이 이번 전쟁의 원인이 된 양국충과 나라를 망치게 한 양귀비를 죽여야 한다고 요구했다. 사태가 이에 이르니 현종도 결단을 내리지 않을 수가 없었다. 현종은 침통한 어조로 병사들을 향해 말했다.

"귀비의 일은 짐이 처리하도록 해다오."

현종은 비틀거리며 역사로 들어가더니 양귀비를 힘껏 껴안으며 이별을 고하곤 고력사에게 그녀를 죽이라고 명령했다. 양귀비 또한 비통한 마음으로 하염없이 눈물을 흘리며 목이 메어 말했다.

"폐하께서 무사하시다면 저는 죽어도 여한이 없습니다. 다만 제가 죽기 전에 마지막으로 부처님께 참배할 수 있도록 해주십시오."

그리고 마지막으로 부처 앞에 참배를 올린 양귀비가 현종의 지시를 받은 고력사에 의해 비단에 목을 매달아 생을 마감했으니, 이때 그녀의 나이 38세였다.

하늘을 나는 새가 된다면 암수 한 몸이 아니면 날 수 없는 비익조^{比翼鳥}가 되고, 땅 위의 나무가 된다면 두 나무의 가지가 얽혀 하나가 되어 영원히 헤어지지 말자고 소원한 현종과 양귀비의 바람과는 달리 전란의 회오리 속에서 양귀비 홀로 죽음의 길로 떠나니, 세상에 홀로 남은 현종의 고적함을 누가 달래줄 수 있었을까.

3. 정말 양귀비 때문에 당나라가 망했을까?

황후와 후비들 가운데 미색이 빼어났던 여인은 셀 수 없이 많다. 아름답지 않았다면 황제의 성은을 받기가 쉽지 않았을 것이다. 그러나 오로지 외모만으로 원하는 모든 것을 얻은 여인도 많지 않다. 양귀비가 그 경우였다. 그녀는 미모 하나로 헤아릴 수 없을 정도의 부귀영화를 누렸다. 그녀 앞에서는 3천 궁녀도 빛을 잃었다. 현종의 넋을 빼놓고 원하는 건 뭐든 손만 뻗으면 얻어지는 일이 어지간한 미모로 가능했겠는가?

양귀비는 권력에 욕심을 가졌지만 그녀가 원하는 건 그저 그 권력이 주는 쾌감일 뿐이었다. 그래서 그 이상을 얻으려고 하지 않았다. 조정 일에 간섭하지도 않고, 황후가 되기 위해 애쓰지도 않았다.

황제보다 더 막강한 권세를 누리기 위해 암투를 벌이거나, 황후를 몰아내고 그 자리에 앉기 위해 수단과 방법을 가리지 않은 다른 후비들에 비하면, 양귀비는 비교적 '소박한' 여인이었다. 양귀비는 자신이 해서는 안 될 일은 하지 않았다. 이런 점에서 볼 때, 그녀는 비교적 본분에 충실한 여인이었다.

양귀비는 권력투쟁에서 주도적인 역할을 하지 않았음에도 불구하고 아름다움이 화근이 되어 비극적인 말로를 맞이했다. '홍안화수' (紅顏禍水: 미인이 화를 부른다)라는 말을 온몸으로 증명한 여인이었다. 양귀비는 본래 수왕 이모와 함께 평탄한 삶을 살 수 있었다. 만약 그랬다면 그녀에게는 큰 행복이었을 것이다.

현종이 아들의 처를 빼앗은 것은 무혜비가 죽은 뒤 허전함을 달래기 위해서였다. 하지만 무혜비가 살아 있었더라도 현종은 그녀에게 점점 흥미를 잃고 양귀비에게 눈을 돌리지 않았을까? 무혜비가 죽어 적적하다는 것은 아들의 처를 빼앗기 위한 핑계에 불과했을지도 모른다.

양귀비가 마외역에서 자결하게 된 직접적인 이유는 안록산의 반란

때문이었지만 양귀비에게도 책임이 전혀 없는 것은 아니다. 입궐한 후 그녀는 많이 변했다. 궁핍하지도, 그렇다고 부유하지도 않았던 그녀는 수왕과 혼인하고 난 후 누리게 된 호화로운 생활에 말할 수 없는 행복감을 느꼈다.

하지만 입궐과 함께 모든 것이 바뀌었다. 황제의 총애는 본래 온화하고 작은 것에 만족할 줄 알던 그녀의 영혼을 오만하고 변덕스럽게 만들었다. 또 당당하지 않은 신분 때문에 무시당하자 자격지심과 반발심이 고개를 들었다. 그렇게 해서 고귀한 지위와 사치스러운 생활에 대한 갈망이 점점 커졌다.

상식적으로 이해하기 힘든 것은 그녀의 모든 요구가 곧 현종의 '어지'가 되었다는 점이다. 그런 상황이 결국 희대의 간신이자 망국의 주범인 양국충을 낳았고, 태평하던 나라가 차츰 나락으로 빠져들었다.

안록산의 반란의 책임을 양국충과 양귀비에게 돌리는 사람도 있다. 그렇다면 현종은 환란에 아무런 책임이 없단 말인가?

반란이 일어난 것은 당시 당나라의 상황에서 필연적인 결과였다. 양귀비는 하필 그때 태어나는 바람에 책임을 뒤집어 쓴 것뿐이다. 태자 이형李亨이 그녀를 화근으로 지목한 것도 권력을 장악하기 위함이었다. 사치와 황제의 총애만 바란 절세가인 양귀비는 이런 복잡한 권력투쟁의 희생양이었다.

양귀비는 결국 죽었다. 너무도 뛰어난 미모를 가진 여인에게 평범한 삶은 허락되지 않았다. 귀비가 된 그녀는 선량했던 본성은 제쳐두고 오로지 쾌락을 좇기에 바빴다. 목숨을 끊는 순간 그녀가 자신의 삶에 어떤 유감을 가졌을지는 알 수 없다. 하지만 양귀비는 세상에 태어나 사람이 누릴 수 있는 호사는 모두 누렸으니 미련이나 유감은 없지 않았을까. 단지 황궁에 들어오지 않고, 귀비가 되지 않았더라면 좋았을 것이라고 후회했을 수도 있다. 양귀비의 아름다움은 죄가 아니다. 황궁에 그것도 내우외환에 처해 있는 그곳에 발을 들여놓은 것이 잘못이었다.

제8장

마황후
인자하고 후덕한 명나라의 현모양처

흔히 역사에는 황제는 대부분 잔인하고 포악하며, 후궁은 하나같이 분란을 일으키곤 하였다. 특히 후궁이나 황후들은 현명한 품성으로 통치자를 보필하기보다는 정사를 어지럽히고 나라를 망하게 하는 경우가 훨씬 많았다. 때문에 마황후의 현덕은 더욱 눈부신 빛을 발하는 것이다. 마황후가 주원장의 천하통일과 국가 통치를 보필하면서 시종일관 보여준 아름다움은 정말 고귀한 국모의 형상이 아닐 수 없다.

그녀는 아무리 가난해도 품위를 잃지 않고, 아무리 부귀해도 교만하지 않는 중국인의 전통적인 이상을 구현한 인물이었다. 장례를 진행하던 승려가 그녀를 고난에서 사람들을 구하는 '여래'로 칭한 것도 결코 과장은 아닐 것이다.

성공한 남자의 뒤에는 위대한 여성의 내조가 있었다. 주원장이 목동에서 승려를 거쳐 천하의 황제가 되기까지는 본인의 역량도 중요하였지만 마황후의 내조도 무시할 수 없는 요인이라고 할 수 있다. 주원장의 권력이 점차 강해짐에 따라 생사대권^{生死大權: 다른 이를 등용하거나 사형을 집행할 수 있는 권력} 역시 점점 커져갔다. 마황후의 남편에 대한 헌신적인 사랑과 믿음들이 주원장으로 하여금 권력의 정점으로 나아가게 하는 데 큰 역할을 하였다. 주원장은 황제로 등극한 후에 대규모의 공신들을 숙청시키며 중앙집권통치를 적극적으로 실시하였다. 마황후는 주원장에게 가난하고 어려웠던 시절에 그를 도왔던 공신들을 잊지 않도록 간청하였는데 이러한 것들이 주원장의 결정에 영향을 끼쳤다. 이와 같이 주원장의 성공에는 마황후와 같은 위대한 여성의 내조가 있었다.

중국 역사에서 황제를 가장 잘 도왔던 여성을 들자면 당연히 명나라 주원장朱元璋: 1328~1398년, 재위 1368~1398년의 부인 마황후馬皇后, 마수영(馬秀英), 1332~1382년를 꼽을 수 있을 것이다.

마황후는 평생 행실이 고상하고 아름다워 수많은 미담을 남기고 있으며, 뛰어난 지혜를 발휘하여 주원장에게 실질적인 도움을 주었다. 마황후가 없었다면 주원장은 명의 개국황제가 되지 못했을 것이다. 주원장은 중국 명나라의 개국황제로 빈민출신이다. 주원장은 17세에 고아가 되어 중으로 지내다가 25세 때 곽자흥郭子興이 이끄는 봉기군인 홍건군紅巾軍에 가담하면서부터 두각을 나타내어 무수한 전투를 치르고 무수한 승리를 이룩하였다.

이때 곽자흥과 곽자흥의 처 장씨는 주원장의 기백이 범상치 않은 것을 보고는 양녀 마수영馬秀英을 주원장에세 시집보냈고, 주원장은 마수영과 결혼함으로써 정치적 기반을 다지게 되었다. 본문에서는 주원장이 황제가 되는 과정과 황제가 된 후 정권의 안정을 꾀하는 과정에서 보여준 마황후의 공로에 대해 소개하고자 한다.

1. 출신이 비천한 황제부부

마수영^{馬皇后}은 안휘 숙주^{宿州} 출신이다. 부친 마공^{馬公}은 무예가 출중하고 정의로운 인물이었지만, 모친 정온^{鄭媼}은 평범한 여인이었다. 곽자흥이 아주 미천하던 시절 숙주 신풍의 부호인 마공과 친교를 맺은일이 있었다. 그는 인정이 많고 정의감이 투철하여 가난한 사람들을많이 도와 왔다. 이런 생활이 오래되다 보니 가업이 쇠락했고 부인은딸 하나를 남겨두고 일찌감치 세상을 뜨고 말았다. 그러던 중 마공이원수를 갚기 위해 사람을 죽이고 도망하면서 딸을 곽자흥의 집에 맡겼던 것이다. 얼마 후 마공이 타향에서 객사했다는 소식을 들은 곽자흥은 마씨를 수양딸로 삼아 애정을 듬뿍 쏟으며 길렀다.

마공의 딸은 예쁘고 총명하여 양부가 글을 가르치고 양모가 침선을 가르쳐 못하는 일이 없는 훌륭한 규수로 성장했다. 어린 나이임에도 현명하고 성실한 데다가 외모 또한 아름다웠다. 다만 마수영에게는 남다른 점이 있었다. 다른 여자들처럼 전족을 하지 않아 발이 무척컸다. 당시 여자들이 전족을 하는 전통이 있어서 발은 작을수록 예쁘다고 여겼다. 그러나 그녀는 유독 전족을 싫어하여 이 전통을 따르지않았다.

원^元나라 말기였던 당시, 조정에 부패가 만연하고 관리들이 타락하여 백성들은 도탄에 빠져 있었다. 역사적으로 각 왕조 말기에는 혹정에 불만을 품은 영웅호걸들이 봉기를 일으켜 새 왕조를 세우는 경우가 대부분이었다. 원나라 말기의 상황도 이와 비슷했다.

원 순제^{順帝} 지정^{至正} 12년^{1325년}, 곽자흥이 농민 손덕애^{孫德崖} 등과 호주^{濠州}에서 봉기를 일으켰다. 그러자 각지의 영웅호걸들이 잇따라 들고 일어나 전국에 봉기가 끊이지 않았다.

주원장은 출신이 비천해 어려서부터 온갖 고난을 겪었다. 하지만 총명하고 학문을 좋아한 덕에 어깨 너머로 글을 배웠어도 서당에서 두각을 드러냈다. 훗날 가족들이 모두 병사하거나 굶어 죽어 생계를 잇기도 힘들어지자 어쩔 수 없이 출가를 선택했다. 그러나 큰 포부를 품은 호걸에게 절은 오래 머물 만한 곳이 아니었다. 원나라의 횡포를 직접 보고 겪은 그는 원나라를 멸망시키고 한족을 부흥시키기로 결심했다. 그 후 각지에서 봉기가 일어나자 곽자흥이 이끄는 홍건군에 가담했다.

재능이 특출 났던 주원장은 곽자흥의 예우에 힘을 얻어 전쟁터에서 항상 필사적으로 싸워 큰 공을 세웠다. 이를 눈여겨 본 곽자흥은 그를 친병구부장親兵九夫長으로 등용했다. 그는 은혜에 보답하기 위해 더욱 용맹하게 싸웠고 곽자흥의 더 큰 신임을 받았다.

그의 용맹과 재능을 눈여겨보던 사람이 있었으니, 바로 마수영이었다. 곽자흥은 마수영이 주원장을 흠모하는 것을 알고 부인 장씨와 둘의 혼사에 대해 의논했다. 주원장이 마수영과 잘 어울릴뿐더러 둘을 혼인시키고 나면 자신에게 더욱 충성할 것이라고 생각했기 때문이다. 그리하여 마수영과 주원장은 부부의 연을 맺었다.

주원장은 어릴 적 정규교육을 받지 못해 학식이 폭넓지 못했다. 반면 마수영은 박학다식하여 자연스럽게 주원장의 스승이 되었다. 둘은 서로 가르치고 배우며 사랑도 더욱 돈독해졌다. 주원장이 더 높은 목표를 세우고 매진하던 시기, 마수영의 가르침은 중요한 밑거름이 되었다.

그 후 주원장은 끊임없이 훌륭하게 전공을 세우며 곽자흥의 세력

가운데 가장 뛰어난 장수로 이름을 날렸다. 이와 함께 곽자흥의 죽음은 그의 위치를 더욱 확고부동하게 했다.

1368년 정월, 주원장은 17년간의 악전고투 끝에 마침내 중원을 통일하고 명明나라의 개국황제가 되었고, 부인 마씨는 황후로 봉했다.

주원장은 빈민 출신이었기 때문에 백성들의 어려움을 누구보다 잘 알고 있었다. 게다가 어질고 후덕한 마황후는 선대의 경험에서 교훈을 얻어 주원장을 적극 지원했다. 이로써 주원장은 민심을 안정시키고 오랜 전란으로 쑥대밭이 된 나라를 회복시킬 수 있었다. 마수영은 황후에 올랐지만 교만하지 않고 백성들과 다를 바 없는 검소한 생활을 했다.

1368년 7월 서달徐達이 이끄는 대군이 마침내 원의 도읍을 함락하고 원나라를 멸망시켰다. 그가 국고에서 약탈한 수많은 보물을 주원장에게 바치자 그는 크게 기뻐하며 마황후에게 보물들을 보여 주었다. 하지만 마황후는 기뻐하는 기색이 전혀 없었다. 그녀는 이렇게 많은 보물도 원나라를 지켜주지 못했다며 진정한 보물은 무엇이겠냐고 물었다.

주원장은 그녀의 의도를 간파했다. 그래서 어진 덕행이야말로 진정한 보배이며 훌륭한 인재를 등용해야 나라가 번영하고 백성들이 편히 살 수 있다고 대답했다. 이어서 그녀는 주원장이 황제가 된 후 사치하고 오만해져 나라를 망칠까 봐 걱정된다고 말했다. 그러자 주원장은 평생토록 부인 말을 따르겠다고 맹세했다.

출신이 미천했던 주원장은 백성의 생활이 안정되고 민심을 얻어야 나라가 굳건히 유지될 수 있음을 잘 알고 있었다. 마황후도 늘 건국 초기의 민심 안정은 황제의 능력에 달려 있다고 말했다. 또한 널리 인재들을 구하여 적재적소에 등용할 것을 건의했다. 주원장은 인재를 등용하여 국사를 함께 논의하라는 마황후의 건의를 적극적으로 받아들였다.

마황후는 항상 검소한 생활을 하며 신하들에게 검약을 생활화하라고 당부하였지만, 그녀가 무조건 돈을 아낀 것은 아니었다. 국가의 무궁한 번영과 안정을 위해 인재를 육성하는 데는 돈을 조금도 아까워하지 않았다.

이 밖에도 마황후는 외척이 조정에서 득세하지 못하도록 엄격하게 통제했다. 주원장은 황제에 오른 후 마황후의 친족들에게 관직을 하사하려고 했다. 하지만 마황후는 역사적으로 외척을 등용했다가 낭패를 본 사례가 많다며 극히 반대했다. 황실과의 혈연관계가 아닌 재능을 보고 인재를 등용해야 한다고 강조했다. 주원장도 마황후의 의견에 적극 찬동하여 함부로 외척을 등용하지 않고 능력을 유일한 기준으로 삼아 인재를 선발했다. 그런 노력에 힘입어 전국에서 인재들이 모여들어 나라가 탄탄해질 수 있었다.

주원장은 늘 신하들을 유심히 관찰하고 경계했다. 공신들이 권세를 이용해 세력을 확장할까 두려웠기 때문이다. 자신도 남의 천하를 빼앗았는데 다른 사람이라고 그러지 말란 법이 없지 않은가? 그의 의심과 경계로 인해 억울하게 목이 달아난 신하가 적지 않았다. 신하들은 저마다 언제 불행이 닥칠지 몰라 불안에 떨었다. 화를 입기 전에 자발적으로 관직에서 물러나는 이도 있었다. 이에 불만을 가지고 있던 마황후는 주원장이 무고한 사람들을 죽이고 국법을 어긴다고 책망했다. 그의 사소한 의심 때문에 소중한 인재가 죽거나 파면당해 이대로 가다가는 조정에 아무도 남지 않을 것 같았다. 주원장은 마황후의 거듭되는 충고와 설득에 자신의 잘못을 깨달았다.

마황후는 집안에서는 현명한 아내이고, 나라에서는 어진 국모였다. 주원장은 마황후를 당의 장손황후보다 더 훌륭한 황후로 자랑스럽게 생각했다. 그러나 그럴 때마다 마황후는 그저 주원장이 훌륭한 황제가 되고 자신은 좋은 아내가 되기를 바랄 뿐이라고 겸손하게 말했다. 주원장은 마황후의 충고를 받아들였다. 현재의 부귀영화에 도취해 빈한했던 옛 생활을 잊지 않고 옛날 함께 전쟁터를 누볐던 신하들을 늘 배려했다.

2. 현명하고 내조를 잘하는 마황후

주원장이 곽자흥의 사위가 된 후에 더욱 혁혁한 무공을 세우면서 모두들 그를 주공자로 존칭하기 시작했다. 그런데 주원장의 위세가 나날이 커가자 곽자흥의 두 아들이 그를 시기하기 시작했다. 게다가 주원장이 자신들에게 호형호제하자 불만은 더욱 커졌다. 두 형제는 부친 곽자흥에게 주원장을 비방하기를 서슴지 않았다. 곽자흥은 처음에는 귀를 기울이지 않았으나 비방이 계속되자 점차 마음이 흔들렸다. 곽자흥은 사리분별이 흐리고 귀가 얇은 위인이었다. 결국 곽자흥은 주원장이 자신의 권력을 가로챌지도 모른다고 의심하게 되었다. 때마침 군사회의에서 주원장과 의견이 대립하자 그럴듯한 구실로 그를 잡아 가두었다. 이 소식을 들은 두 아들은 주원장을 제거할 기회가 왔다고 내심 좋아하고는 간수에게 밥을 들이지 못하게 지시하여 그를 아사시키려 했다.

주원장이 집에 돌아오지 않자 부인 마씨는 은밀히 사정을 알아보았다. 남편이 갇힌 채 밥도 못 먹고 있다는 사실을 안 마씨는 몰래 부엌에 들어가 갓 쪄낸 떡을 주원장에게 갖다 주려고 했다. 그런데 막 문을 나서는 순간 양모인 장씨와 맞닥뜨리자 떡을 얼른 품속에 감추었다. 살을 데는 고통을 참고 짐짓 자연스러운 표정을 지어 보였으나 이상한 낌새를 챈 장씨가 꼬치꼬치 캐어묻는 바람에 마씨는 울음을 터뜨리고 말았다. 그녀는 품속의 떡을 꺼내놓고 자초지종을 설명했다. 그녀의 가슴은 이미 발갛게 화상을 입은 뒤였다. 사정을 알게 된 장씨 부인이 곽자흥에게 달려가 항의하자, 곽자흥도 주원장을 가둔 것이 지나친 행동이었음을 깨닫고, 그를 풀어주었다. 주원장은 아내 마씨의 행동을 알고는 크게 감동했고 더욱더 아내를 아끼고 사랑하게 되었다.

마수영이 남편을 살린 비결은 고도의 전략이 아닌 진심에서 우러나온 눈물이었다.

주원장이 명예를 회복하고 다시 전투에 나갔지만 곽자흥은 예전같지 않았다. 곽자흥은 주원장을 출전시킬 때마다 반드시 자신의 측근을 대동했고, 승전보를 안고 돌아와도 예전처럼 큰 상을 내리지 않았다. 다른 장수들은 귀환하면 곽자흥에게 재물을 보내 아첨하는데 주원장은 뇌물을 보내지 않아 불만을 품은 것 같다고 마씨가 말했다. 그러나 주원장은 자신이 전쟁에서 전리품을 취하지 않는 걸 곽자흥도 잘 알고 있으니 그런 이유는 아니라고 일축했다.

하지만 마씨의 생각은 달랐다. 그래서 약간의 재물을 장씨에게 건네며 곽자흥에게 전해 달라고 부탁했다. 그제야 곽자흥은 크게 기뻐하며 주원장을 마음에 들어 했다. 주원장은 마씨의 예리한 분석력과 재빠른 눈치에 감탄했다.

얼마 후 곽자흥이 죽자 자연스럽게 주원장이 그의 자리를 이어받았고 부인 마씨는 그의 중요한 참모가 되었다. 주원장은 전장에 나갈 때마다 중요한 문서들을 전부 마씨에게 맡겨 처리하게 했다. 인자한 성품과 뛰어난 지모를 갖춘 마씨는 문사文史를 좋아하여 주원장이 맡기는 문서들을 빈틈없이 처리하고 보관했다.

마씨는 주원장이 남북 정벌전을 수행하는 동안 온갖 어려움을 함께했고, 수시로 군무에 참여했다. 틈날 때마다 부녀자들과 함께 군복을 제작하고 부상병을 돌보는 등 적지 않은 공로를 세웠다. 아녀자로서 이처럼 훌륭한 모범을 보인 그녀가 개국 후에 보여준 모습은 더욱 놀라웠다.

주원장은 마씨를 황후로 봉하고 아내에 대해 깊이 감사하는 마음을 밝혔다.

"짐이 평민에서 황제의 자리에 오르게 된 데는 밖으로는 공신들의 노고가 있었고 안으로는 현명한 부인의 조력이 있었기 때문이오. 부인은 짐을 위해 문서를 처리했고, 친히 종군하면서 온갖 어려움을 함께해 주었소. 옛말에 집안엔 좋은 아내가 있고, 나라엔 훌륭한 재상이 있어야 한다고 했는데 짐의 처지를 보니 헛된 말이 아니구려."

마씨가 겸손하게 말을 받았다.

"부부관계는 지키기 어렵지 않지만 군신관계는 지키기가 매우 어렵다고 합니다. 바라건대 폐하께서는 처와 함께했던 가난한 시절과 여러 신하들과 함께했던 어려운 시절을 잊지 마십시오."

마황후는 가난했던 시절을 잊지 않고 검소하고 소박한 생활을 유지하면서도 꼭 필요한 일에는 인색함이 없었다. 주원장의 태학太學 시찰에 동행한 그녀는 태학생 가족들의 생계를 걱정하고는 홍판창紅板倉을 설립하여 가난한 학생 가족들을 돕게 함으로써 태학생들이 마음 놓고 학문에 전념하도록 했다.

명나라 초기 때 일어난 재상 호유용^{胡惟庸}(명의 개국공신으로서 좌승상이 되어 황제의 신임을 얻고 권세를 마음대로 휘둘렀다. 이선장과 결탁, 일본인 및 몽골인의 지지를 얻어 반란을 일으키려고 했으나, 사전에 탄로나 처형되었다. 이 일로 인해 황제의 독재체제가 강화되었다)의 모반사건은 명 왕조 최대의 사건 가운데 하나로, 연루 범위도 중국 역사에서 찾아보기 어려울 정도로 큰 규모였다. 유명한 문학가이자 홍무조 대학사이며 태자 주표^{朱標}의 스승이었던 송렴^{宋濂}은 이미 은퇴하여 경사에서 천리나 떨어진 곳에 살고 있었는데도 손자 송신^{宋愼}이 호유용의 모반에 연루되자 도성으로 압송되어 처형을 기다리고 있었다. 이 소식을 들은 마황후는 황급히 주원장에게 달려가 말했다.

　　"듣자 하니 폐하께서 송학사를 처형하려 하신다는데, 대체 그 이유가 무엇입니까?"

　　"장손인 송신의 모반 사실을 알고도 알리지 않았으니 이는 대역죄에 해당하오. 법률에 따르자면 구족을 멸해야 마땅하오."

　　마황후는 송렴이 이미 은퇴한 몸으로 정치에 전혀 관심을 갖고 있지 않다는 점을 강조하며 사면해줄 것을 간청했지만 주원장의 태도는 단호했다. 며칠 후 주원장은 식사를 하다가 말없이 눈물을 떨구는 황후의 모습을 보고는 놀라서 그 이유를 물었다.

　　"송학사는 40년 동안 황상을 보필했던 분으로 덕망이 높아 사해가 다 그를 우러러보고 있습니다. 지금 고희가 넘은 그분의 몸에 무고하게 형구를 댄다는 것은 생각만 해도 너무나 잔인하고 슬픈 일이지요."

　　이 말에 마음이 움직인 주원장은 그의 사형을 면하고 무주로 유배보내는 것으로 형벌을 대신했다.

　　'토끼를 잡은 후에는 개를 삶아 먹고, 새가 떨어지면 양궁^{良弓}을 감추며, 적국을 멸한 다음에는 모신을 죽인다'라는 말이 있다. 마황후가 나서서 이런 비극을 막고 공신들을 보호하지 않았더라면 주원장도 옛사람들의 전철을 반복했을 것이다.

황후가 된 지 15년째 되던 홍무 15년¹³⁸²ⁿ, 마황후가 중병에 걸려 백방이 무효한 채 의관들이 대거 문책을 당하는 사태가 발생했다. 그러자 마황후가 평온한 얼굴로 주원장에게 말했다.

"생사는 천명으로 정해진 것입니다. 세상에 아무리 뛰어난 의원이 있다 하더라도 죽을 목숨을 살리진 못하는 법이지요. 약이 효과를 보지 못한다고 해서 의원들을 문책하시는 것은 곧 저를 괴롭히시는 일입니다."

이처럼 온화하고 자애로운 태도에 주원장은 물론 모든 신하들이 크게 감복했다. 주원장이 마지막 유언을 묻자 마황후가 말했다.

"평민에서 국모가 되었는데 무얼 더 바라겠습니까? 다만 제가 죽더라도 현신들의 간언 듣기를 게을리 하지 마십시오."

이런 마황후가 숨을 거두었다는 소식이 전해지자 민간에서 조정에 이르기까지 온 나라가 오열했다. 홍무 15년 9월, 효릉장례를 진행할 때 갑자기 비바람이 몰아치면서 한동안 뇌성벽력이 쳤다. 주원장은 이를 몹시 불길한 징조로 여겨 두려움에 떨었다. 이때 장례를 주관하던 승려가 큰 소리로 노래했다.

쏟아지는 비는 하늘의 눈물이요, 뇌성은 온 땅의 울음소리로다.
서방의 모든 부처들이 함께 마여래를 떠나보내는구나.

주원장은 이 노랫소리를 듣고 비로소 안심했다. 그 후 주원장은 마황후를 존경하고 기리는 뜻으로 새 황후를 들이지 않았다. 이는 역사적으로 보기 드문 일이다.

3. 지극히 평범한 마수영

평민 출신인 마황후는 고귀한 신분에 오른 후에도 가난했던 시절을 잊지 않고 항상 검소하게 생활했다. 그녀는 자신을 엄격하게 단속했지만 남에게는 늘 관대했다. 남편을 돕고 자식들을 교육하는 데 있어서도 이 원칙을 지켰다.

마황후는 내궁을 훌륭하게 관리한 것으로도 유명하다. 지난 역사를 타산지석으로 삼아 후비들과 대립하지 않고 친자매처럼 화목하게 지냈다. 당시 권력 장악을 꾀한 후비가 출현하지 않은 것도 모두 마황후의 노력 덕택이었다. 후비들은 마황후의 어진 덕행과 대범한 풍모에 크게 감동해 그녀를 언니처럼 믿고 따랐다. 또한 마황후는 신분이 낮은 궁녀와 후비들도 귀천을 따지지 않고 똑같이 딸처럼 대했다. 주원장은 아들 스물여섯 명, 딸 열여섯 명으로 매우 많은 자식을 두었다. 이는 내궁이 화목했기에 가능한 일이었다.

명나라는 건국 초기부터 백성을 근본으로 삼고 백성들에게 해를 끼치는 일을 하지 않았다. 또한 황궁에서는 일반 백성들처럼 생활을 했다. 마황후는 황후임에도 불구하고 떨어진 옷을 손수 기워 입고 작은 물건 하나도 함부로 버리지 않았다. 그녀는 또 후비들에게 항상 물건을 귀하게 여기고 사치를 부리지 말라고 당부했다. 때문에 역대 사학자들은 중국 역대 황후들 가운데 마황후가 가장 검소한 황후라고 평가하고 있다.

마황후는 공주들을 현모양처로 만들기 위해 매우 엄격하게 교육했다. 바느질을 가르쳐 스스로 옷을 지어 입도록 할 정도였다. 당시 공주들에게서 역대 공주들의 사치스러움은 발견할 수 없었다.

주원장의 수라상은 백성들과 다를 바 없이 간소했다. 마황후는 주원장에게 늘 백성을 생각하라고 강조했다. 그녀는 천자가 백성들처럼 검소하게 생활하는 것은 나라에 큰 복이라고 여겼다. 주원장은 마황후의 말이 옳다고 생각하고 솔선수범하며 신하들에게도 검약을 당부했다.

한번은 황자의 스승 이희안李希顔이 어린 황자가 장난을 치고 말을 듣지 않자 붓으로 이마를 때려 울린 적이 있었다. 이 사실을 안 주원장은 속으로 화가 치밀어 이희안을 처벌하려고 했다. 그러자 마황후가 황자를 오냐오냐 감싸면 나중에 커서 어떻게 되겠냐며, 이희안의 행동은 황자를 위한 것이므로 오히려 상을 내려야 한다고 말했다. 주원장은 황후의 말을 받아들여 이희안을 좌춘방우찬선左春坊右贊善으로 승직시켰다. 화를 면치 못할 것으로 생각했던 이희안은 뜻밖의 결과에 어안이 벙벙했다. 후에 이것이 황후의 뜻임을 안 그는 황후의 배려에 감격하며 조정에 더욱 충성했다. 이처럼 마황후는 황자들을 매우 엄격하게 교육했다.

일상생활에서 마황후는 황후보다는 평범한 아낙에 더 가까웠다. 마황후는 주원장이 집 안에서 불편함을 느끼지 않도록 이른 아침부터 늦은 밤까지 세심하게 배려했다. 그래서 주원장은 국사에만 전념할 수 있었다. 또 항상 자신의 출신을 잊지 않고 절대 사치와 방탕에 물들지 않도록 절제했으며, 기회가 있을 때마다 주원장에게 좋은 의견을 내놓기도 했다. 마황후를 존경한 주원장은 그녀가 했던 말을 어록으로 묶어 사서에 싣기까지 했다. 마황후는 후덕한 황후로 칭송받기에 전혀 손색이 없었다.

주원장은 재주는 비범했으나 성정이 포악했는데 마황후는 특유의 온화함으로 그를 좋은 방향으로 이끌었다.

이렇게 조화를 이룬 부부가 통치한 명나라는 빠르게 안정을 되찾고 번영일로를 걸었다. 주원장을 남편으로 맞지 않았더라면 그녀는 아주 평범한 삶을 살았을 것이다. 마황후 같은 여자를 아내로 두지 않았더라면 주원장도 황제가 될 수 없었을지 모른다. 설령 황제가 되었다 해도 나라를 순탄하게 통치할 수 없었을 것이다.

환경이 변화면 사람의 성격도 변한다더니, 주원장도 예외가 아니었다. 황제가 된 후 그는 내면에 감추고 있던 잔혹하고 의심 많은 성격을 여실히 드러냈다. 또한 권력을 남용하기 시작했다.

그러나 마수영은 그와 달랐다. 그녀는 황후가 된 후에도 크게 변함이 없었다. 생활이 예전보다 훨씬 풍족해졌지만 마황후는 이에 빠져 방종하지 않고 '인자함'과 '후덕함'을 한결같이 유지했다.

마황후는 또한 뛰어난 지략을 갖추고 있었다. 하지만 꾀를 내기보다는 진심을 이용해 주원장을 감동시켰다. 주원장은 그런 마황후를 나라의 보배로 여겼으나 정작 그녀는 평범한 아내일 뿐이라며 자신을 낮추었다.

마황후는 검소하지만 인색하지 않았다. 이 점은 그녀가 주원장에게 죄인의 형벌을 가볍게 해 줄 것을 청하면서도 죄질이 불량한 사람은 중벌로 다스렸던 것과 일맥상통한다.

마황후는 백성들처럼 소박하게 생활했다. 또 황후로서의 위엄을 내세우지 않고 모든 사람에게 인자하게 대했다. 다른 황후와는 사뭇

다른 점이다. 또한 그녀는 전통에 맞서 저항하기도 했다. 전족이 당연시 되는 사회에서 자신의 큰 발을 고수했으니 말이다.

이처럼 마황후와 얽힌 일화를 살펴보면 후대 사람들이 왜 그녀를 훌륭한 황후의 표상으로 여겼는지 짐작할 수 있다. 마황후는 역사적으로 가장 존경 받는 황후로 자리매김할 수 있었던 것은 선량함과 소박함, 훌륭한 내조와 자식 교육 덕분이었다.

제9장

효장태후

청나라 초창기 기반을 닦다

청나라는 강희제에서 옹정제를 거쳐 건륭제에 이르는 시기에 전성기를 구가하였으며, 이 시기를 가리켜 '강건성세康乾盛世'라고 한다. 그러나 이 중국 봉건왕조 최후의 태평성세가 한 여인에게 은덕을 입었다는 사실은 충분히 알려져 있지 않다. 이 여인은 바로 후대 사람들이 효장태후孝莊太后라고 칭하는 박이제길특 포목포태博爾濟吉特 布木布泰이다.

그녀의 공적은 강희제라는 영명한 군주를 길러낸 것에 국한되지 않으며, 청나라 초창기 중원中原으로 진입해 전국을 통일할 무렵 통치를 공고히 하는 데에도 중대한 역할을 하였다.

효장태후가 없었다면 청 왕조는 중원에서 기반을 닦기 어려웠을 것이며, 그 뒤의 강희제와 건륭제의 성세도 당연히 장담할 수 없었을 것이다.

효장문황후 박이제길특씨^{孝莊文皇后} 博爾濟吉特氏, 1613년 3월 28일는 청나라 태종^{太宗} 황태극^{皇太極}의 비이며, 순치제의 모후, 강희제^{康熙帝}의 조모이다. 이름은 포목포태^{布木布泰}, 존호는 소성자수공간안의장경돈혜온장강화인선홍정태황태후^{昭聖慈壽恭簡安懿章慶敦惠溫莊康和仁宣弘靖太皇太后}이고, 시호는 효장인선성헌공의지덕순휘익천계성문황후^{孝莊仁宣誠憲恭懿至德純徽翊天啓聖文皇后}이다.

1613년 몽고 과이심^{科爾沁}에서, 과이심패륵 화석충친왕 채상^{科爾沁貝勒 和碩忠親王} 寨桑의 막내손녀로 태어났다.

천명 10년^{1625년}에 누르하치^{努爾哈赤}의 8번째 아들인 황태극의 처가 되었고, 숭덕 원년^{1636년}, 황태극이 연호를 청^淸으로 바꾸고 황제를 칭하면서, 그녀는 영복궁 장비^{永福宮 莊妃}에 봉해졌다.

이후 아들 복림^{福臨: 청의 성조(成祖) 순치제(順治帝)}이 즉위하여 순치제가 되면서 황태후에 책봉되었다. 홍타이지 사후 순치제의 섭정이었던 다이곤^{多爾袞: 예친왕(睿親王), 1612년 11월 17일~1650년 12월 31일}과 재혼하였으나 소생은 없다. 그 뒤 다시 손자 현엽이 즉위하여 강희제가 되면서 태황태후에 책봉되었다. 그녀는 이 기간 동안 여러 차례에 걸쳐 존호를 받으며 소성태황태후^{昭聖太皇太后}로 불렸다.

효장문황후 포목포태는 평생 세 사람의 황제를 보좌하여 청나라의 발전과 안정에 혁혁한 공로를 세웠다. 타고난 총명함과 뛰어난 식견을 가진 그녀는 거센 물결을 막아냈고 마침내 성공을 거두었다.

효장태후는 불굴의 용기로 어떤 어려움 속에서도 침착하게 대응했으며, 탁월한 안목으로 강희제康熙帝를 옹립하여 청나라가 이후 100여 년 동안 안정과 번영을 누리게 했다. 효장태후가 없었다면 강희제도, 청나라의 번영도 없었을 것이라는 말이 결코 과장이 아님을 역사가 증명하고 있다.

1. 권력은 모든 것의 우위에 있다

황실이 혼인으로 신하를 구슬리는 것은 중국사에서 비일비재한 일이다. 하지만 청나라 건국 직후 있었던 효장태후의 혼인은 실로 전대미문의 사건이었다. 그녀는 아들의 제위를 지키기 위해 억울함을 무릅쓰고 대신과 결혼했다.

청나라 승덕 8년1643년, 개국 황제 황태극이 중병에 걸렸다. 당시 52세였던 그는 청나라의 기반이 아직 불안하다는 것을 알고 있었다. 명나라의 잔존세력이 여전히 강성했고 내부에서는 황태자의 이른 책봉에도 불구하고 제후들 간의 권력 다툼이 치열했다. 황태극에게는 후사를 대비해두는 일이 무엇보다 중요했다.

황태자 복림의 생모는 황태극이 총애한 왕비로서 장비효장태후라 불렸다. 그녀는 아름답고 영리하며 학식까지 풍부해서 황태극은 그녀의 도움을 받았다. 후사의 대비 역시 그녀에게 많은 부분을 의지해야 했다. 황태극은 자신의 병이 위중하다는 것을 알고 그녀를 불러 손을 꼭 쥐며 말했다.

"짐이 죽은 뒤 복림이 제위에 오르겠지만 아직 어리고 아는 게 없어 직접 정사를 돌보는 건 무리일 게요. 틀림없이 여러 친족이 섭정을 할 터이니 왕비가 복림을 지켜주시오. 지금 짐이 가장 안타까운 건 아직 중원을 통일하지 못한 것이오."

황태극은 또 제이합량과 다이곤을 불러 당부했다.

"짐은 이제 일어날 수 없을 듯하오. 황태자 복림이 겨우 6살밖에 되지 않아 걱정이 되는구려. 부디 그대들이 황태자를 잘 보좌해 주시오."

제이합량과 다이곤은 즉시 무릎을 꿇고 하늘을 향해 맹세했다. "어명을 거역하면 하늘이 소신들을 용서치 않을 겁니다."

황태극은 또 장비와 복림을 가리키며 말했다. "저 모자는 전적으로 그대들에게 의지할 테니 식언하는 일이 없기를 바라오."

비록 황태극이 임종 전 대책을 세워놓기는 했지만 그의 사후, 제위 계승문제를 놓고 적지 않은 풍파가 일어났다. 황태극의 장자 호격豪格을 제위에 올리고 싶어 하는 일파와, 군권을 장악한 다이곤을 옹립하려는 일파가 맞섰다. 그러나 자신이 제위에 오르면 내란이 일어날까 염려한 다이곤은 복림을 황제로 모시고 보좌역이 되기로 결심했다. 그래서 복림이 제위에 올라 순치제가 되었고 장비는 효장태후가 되었다. 다이곤은 섭정에 올라 황부皇父로 존중을 받았다.

효장태후는 고아와 과부가 정권을 잡은 이상, 진심으로 보좌할 사람이 없으면 권력을 잃을지도 모른다는 걸 잘 알고 있었다. 그래서 그녀는 다이곤을 구슬리는 데 주력했다. 순치제가 즉위한 지 얼마 되지 않아 다이곤은 반역을 모의한 황족 아달례와 석탁친왕을 제거했다. 효장태후는 이 일을 계기로 다이곤을 더욱 신뢰하게 되었다.

다이곤은 신중한 사람이었다. 맡은 소임에 충실하고 작은 일이든 큰일이든 모두 효장태후와 의논했다. 그녀도 아무 때나 황궁에 출입할 수 있게 편의를 제공했다. 그래서 다이곤은 자유로이 황궁을 드나들며 때로는 황궁에서 유숙하기도 했다. 얼마 후 황궁 안팎에 심상치 않은 소문이 돌았다. 다이곤은 여색을 탐하는 인물이고, 효장태후는 젊고 아름다우며 총명한 여자이니 구설수에 오르는 게 당연했다.

이런 상황에서 효장태후는 어떤 태도를 취했을까? 영리한 그녀는 이 추문이 자신의 신분과 명예에 끼칠 영향을 꼼꼼히 계산했다. 하지만 다이곤을 거절하면 부작용이 클 게 분명했다. 그녀는 다이곤이 영웅적인 인물이 아니며 여색을 밝히는 것이 그의 결정적인 약점임을 간파했다. 따라서 온유한 계략으로 그의 마음을 사로잡고, 그를 이용해 권력을 통제하면 순치제와 자신의 자리가 보다 안정될 거라고 판단했다.

이후 다이곤은 오삼계吳三桂에게 투항을 권하고 이자성李自成을 격파해 북경에 진출했다. 그의 세력은 점점 더 커졌고 호색의 욕망도 한이 없었다. 효장태후는 상황을 그대로 내버려두면 다이곤과의 협력관계가 깨질 거라고 예상했다. 주저 없이 결단을 내려야 했다. 그래서 다이곤을 불러 반나절 넘게 밀담을 나눴고 다이곤은 곧 범문정范文程 등 노련하고 학식 있는 대신들을 불러 순치제에게 상주문을 올리게 했다.

그것은 중국 역사상 가장 기이한 상주문으로 황제에게 황태후를 시집보내라는 내용이었다. 황부인 다이곤도 부인과 사별하였으니 적합한 배필이며 황부와 황태후를 함께 황궁에 기거하게 하는 게 효도라고 하였다. 이 놀라운 상주문은 조정을 뒤흔들었지만 다이곤의 세력이 막강한 것을 알고 황태후도 이에 동의했으므로 아무도 감히 반대하려 하지 않았다. 오히려 많은 대신들이 앞에 나서 축하할 일이라고 아첨을 늘어놓았다. 순치 2년^{1647년} 겨울, 어린 순치제는 어머니를 시집보내라는 황명을 내린다. 이후 효장태후와 다이곤은 금슬 좋은 부부가 되었고 덕분에 순치제도 무사히 성장할 수 있었다.

순치제의 황권을 안정시키기 위해 효장태후는 호색한 다이곤을 사로잡아 자신의 뜻을 관철시켰다. 결국 다이곤은 끝까지 정권을 찬탈하지 않았고, 이로 인해 청나라는 중국 통일을 위한 내부 결속을 이뤘다.

청나라 만주족滿洲族의 풍습에 따르면 황태후와 권신의 결혼은 본래 괴이한 일이 아니다. 그러나 어쨌든 우리는 중국사에서 권력의 안정을 위해 다양한 방법이 동원되었으며, 결국 권력이 모든 것의 우위에 있음을 확인할 수 있다.

2. 탁월한 정치감각으로 황제를 보좌하다

순치제는 즉위 당시 일곱 살로, 아직 조정의 정무를 처리할 능력이 없었기 때문에 국가의 실질적 대권은 다이곤이 잡고 있었다. 그는 중원에 입성한 후 사당私黨을 결성하고 자신과 뜻을 달리하는 자들을 공격하는 등 권력을 키워나갔다. 그와 황위를 다투었던 호격은 구금되었다가 죽었으며, 또 한 명의 섭정왕인 제이합량도 관직이 깎였다. 또한 다이곤이 세운 왕부王府는 황궁을 능가할 정도로 장엄하고 화려했으며, 그가 조정에 들어올 때 문무 관리들은 모두 무릎을 꿇어서 예를 표해야 했다. 결국 다이곤은 실질적인 황제의 존엄과 권력을 향유했던 것이다.

그가 순치제를 폐하고 스스로 황제가 되고자 한다면 어렵지 않게 실행할 수도 있었을 것이다. 그러나 그가 이렇게 하지 않은 것은 효장태후 때문이었다.

그러나 순치 7년^{1650년} 12월, 득의양양하던 다이곤은 변경의 객라성^{喀喇城}에서 갑자기 피를 토하며 세상을 떠났다. 39세의 나이였다. 이때 열세 살의 순치제는 다이곤이 죽자 그의 묘호를 성종^{成宗} 의황제^{義皇帝}로 추숭하였다. 그러나 그가 지휘하던 백기단 내에서 혼란이 일어났고 이 혼란은 군부로 확대된다. 그 후 청나라 정치권의 내부 변화로 이전에 다이곤의 정적들이 정권을 장악하게 되자 그들은 순치제에게 다이곤이 생전에 역모를 획책했다며 처벌을 상주한다.

그 뒤 그가 생전에 용포를 비밀리에 입수한 것이 알려지면서 반역을 획책했다는 비판이 빗발쳤고, 1651년 3월 순치제는 다이곤을 제위 침탈의 뜻을 품었던 반역자로 선언하는 칙령을 반포한다. 곧 다이곤에게 올려진 모든 묘호와 시호를 추탈하고 서인^{庶人}으로 삼아 부관참시하였다. 그러나 건륭제에 이르러 몽골과 타타르, 조선 정벌에 기여했던 다이곤의 공로가 인정되어 복권되었으며, 방치되었던 그의 무덤이 다시 복원되었으나 황제로 복권되지는 못하고 예충친왕^{睿忠親王}의 시호를 받았으며, 태묘에 배향되었다.

순치 8년^{1651년} 정월 12일, 순치제는 태화전^{太和殿}에서 친정^{親政}을 선포했다. 소년 황제가 매일 조정에서 정무를 처리하는 것은 쉽지 않은 일이었으나 순치제가 8년 동안 친정을 하여 청조 정권을 공고하게 만든 데에는 효장태후의 공헌이 적지 않았다.

순치 8년 2월, 태후는 황제에게 다음과 같이 훈계했다.

"천자라는 것은 지존의 자리를 차지하고 있으므로 진실로 쉬운 일이 아니다. 백성은 나라의 근본이니, 백성을 다스리는 데에는 반드시 어진 인재를 뽑아서 써야 한다. 나라를 다스리는 데에는 반드시 충신을 가까이하고 간신을 멀리해야 한다. 인재를 등용할 때에는 확실한 견해가 있어야 하며, 정사에 임할 때에는 자세하게 살펴 결정해야 한다. 상벌을 내릴 때에는 반드시 공정해야 한다. 사치를 일삼지 말고 원대한 계획을 세우며, 학문에 힘쓰고 오락에 빠지는 것을 경계하라. 오직 안락만을 추구한다면 대업을 이룰 수가 없다. 눈앞에 처리해야 할 정무가 있다면 게을리하지 말라. 이 말을 지킨다면 복택이 만세에 미치고 또한 크게 효도하는 길이 될 것이다."

순치제는 이 훈계를 자신의 좌우명으로 삼고 모후의 가르침에 따라 어진 이를 선발하고 유능한 관리를 임용하였으며, 탐관오리를 엄하게 징벌하는 일련의 개혁을 단행했다. 그리고 모후의 기대에 합당한 성과를 거두었다.

그러나 여전히 전국 각지에서는 반청투쟁이 빈발했고, 남명南明의 잔존세력도 재기를 꿈꾸고 있었다. 태후는 전국을 통치하려면 만주족과 한족 백성들 간의 갈등을 완화하고 한족을 중용해 청조를 위해 일하게 해야 한다고 생각했다. 그리하여 당시 평서왕平西王이었던 오삼계吳三桂를 더 구슬리기 위해 황태극의 열넷째딸인 화석공주和碩公主를 오삼계의 아들 오응태吳應態에게 시집보내도록 했다. 또 관례를 깨뜨리기 위해 평남왕平南王 공유덕孔有德의 딸 공사정孔四貞을 "궁중에서 교육시키고 군주郡主의 녹봉과 마찬가지로 일 년에 백금 만 냥"을 하사했다 (『청사고靑史稿』 「후비열전」).

이런 특별한 예우는 청조에 일찍 투항했던 명조 장수들을 감격시키기에 충분했다. 그들은 청나라 조정을 위해 남명의 반항세력을 제거하고 통치를 안정시키는 공로를 세웠다.

순치 16년1659년 7월, 청조에 강력하게 반항하던 정성공鄭成功이 하문

廈門 샤먼에서 수군을 거느리고 장강의 문호인 진강鎭江을 공격한 뒤 남경을 포위하여 청나라 조정을 깜짝 놀라게 했다. 순치제가 당황하여 산해관 밖으로 후퇴하여 수비하려고 하자 태후는 "조상들의 피와 용맹으로 얻은 강산을 어찌 가볍게 버리려 하는가?" 하며 엄하게 질책했다. 이에 순치제는 부끄러운 마음이 들었고, 이제 격분의 심정으로 바뀌어 검을 빼어들고는 "내가 직접 출정하여 이기든지 죽든지 하겠다"고 선언했다. 상황이 이렇게 진행되자 조정은 동요하기 시작했고 결국 태후가 나서서 격노한 순치제를 만류하자 황제는 비로소 냉정을 찾고 북경에 남았다.

이렇듯 태후의 보좌 아래 순치제는 전후 11년간 정권을 잡으며 청조의 발전을 위한 기초를 닦았다. 그러나 순치 18년 정월 7일 밤, 순치제는 천연두에 걸려 스물넷의 젊은 나이에 황궁의 양심전에서 붕어하고 말았다.

역사적으로 볼 때 다이곤이 없는 상황에서도 효장태후는 황제인 아들을 보좌할 능력을 가지고 있다는 사실을 입증하였다. 그녀는 뛰어난 정치가로서의 잠재력을 가지고 있었던 것이다. 다이곤의 부재는 순치제에게 가장 뛰어난 신하를 상실했다는 뜻이고, 청나라 조정에는 걸출한 장수를 상실했다는 의미였다. 그러나 한편으로는 내부에 숨어 있던 치명적인 화근이 사라진 것이기도 했다. 이와 같이 다이곤의 빈자리를 메운 사람이 태후였다. 그녀는 조정을 다스리는 일에서도 중임을 맡아 현명한 정치가의 면모를 드러냈으며 죽음으로써 조국을 지키려는 강한 모습을 보여주기도 했다. 이처럼 그녀는 순치제를 내세워 자신의 포부를 실행에 옮길 수 있었으나 애석하게도 아들이 일찍 세상을 떠남으로써 본래 맡지 말아야 할 무거운 짐을 다시 떠안게 되었다.

3. 어린 강희제를 도와 자신의 이름을 천고에 남기다

순치제는 생전에 여덟 명의 아들을 두었다. 그중 순치 11년 3월에 태어난 현엽玄燁은 셋째아들로, 생모는 동씨佟氏였다. 동씨가 순치제의 총애를 받지 못했기 때문에 현엽도 부황에게 냉대를 받으며 자랐다. 그러나 조모인 효장태후는 현엽 모자를 각별히 총애하며, 자기의 시녀인 소마라고蘇麻喇姑를 보내 현엽을 보살피고 글을 가르치게 했으며 자신이 직접 가르치기도 했다.

현엽이 여섯 살 무렵 형인 복전福全, 아우인 상녕常寧과 함께 순치제를 배알한 일이 있었다. 부황에 대한 문안인사가 끝나자 황제는 아들들에게 각자의 포부를 물었다. 복전은 서비庶妃 소생이라 지위가 낮았으므로 "어진 왕이 되고 싶습니다."라고 대답했다. 상녕은 겨우 세 살이었던지라 대답을 하지 못했다. 그런데 현엽은 큰 소리로 "부황을 본받아 부지런히 배우겠습니다."라고 대답했다. 순치제는 이것이 태후의 의중이라는 것을 알고 현엽에게 황위를 계승시킬 생각을 갖게 되었다.

순치제가 붕어했을 때 이미 조정을 좌우할 힘을 가지고 있던 태후는 현엽이 이미 천연두를 잘 견뎌냈다는 이유를 들어 여덟 살이던 그를 제위에 앉혔다. 그가 바로 청의 성조聖祖 강희제康熙帝이다. 당시 47세였던 포목포태는 태황태후로 높여졌다. 청나라의 역사는 이로써 '강건성세'(康乾盛世: 강건성세康乾盛世 또는 강옹건성세康雍乾盛世는 청나라의 최전성기로 제4대 황제 강희제가 삼번의 난을 평정한 1681년부터 시작하여 제5대 황제 옹정제를 거치고 제6대 황제 건륭제 치세의 중반부까지 이르는 130년을 지칭하는 말이다. 강건성세의 '강'과 '건'은 강희제와 건륭제의 앞 글자에서 따왔다. 이 시기에 청나라의 영토가 확장되고 문화, 예술이 부흥하는 등 나라가 내외로 모두 안정되었다)의 서막을 열었으며 효장태후도 새로운 노정을 시작하게 되었다.

지천명의 나이에 이른 태황태후는 강희제의 나이가 어리다는 이유로 자신이 조정의 일에 간섭하기를 원치 않았다. 그래서 조정의 대신들 가운데 순치제의 황위계승을 도왔던 대신들을 뽑아 황제를 보좌하게 했다. 이 신하들은 모두 황실의 종친이 아니었다. 태황태후가 전조前朝에 있었던 다이곤의 전횡을 교훈 삼아 고심했음을 알 수 있게 해주는 대목이다.

강희제가 즉위한 뒤 동성桐城의 수재秀才 주남周南이 천 리를 마다 않고 북경까지 와서 태황태후에게 수렴청정을 요청했으나 거절당했다. 그녀는 대신들에게 자신의 뜻을 밝혔다.

"그대들이 순치제의 은혜에 보답하는 길은 황제를 보좌하는 대신들과 한마음으로 협력하고 어린 군주를 잘 보좌해서 만세에 이름을 남기는 것이오. 이렇게 된다면 나 또한 안심할 것이오."

태황태후에게 권력에 대한 야망이 없었음을 알 수 있는 대목이다.

강희제가 친정을 시작한 것은 열네 살 때였다. 강희제가 친정을 하자 태황태후는 더욱 열성적으로 보좌했다. 황제는 조정의 대사를 먼저 태황태후에게 보고한 뒤 결정을 내렸다. 심지어 일상적인 일도 그녀의 뜻과 다르게 하지 않았다. 강희제는 매일 조회에 나갈 때나 조정을 물러나온 뒤에, 후궁에 가서 문안을 여쭙고 지시할 것을 물어보았다. 하루에 세 번을 가는 경우도 있었으며 그때마다 시의에 맞는 대책을 경청했다. 이러한 강희제는 태후의 덕을 칭송하여 "조모께서는 비록 후궁 깊은 곳에 계셨지만, 나라를 위하여 계책을 내는 일과 조정의 정사를 바로잡는 일에는 언제나 게을리하지 않으셨고 정성을 다하셨다"고 말하였다.

강희 12년^{1673년} 2월, 강희제는 한림원^{翰林院}에서 만주어로 번역 간행한 『대학연의^{大學衍義}』를 태황태후에게 바쳤다. 그러자 그녀는 강희제에게 다음과 같이 훈계했다.

"이것은 매우 가치가 있는 책이오. 황제는 이 책을 여러 신하들에게 나누어 주시게. 그렇게 하면 내가 매우 기쁘게 여길 것이오."

아울러 그녀는 내궁에 1000냥의 백금을 내어 이 책을 번역하고 간행하는 데 공을 세운 자들에게 상을 내렸다. 조모는 손자에게 유달리 자애로웠고, 손자는 조모에게 효도를 극진히 했다.

강희 12년 12월, 삼번^{三藩}의 반란이 대규모로 일어났다. '삼번'이란 오삼계, 상가희^{尙可喜}, 경정충^{耿精忠}을 가리키는데, 그들은 청나라에 항복했던 명조의 장수들로 청조를 위해 농민군과 반청세력을 진압하는 한편 자신들의 세력도 키워 왔다. 왕으로 봉해져 일정 지역을 다스리며 군대를 거느리게 된 이 '삼번'의 할거 세력이 국가의 통일을 방해하기에 이르자 강희제는 친정을 하게 된 이후 '철번^{撤藩: 번을 철폐함}'을 결정했다. 그는 군기대신^{軍機大臣}들에게 "천하의 대권은 오직 한 사람만 잡아야지 여러 사람의 손에 들어가서는 안 된다."고 말했다. 철번령이 내려지자 오삼계가 반란을 일으켰고, 나머지 두 왕도 잇달아 호응했다.

이 일은 태황태후를 긴장하게 만들었다. 그녀는 사태의 추이를 지켜보며 국고를 털어 전방의 장수와 병사들을 위로하고 포상했다. 강희 20년^{1681년} 말, 삼번의 반란이 평정된 후 군신들이 강희제에게 존호를 바치려 하자 황제는 단호하게 거절하며 존호는 태황태후에게 바쳐야 한다고 했다. 태황태후는 여러 번 사양하면서 "나는 일개 아녀자로서 신하와 백성들을 위해 공을 세운 게 없다. 만약 아름다운 칭호를 받게 되면 마음이 매우 편치 못할 것이다."라고 말했다. 그러나 황제는 조모를 간곡하게 설득하여 존호를 받게 하고, 아울러 전국에 대사면령을 내렸다.

강희 26년^{1687년} 12월, 태황태후는 감기에 걸려 자리보전을 하게 되었다. 강희제는 자녕궁에서 10여 일 동안이나 머물며 조모 곁을 떠나지 않았다. 그는 매일 진시^{辰時}에 건청문^{乾淸門}에서 정무를 처리한 뒤 돌아와서, 손수 약을 달이고 밤낮으로 바닥에 자리를 깔고 앉아서 조모를 시봉했다. 하지만 태황태후의 병세는 날로 위중해졌다. 임종을 맞기 전, 그녀는 조용히 자신의 일생을 되돌아본 뒤 강희제에게 "부디 비통한 마음을 잘 참고 국가의 정사를 다스리는 일에 힘쓰라"고 당부했다.

이 해 1687년 12월 25일, 향년 75세로 태황태후는 세상을 떠났다. 그녀의 유언에 따라 하북^{河北} 준화^{遵化}의 소릉^{昭陵}(태종과 효단황후의 능) 서쪽에 안장했다. 능을 소서릉^{昭西陵}이라 이름하고, 시호를 효장문황후^{孝莊文皇后}로 했다.

효장문황후 포목포태는 평생 세 사람의 황제를 보좌하여 초창기 청나라 발전과 안정에 혁혁한 공로를 세웠다. 타고난 총명함과 뛰어난 식견을 가진 그녀는 거센 물결을 막아냈고, 마침내 성공을 거두었다. 불굴의 용기로 어떤 어려움 속에서도 침착하게 대응했으며, 탁월한 안목으로 강희제를 옹립하여 청나라가 이후 100여 년 동안 안정과 번역을 누리게 했다. 효장태후가 없었다면 강희제도, 청나라의 번영도 없었을 것이라는 말이 결코 과장이 아님을 역사가 증명하고 있다.

제10장

서태후
청나라의 마지막 황제

서태후는 마지막 순간까지도 권력을 쥐고 놓지 않았다. 광서 34년^{1908년} 10월 22일 광서제가 영대에서 병으로 세상을 떠나자, 그녀는 즉시 순친왕^{醇親王} 재풍^{載豊}의 아들인 부의^{溥儀}를 황제로 세우고 '선통^{宣統}'이라는 연호를 정했다. 당시 부의는 세 살이었다. 서태후는 "황제가 아직 나이가 어려 공부에 전념해야 하니 모든 정무는 나의 훈령에 따라 시행하라"는 조서를 내렸다. 그러나 그 이튿날, 서태후는 중해의 의란전에서 74세의 나이로 죽음을 맞았다. 권모술수가 서태후는 48년 동안 청나라의 정치를 문란케 하였고, 사회의 질서를 파괴했으며, 국가를 나락으로 떨어뜨렸다. 서태후는 이 모든 죄악과 재앙의 원흉이며 청나라를 멸망시킨 마지막 황제라고 할 수 있다.

서태후西太后: 1835~1908년의 성은 엽혁나랍獵爀那拉 씨이며, 이름은 난아蘭兒, 또는 옥란玉蘭이다. 도광 15년1835년 10월 10일 북경에서 태어났다. 부친인 혜징惠徵이 여러 곳의 지방 관리로 근무했기 때문에 어려서부터 부친을 따라 타지를 전전했다.

서태후는 함풍제咸豊帝 · 동치제同治帝 · 광서光緒 세 황제의 재위기간인 48년간 실질적으로 청나라를 통치했다. 함풍황제 때 조정 일에 간섭하기 시작하면서 정치적 능력을 배양했고, 동치황제와 광서황제 시대에는 훈정과 수렴청정을 했다. 서태후는 중국 역사에서 보기 드문 여성 통치자로서 청나라 말기에는 사실상 최고 권력자로 군림하였다. 그러나 그녀가 통치한 48년이라는 기간에 청나라는 한 걸음씩 반식민지 체제로 빠져들었다. 서태후는 연이어 두 어린 황제를 조종해서 정권을 농단하고 외세와 타협하여 조국을 팔아넘겼다.

서태후의 주장에 이끌려 청나라는 서구 열강과 굴욕적인 불평등조약을 체결하였고, 거액의 전쟁배상금을 갚기 위해 백성의 고혈을 짜냈다. 서산에 지는 해와 같았던 청나라는 점점 멸망을 향해 나아가고 있었고 열강의 침탈에 백성들은 말할 수 없는 고통을 겪어야 했다. 이러한 비극의 중심에 서태후가 있었으며, 그녀가 죽은 직후 청 왕조가 멸망하였다. 때문에 많은 역사가들은 서태후를 청나라의 마지막 황제라고 말한다.

1. 야심만만한 서태후의 등장

청나라에는 3년마다 팔기八旗: 만주족 군대조직의 여자들 가운데 수녀秀女를 뽑아 입궁시키는 제도가 있었다. 청 문종文宗 혁저奕詝 함풍황제咸豊皇帝 때 만주 팔기 가운데 혜징惠徵의 딸 엽혁나랍씨가 수녀로 뽑혀 궁으로 들어갔다.

엽혁나랍씨의 집안은 대대로 관료를 지내 비교적 풍족하게 생활하여 그녀는 어려서부터 좋은 교육을 받을 수 있었다. 더욱이 그녀는 총명하여 만주어와 한어에 정통하고, 『시경』과 『서경』 등의 경서와 악기, 서법, 그림을 배웠다.

또 부친을 따라 강남에 거주했기 때문에 북방에서 성장한 대부분의 팔기 여자들과 달리 남방 소녀들 특유의 부드러움과 영민함을 가지고 자신을 치장하기를 좋아했다. 또한 천부적으로 빼어난 그녀의 미모는 보는 사람을 매혹시키기에 부족함이 없었다.

그러던 어느 날 엽혁나랍씨가 수녀로 뽑혀 입궁하게 된 것은 어려서부터 당나라 측천무후를 흠모하여 그녀와 같이 대권을 쥐고 국가를 다스려 보고 싶다는 야망을 키우고 있던 엽혁나랍씨에게는 하늘이 준 좋은 기회였다. 기회가 오면 놓치지 않을 자신이 있던 그녀는 꿈에 부풀어 황제의 은총을 입을 날만 기다리고 있었다.

그러나 갓 들어온 수녀가 궁 안의 많은 비빈들에 둘러싸인 황제의 눈에 띄는 기회란 극히 드물어 대부분의 꽃다운 청춘들은 거대한 궁

의 한 구석에서 이제나 저제나 하다가 중년을 맞이하는 경우가 비일
비재했다.

엽혁나랍씨는 빼어난 미모 덕분에 황궁에 발을 들여놓았지만 현실
은 만만치 않았다. 아름다운 용모를 지닌 수많은 궁녀와 요염한 자태
를 뽐내는 많은 후궁이 오직 한 명뿐인 황제의 총애를 받기 위해 치
열하게 다투고 있었다. 그러나 황제의 총애를 얻기란 하늘의 별 따기
만큼 어려운 일이라 몇몇 여인만이 그 소망을 이룰 수 있었고, 늙어
죽을 때까지 황궁 안에 살면서도 황제의 얼굴 한번 보지 못하는 경우
도 많았다.

이런 경우 평범한 여자들은 자신의 운이 없음을 한탄하며 세월만
보내지만, 의지가 굳고 총명한 엽혁나랍씨는 황제를 모시는 태감에게
뇌물을 주고 황제의 행적을 살피기 시작했다. 그후 그녀는 하루도 빠
짐없이 황제가 자주 지나가는 길목에서 부드럽고 달콤한 강남의 노
래를 부르며 나날을 보냈다.

그녀의 정성에 하늘이 감복했는지, 어느 날 그 길을 지나던 함풍제
가 그녀의 노래를 듣게 되었다. 결국 곱게 단장한 그녀는 황제의 앞
으로 불려갔고, 만주족 같지 않은 그녀의 뛰어난 미모와 우아하고 부
드러운 자태는 황제가 첫눈에 반하기에 충분했다. 이제 황제의 귀는
더 이상 그녀가 부르는 강남 노래를 듣지 않았고, 오로지 그녀의 아
리따운 얼굴만 바라볼 뿐이었다.

그날부터 황제는 꿈인 듯 환상인 듯한 사랑놀이에 빠져 헤어날 줄
을 몰랐다. 그리고 함풍 2년^{1852년}, 엽혁나랍씨는 난귀인^{蘭貴人}으로 봉해
졌고, 함풍 4년에는 의빈^{懿嬪}, 함풍 6년에는 함풍황제에게 유일한 아들
인 재순^{載淳}을 생산함으로써 의비^{懿妃}로 봉해졌으며, 그 이듬해에는 의

귀비慈貴妃로 격상되었다. 궁중에서 그녀의 지위는 황후보다 한 단계 낮지만, 다음 제위를 물려받을 황자의 모후라는 것으로 볼 때 그녀의 지위는 이미 황후를 멀리 앞서고 있었다.

황제의 은총을 한 몸에 받게 된 의귀비는 여자는 정사에 간여할 수 없다는 청나라의 규칙을 의식하여 용의주도하게 조금씩 정무를 배웠다. 어쩌다 황제가 정무에 관한 문제를 언급하게 되면 조심스럽게 자기의 의견이나 계책을 지나가는 말처럼 흘리곤 했다. 이런 일이 거듭되면서 함풍황제는 의귀비가 뛰어난 정치적 감각이 있음을 발견하고 차츰 일이 생기면 그녀의 의견을 물어 시행하는 경우가 많아졌고, 때론 서법에 능한 그녀에게 공문을 쓰게 하는 일도 있었다.

이에 따라 의귀비는 조정의 실력자가 누구인지, 어떤 제도가 있는지, 나라 안팎의 정세가 어떤지를 알게 되었고, 그녀는 새로운 사실을 알 때마다 그것을 잘 기억해 두었다.

그런데 당시 영국은 애로호사건으로, 프랑스는 선교사 살해사건을 빌미로 연합하여 대고大沽와 천진을 함락시키고, 러시아와 미국의 중재로 천진조약을 체결했다. 그 후 함풍 10년1860년, 비준서 문제로 마찰이 생기자 연합군이 다시 북경을 함락시켰다. 이때 함풍황제는 열하로 몽진하고 함풍황제의 이복동생 공친왕恭親王 혁흔奕訢의 주도로 북경조약이 체결되어 사태는 마무리되었다. 하지만 이듬해 7월 17일 함풍황제가 열하에서 31세의 젊은 나이로 갑자기 세상을 떠나고 말았다.

이에 태자 재순이 겨우 6세의 나이로 즉위하여 목종穆宗 동치황제同治皇帝가 되었고, 황후는 성모태후聖母太后, 황제의 생모 의귀비는 모후태후母后太后라 불렸다. 그 후 다시 이들을 구별하기 위해 명호에 따라 자안황태후慈安皇太后, 자희황태후慈禧皇太后로 개칭했다. 그러나 흔히 자안황태후가 자금성 내 동쪽의 종수궁^{鐘粹宮}에 기거하기에 동태후^{東太后}, 자희 황태후는 서쪽 저수궁^{儲秀宮}에 기거하여 서태후^{西太后}라고 불렀다.

그러나 여자는 국정에 간여하지 못한다는 청조의 규칙으로 인해 어린 황제는 함풍황제의 유지에 따라 숙순^{肅順}, 재환^{載垣} 등 대신들의 보필을 받으며 국정을 처리하고 있었다. 자신의 일생의 꿈이 눈앞에 다가왔음을 감지한 서태후가 서서히 야망의 날개를 펴기 시작했다. 그녀는 북경에 있는 혁흔과 공모하여 이들 대신을 먼저 북경으로 돌아가게 하고, 자신과 동태후와 황제의 출발을 지연시켰다.

아무것도 모르고 황제보다 한발 앞서 북경으로 돌아가던 8명의 대신들은 그날 밤 태후의 밀명을 받은 공친왕 혁흔의 습격으로 모두 황천길을 걷게 되었다. 역사에서는 이것을 열하의 정변, 혹은 신유정변이라고 한다. 정변에 성공한 후 두 태후는 어린 황제를 위해 성대한 대관식을 거행하고, 연호를 동치^{同治}라 한 후 수렴청정을 실시했다.

이것은 명목상으로는 두 태후의 수렴청정이었으나 실제로는 서태후가 정사를 좌우하고 있었다. 이렇게 정무를 처리하는 과정에서 서태후는 전반적인 국정문제에 있어서 대신들과의 질의응답에 매우 해박한 지식과 논리정연한 자기의 의견을 개진했다. 이로 인해 서태후는 어떤 일에는 동태후가 행사할 수 있는 모든 권한을 위임받았고, 정치권력도 점차 서태후가 장악하기 시작했다.

함풍황제가 죽었을 때 서태후는 27살의 한창 나이였기에 권력, 물질, 정욕 등 모든 방면에 있어 그 표현이 상당히 강렬하였다. 만약 누구라도 그녀의 욕망을 저지하려고 한다면 자기의 친자식조차 장애물로 여길 만큼 참지 못했다. 그래서 어린 목종 또한 엄격하고 냉혹한 모후보다 자애로운 동태후에게 더욱 친근감을 느끼고 있었다.

그러나 황후 간택 문제로 두 태후의 의견이 대립되어 사이가 벌어졌다. 서태후는 시랑 봉수의 딸을 추천했는데 결과는 동태후가 추천한 상서 승기의 딸이 책립되었기 때문이다. 화가 난 서태후는 '공부에 방해가 된다'며 황제를 황후의 침실에 들지 못하게 했다. 그러자 황제는 육체적인 욕구를 풀기 위해 홍등가에 잠복해 외도를 했다. 그런데 하필 그때 매독에 걸려 목종이 세상을 떠나니 동치 13년[1874년], 황제의 나이 겨우 19세였다.

그러자 서태후는 자신의 여동생의 4살짜리 아들 재첨載湉을 양자로 들여 1874년 즉위시키니 제11대 덕종德宗 광서제光緒帝: 재위 1874~1908년이다.

서태후는 아예 정치 일선에 나서서 끊임없이 악행과 추문을 끌고 다니며 수렴청정했다. 그러는 그녀에게 동태후가 충고를 했다. 그녀는 겉으로는 동태후의 충언을 다소곳이 듣는 척했지만 속으로는 동태후를 아예 제거해 버리려는 음모를 꾸몄다.

서태후는 동태후에게 답례라며 독이 든 떡을 선물했는데, 얼마 후 동태후는 그 떡을 먹고 즉사하고 말았다. 1881년의 일이었다.

2. 권력을 지키기 위해 수단과 방법을 안 가린다

1861년 서태후는 공친왕 혁흔과 더불어 전광석화 같은 신유정변辛酉政變을 일으켜 정권을 장악했으나, 아직 확고부동한 위치를 차지하지는 못했다. 서태후는 주변의 형세를 이용하는 술수를 발휘하며 최고 권력을 손에 넣기 위해 노력했고, 마침내 자신의 위치를 든든한 반석 위에 올려놓았다.

정변에 성공한 태후는 먼저 함풍황제의 유지를 날조해 혁흔에게 큰 상을 하사했다. 정변 다음날에는 혁흔을 의정왕議政王에 책봉하면서 수석군기대신首席軍機大臣으로 임명했다. 이어서 종인부宗人府 종령宗令과 총관내무부대신總管內務部大臣을 겸직시켰을 뿐만 아니라 대대손손 친왕親王 작위를 세습토록 허락했다. 서태후는 또한 논공행상을 통해 혁흔 일파를 요직에 임명함으로써 조정 대사를 장악해 나갔다.

서태후는 군기처軍機處를 쇄신해 혁현奕譞을 수장에 앉히고, 경륜이 풍부하고 자신이 신임하는 사람들을 군기대신에 임명했다. 또한 총리각국사무아문總理各國事務衙門을 설립해 외교업무를 전담시켰는데, 그곳의 요직에도 자신이 신임하는 사람들을 임명했다. 군기처와 총리아문을 장악함으로써 태후는 나라 안팎의 주요 사항을 통제하며 자신의 정치적 의도를 관철시킬 수 있었다.

그러나 이런 조치만으로는 자신의 지위를 견고하게 유지할 수 없다고 생각한 그녀는 동치황제의 이름으로 조칙을 내려 언로를 활짝 열고 조정 안팎의 건의를 받아들였다. 그것은 각종 현안과 난제를 해결할 방안을 찾고, 또 다른 한편 나라 정치가 올바른 방향으로 바뀌고 있다는 것을 세상에 알리는 방법이었다. 그 반응은 예상했던 것처럼 즉시 나타났다. 급사중給事中 손즙孫楫과 장강남도감찰어사掌江南道監察御使 서계문徐啓文 등이 연이어 상소를 올려 각종 정책을 건의하기에 이르고, 태후도 그 건의를 곧바로 시행에 옮겼다. 권력과 지위를 확고하게 굳히기 위한 방편으로 대신들의 유익한 건의를 받아들인다는 서태후의 전략은 성공을 거두었다. 주변의 형세를 이용하는 데 뛰어난 서태후의 진면목이 드러나는 대목이다.

광서光緖 황제가 열여섯 살이 되어 정사를 넘겨줘야 할 처지에 몰리자, 서태후는 다시 한번 주변의 형세를 이용하는 술수를 부린다. 태후는 신하들에게 황태후(서태후)가 몇 년 동안 계속해서 훈정을 실시하는 게 바람직하다고 은근히 압력을 넣었으며, 그 결과 그녀는 또다시 권력을 수중에 넣을 수 있었다.

서태후는 또다시 수렴청정을 지속하면서 조서를 통해 확실한 공언을 한다.

"본래 수렴청정은 일시적인 임기응변책이다. 그러나 새로 등극한 황제께서 아직 나이가 어리고 나라에 어려운 일이 많은 까닭에 여러 왕과 대신이 황제께 수렴청정을 건의한 줄로 알고 있다. 다른 도리가 없으니, 이 나이 많은 할미는 황제의 청을 받아들여 수렴청정을 시행하겠다. 황제께서 학문을 익히고 나면 즉시 전권全權을 돌려주겠다."

이후 12년의 세월이 눈 깜짝할 사이에 흘러갔고, 어린아이에서 장성한 광서황제는 그동안 스승의 지도하에 나라를 다스리는 학문을 연마하며 태후의 정권이양을 기다리고 있었다. 태후는 권력이양을 회피할 방법을 궁리했지만 뾰족한 수가 없었다. 서태후는 권력을 황제에게 넘겨주고 싶지 않았으나, 12년 전 조서를 통해 공언한 말을 뒤집을 수도 없는 노릇이었다. 그러나 서태후는 정사를 황제에게 돌려주되 계속해서 실권을 쥐고 있기로 결정했다. 그리고 몸소 나서서 '정사를 넘겨주는 소란한 연극을 연출'했다.

광서 12년¹⁸⁸⁶년 6월, 태후는 광서제에게 정사를 넘겨준다는 조칙을 내각을 통해 발표했다. 그런데 거기에는 사족과 같은 내용, 즉 조칙이 발표된 후에 왕과 대신들이 '재삼 만류하는' 상황과 관련된 내용이 포함돼 있었다. 조칙을 접한 왕과 대신들은 태후의 진의를 파악하기 위해 고심했다. 태후는 이 기회에 누가 어느 정도의 충성심을 품고 있는지 알아보고자 별렀다.

권력을 향한 서태후의 노력은 헛되지 않았다. 황제의 아버지 순친왕 혁현을 필두로 여러 왕과 신하가 상소를 올려 정사를 넘겨주는 일에 극력 반대했다.

"황태후께서는 지난날의 훌륭한 경험을 살려 몇 년간 더 훈정을 시행하셔야 합니다. 내년부터 황제께서 직접 정사를 돌보시더라도 태후께서는 지금처럼 매일 신들을 불러 하문하시고, 상소문을 살펴보시면서 황제께 바로바로 가르침을 주셔야 합니다. 그러면 고래로 보기 드문 태평성대를 맞이할 것입니다."

이 소식을 듣고 태후는 몹시 기뻐했다. 그러나 속마음을 금방 드러내지 않고 진심으로 정사를 돌려주고 싶다고 밝혔다. 혁현 등은 태후의 속셈이 무엇인지 알아차리고 각자 간곡한 필치로 상소문을 올려 정사를 돌려주는 일에 반대했다.

서태후는 그 상소문들을 훑어보고 만족스러웠다. 더 이상 위장할 필요가 없다고 판단한 태후는 왕과 대신들의 간청을 받아들이겠다고 밝혔다.

"나라가 어지러우니 기강을 바로잡고 백 가지 폐단을 일소해야 한다. 왕과 대신들이 재삼 간곡하게 만류하니, 어찌 일신의 도리만을 고집하면서 천하의 공론을 저버릴 수 있겠는가? 그대들의 청을 받아들여 황제께서 친정親政하시더라도 몇 년간 훈정을 시행하겠노라."

그 결과 광서제가 표면상으론 친정체제를 유지하기는 했지만, 실제 권력은 태후의 손아귀에 있었다. 뛰어난 모략과 깊은 술수로 판정승을 거둔 태후는 '그대들의 청을 받아들여' 훈정을 실시한다고 선언했다. 결론적으로 서태후는 본래 훈정을 실시할 마음이 없었는데 많은 사람의 뜻을 저버리기 어려웠다. 그래서 일신의 도리만을 고집하지 않고 훈정을 실시하기로 결정한 것이었다.

서태후가 장기간에 걸쳐 청나라의 최고 권력을 장악할 수 있었던 요인은 무엇일까? 단지 서태후가 '세^勢에 올라타는' 재주를 지녔기 때문일까? 그렇지 않다. 먼저 세를 조성한 다음에 그 세를 차용했던 능력도 함께 고려해야 한다. 광서황제 때 벌어진 '정사를 넘겨주는 시끄러운 연극'이 바로 그 실례다. 서태후는 목적을 달성하기 위해 먼저 유리한 세를 조성한 다음, 그 세에 올라타는 능력과 재주를 지니고 있었다.

또한 서태후가 이렇게 독단으로 정권을 장악할 수 있었던 것은 그동안 정책적으로 억눌려 왔던 환관들의 공헌을 빼놓을 수 없을 것이다. 이들 환관은 서태후의 눈과 귀가 되어 궁중 내의 모든 정보를 수집하고, 그녀의 손발이 되어 온갖 악행을 자행했다. 또한 서태후는 그들의 충성에 대한 신뢰의 표시로 환관의 지위를 격상시켰다.

1887년, 조정의 대신들이 이홍장의 북양해군 열병식에 참가했을 때, 서태후의 총애를 받고 있던 환관 이연영^{李蓮英}이 서태후를 대신하여 참가할 정도로 막강한 위세를 과시하기도 했다.

3. 중국 역사에 오명을 남긴 서태후

함풍제가 죽은 뒤 공친왕 혁흔과 손잡고 쿠데타에 성공하여 제1차 수렴청정을 할 때의 서태후는 권력욕에 따라 움직이기는 했지만, 혁흔의 조언도 잘 받아들이고 위기 상황에 유연했다. 하지만 동태후가 죽고 혁흔을 몰아내어 '천상천하 유아독존'이 된 뒤에는 권력 유지에만 이상하게 민감하고 다른 일에는 세상이 뒤집혀도 눈 한 번 깜짝이지 않고 오로지 사치충동을 폭발시키는 데에서 쾌감을 느끼는, 말 그대로 '요괴' 같은 존재가 되어간다. 그래도 일흔네 살에 세상을 떠날 때까지 당당하게 권좌에 앉아 있었으니, 권력투쟁의 아수라장을 헤쳐 나가는 강인함이 남달랐던 것은 말할 나위가 없다.

서태후가 광서제를 마음대로 조종하면서 이화원에서 연극을 구경 하며 진수성찬과 쾌적한 생활을 마음껏 즐기고 있을 무렵, 광서 20년 1894년부터 광서 22년에 걸쳐 또다시 대사건이 일어났다. 1868년 메이 지유신 이후 서서히 군사력을 강화한 일본이 조선을 침략하자, 이를 둘러싸고 청나라와 일본의 대립이 격화하여 청일전쟁淸日戰爭이 일어난 것이다. 청일전쟁이 시작되었을 당시, 서태후는 환갑기념으로 성대한 행사를 열 계획에 몰두해 있어서 전쟁에는 거의 관심을 보이지 않았 다. 발등에 불이 떨어졌는데도 환갑기념행사를 위해 무려 1천만 냥의 공금을 낭비했으니, 정말 어처구니가 없을 정도였다.

서태후의 낭비 때문에 군비가 삭감되어 허술한 장비밖에 갖추지 못한 청나라 해군은 일본 해군을 당해내지 못하고 패배했다. 그 결과 청나라는 막대한 배상금을 지불하고 대만을 할양하는 불리한 조건을 받아들여 시모노세키에서 일본과 강화조약을 맺고 겨우 전쟁을 끝낼 수 있었다. 청나라가 청일전쟁에서 참패하자, 서양 열강과 일본은 제 것인 양 거리낌 없이 이권을 요구하면서 점점 노골적으로 중국 대륙 을 짓밟고 들어오게 된다.

이런 사태에 위기감을 느낀 강유위康有爲: 1858~1927년를 비롯한 개혁파 지식인들은 광서 24년1898년에 광서제를 중심으로 결집하여 정치·경 제·사회체제를 근본적으로 개혁하려 했다. 이것이 '무술변법戊戌變法' 이라고 불리는 운동이다. 당초에는 서태후도 이 운동을 승인했다. 하지만 개혁이 궤도에 오르면 광서제에게 실권이 넘어가고 자기는 뒷전으로 밀려나게 된다는 것을 깨달은 서태후는 개혁파와 대립하는 보수세력을 이끌고 또다시 쿠데타를 일으켜 개혁파를 일망타진해버린다. 변법운동이 시작된 지 겨우 석 달 뒤의 일이었다. 만만찮은 '요괴' 서태후는, 황제에게는 얌전히 그녀가 시키는 대로 하는 허수아비가 될 것을 요구하고, 조금이라도 반항하는 기색을 보이면 이렇게 가차없이 짓밟아 버리곤 했다.

18세기 무렵부터 산동성에서 직예성直隸省: 하북성에 걸쳐 '의화권義和拳'이라는 비밀결사가 은밀히 세력을 확장하고 있었다. 이들 의화권 교도가 이끈 의화단의 난1899년의 당초 슬로건은 다른 비밀결사조직과 마찬가지로 '반청복명'(反淸復明: 청 왕조를 타도하고 명 왕조를 부흥시키다)이라는 민족운동 색채를 띠고 있었다. 하지만 청일전쟁에 패한 뒤에는 이것이 애국주의적인 의화단으로 바뀌었고, 슬로건도 '부청멸양'(扶淸滅洋: 청 왕조를 돕고 서양을 무찌른다)으로 바뀌었다. '청'은 일종의 부호 같은 것에 불과하고, 핵심은 침략을 일삼는 외세에 대한 반감과 저항에 있었다고 말할 수 있다. 이 의화단 운동이 19세기도 막바지에 이르렀을 때 급속히 확산되어, 외국인을 습격하고 외국 상점에 불을 지르고 철도를 파괴하는 등 대규모 내란으로 발전했다. 수도 북경까지도 이 내란에 말려들었다.

서태후는 일단 의화단을 탄압하기로 방침을 세우기 했지만, 슬로건에 '부청扶淸: 청 왕조를 돕고'이 들어간 탓도 있어서 본격적으로 의화단을 탄압하지는 않았다. 점점 힘을 키운 의화단은 광서 26년1900년 6월 외국인이 피란해 있던 북경의 교회를 포위 공격했다. 일촉즉발의 위기 상황에서 외국이 군대를 파견할 태세를 보이자 서태후는 대결 노선을 채택하여 외국에 선전포고를 했다. 약 두 달 뒤인 8월 14일, 마침내 8개국 연합군이 북경으로 진격하여 의화단을 제압했다.

연합군이 북경에 입성한 이튿날, 서태후는 유폐되어 있던 광서제까지 데리고 맨몸으로 북경을 탈출하여 서안西安을 향해 달아나기 시작했다. 북경을 탈출할 때, 광서제가 깊이 사랑한 후궁 진비珍妃가 서태후에게 황제는 수도에 남아야 한다고 주장했다. 그 불손한 태도에 격분한 서태후는 환관에게 명령하여 진비를 우물에 던져 죽였다. 진비를 죽인 뒤, 서태후 일행은 먹을 것도 제대로 먹지 못하고 참담한 도피생활을 시작했다. 하지만 운이 강한 서태후는 이런 역경도 이겨내고 무사히 서안에 당도했다.

서안에 자리를 잡은 서태후는 노련한 외교관인 이홍장을 전권대사로 임명하여, 열강과의 화평교섭에 나서게 되었다. 열강들 사이에도 의견 충돌이 있어서 정치적 흥정을 거듭한 끝에 이듬해인 광서 27년 1901년 9월에 서태후는 막대한 배상금을 지불하고 북경에 외국군이 상주하는 것을 인정하는 등 12개조의 굴욕적인 조건을 받아들여 신축조약辛丑條約을 맺었다. 신축조약은 베이징의정서北京議定書라고도 한다. 청 정부 측 대표인 이홍장李鴻章과 영국·독일·일본·미국·러시아·오스트리아·프랑스·이탈리아·네덜란드·스페인·벨기에 등의 11개국 대표가 베이징에서 체결했다. 신축조약은 중국에 대한 서구 열강의 통치를 강화시켰으며, 청 정부는 이에 반대할 힘이 없었다.

서태후는 중국 역사를 통틀어 '민족의 죄인'이라고 불린 유일한 태후이다. 서태후는 내우외환에 시달리고 있는 청나라와 백성들의 고통스러운 상황에서도 전혀 아랑곳하지 않고 자신의 물욕을 채우기 급급했다. 국가의 이익과 민족의 존엄성, 백성의 생사보다 일신의 안전과 향락을 좇았다. 그녀는 서구 열강에 굴복해 나라를 팔아 이미 풍전등화의 청나라를 극한의 위기로 몰아갔다.

서태후가 국가에 피해를 주고 민생을 해치면서까지 사치를 즐긴 데 대해, 서태후 자신은 청나라의 멸망도 두려워하지 않았는지 궁금해하는 사람들이 있다. 그녀가 나라의 멸망을 두려워했는지 그렇지 않았는지는 그녀 자신밖에 알 수 없다. 하지만 적어도 후대 사람 눈에 서태후는 나라를 팔아 자신의 개인적인 영화를 얻은 죄인일 뿐이다.

서태후는 능력 있는 여자로 수렴청정을 통해 국가의 위기를 극복하려 했다고 주장하는 사람들도 있다. 청 왕조가 이미 심각하게 흔들리고 있는 상황에서 아무리 능력이 뛰어나다 해도 여인의 몸으로 대세를 역전시킬 수 있었겠냐고 두둔하기도 한다. 그러나 나라의 위기는 나 몰라라 한 채 한없이 물욕을 추구했다는 것만으로도 비난받아 마땅하지 않은가?

권력욕에 사로잡힌 다른 황후나 후비들처럼 서태후는 황제가 몇 번이나 바뀌도록 권력을 움켜쥐고 놓지 않았다. 서태후가 그 권력을 백성들을 위해 사용하지 않고 자신의 탐욕을 채우는 데 사용했다는 것이 아쉬울 따름이다.

아무리 거센 저항에도 서태후의 권력 기반은 흔들리지 않았다. 서태후의 핍박에서 벗어나려고 했던 황제들의 신세만 딱할 뿐이었다. 동치제든 광서제든 서태후에게서 권력을 되찾아 올 만한 기백과 능력이 없었던 게 한스럽다. 그렇지 않았다면 청나라 역사가 완전히 바뀌지는 못해도 그렇게 치욕스러운 역사는 피할 수 있었을 것이다. 청나라 초기의 성군 강희제와 건륭제가 지하에서 후손들이 이렇게 유약한 것을 알았다면 어떤 말을 했을까?

제11장

추근

남존여비에 항거한 여전사

1907년 출간된 추근의 시집은 즉시 매진될 만큼 여성운동에 대한 사회일반의 각성 역시 매우 높아져 있었다. 한 작가는 "추근이야말로 불확실한 혁명의 미래를 위하여 가정까지 뿌리친 진정한 노라상을 보여주었다."라고 하였다.

　　추근 사후 12년이 지났을 무렵, 노신은 그의 소설 『약藥』에서 '하유夏瑜'라는 인물을 통해 추근의 선구자적 리더십과 강인한 영웅의 기개를 찬미하였다. 또한 1934년 말 노신은 그의 『병후잡담病後雜談』 중에서도 추근에 대해 숭고한 찬사를 보냄으로써 그의 존경심을 표현하였다. 3년이라는 짧은 기간이었지만 그녀가 개척한 여성해방운동과 혁명활동은 그 뒤를 이은 중국현대사의 수많은 여성운동가와 여성리더들에게 넓은 길을 열어주었다.

　　또한 신해혁명에 앞선 중국여성해방운동의 핵심적인 문제를 집약하고 해결방안을 모색하였다는 점에서 추근은 선구자적 리더십을 발휘한 여성지도자로 평가할 수 있다.

청말淸末 격동의 시대에 여성해방운동과 혁명활동에 강력한 리더십을 발휘한 추근秋瑾: 1879~1907년은 어릴 때부터 무술과 시작詩作에 뛰어난 재능을 보였다. 부모의 명에 따라 혼인을 하였지만 남편을 따라 북경으로 이주한 후 청나라의 무능함, 남편의 방종한 생활 등에 자극을 받아 가정을 벗어나려는 최후의 결정을 하고 1904년 동경유학을 떠나게 되었다. 동경유학 중에 추근은 천족운동天足運動, 『백화日話』 발간, 공애회共愛會 재건 등의 활동을 전개하였다. 귀국 후에는 『중국여보中國女報』 발간, 여성교육의 제창 및 여군 조직, 무장봉기 등을 추진하여 구국의 염원과 중국여성의 해방을 호소하며, 중국여성이 나아가야 할 길을 제시하였다.

이와 같이 추근은 청말에 활약한 혁명가였지만 생애의 전반기에는 전통적인 서정시를 주로 쓴 당시의 전형적인 규수였다. 하지만 격변하는 국내외 정세는 그녀의 정신세계에 적지 않은 자극과 충격을 주어 추근은 이를 시로 옮겨냄으로써 지식인의 고뇌를 표현했다. 하지만 그녀의 감상적인 우국의 정서는 북경생활과 일본유학을 거치면서 변화하게 된다. 일본유학 후 귀국하여 혁명활동으로 인해 체포되기까지 추근은 '청나라를 멸하고 한족의 나라를 부흥시켜야 한다'는 민족의식을 강하게 부르짖었다. 특히 보도寶刀와 보검寶劍이 상징하는 무력에 의한 청조 전복 주장은 당시 단연 돋보이는 점이었다.

중국의 역사학계에서는 추근을 "구사회의 반역자", "여성해방운동의 선구자"로 평가하고 있다. 1980년대 중국에서는 추근 생존 당시의 친지나 친구 등이 보존하고 있던 자료를 수집하여 『추근사료秋瑾史料』를 펴냈다. 이와 함께 추근의 시·논설·연설 등에 나타난 생애와 사상연구도 행해지고 있다. 일본과 유럽 등에서는 『중국여보』에 기재된 추근의 논설과 일본유학 때의 일기·생활기록 등을 토대로 연구가 행해지고 있으며, 대만에서는 그녀의 딸 추찬지秋燦芝의 『추근혁명전』과 추근의 부녀해방사상 미완성 유고인 『정위석精衛石』 등의 연구를 통해 추근을 부녀해방운동의 선구자로 평가하고 있다.

1. 유복한 어린 시절과 불행한 결혼생활

추근은 1879년 11월 8일 청말의 부유한 관료 집안에서 태어났다(아버지 추수남秋壽南이 복건성 제독을 지냈다). 어려서부터 총명하였던 추근은 오빠와 함께 고전적인 교육을 받았으며 경전을 읽고 시 짓는 법을 배웠다. '여자는 재능 없는 것이 덕'이라고 여기던 시대에 추근의 개성과 재능을 풍부하게 길러준 사람은 어머니 단單씨였다. 단씨는 시문에 능하였으며 성격이 매우 활달하고 개방적이었다. 단씨는 딸에게 당시의 여자로서는 엄두도 못 낼 승마와 검술, 창술 등을 배울 수 있도록 허락하였다. 그래서 추근은 어릴 때부터 무술을 익힐 수 있었고 활달하고 용감한 성격을 기르게 되었다.

부모로부터 깊은 애정과 관심을 받으면서 성장한 추근은 6세 때

형제자매들과 함께 가정교사에게 서사를 배우기도 하였다. 또 추근이 어릴 때부터 무술에 깊은 관심을 갖자 그녀의 아버지는 특별히 무사를 초빙하여 무술을 익히게 하였으므로 어려서부터 문무를 겸비할 수 있었다. 추근의 양친은 모두 문학에 능하여서 추근은 문학을 비롯한 다방면에 재질을 보였다. 현재에도 추근의 작품이 많이 남아있는데 시詩, 가歌, 서書 등 여러 가지를 포함하고 있다. 또한 그녀는 무武의 방면에서도 상당한 경지에 이르렀으며, 도刀와 검劍 등의 병기를 좋아했다. 때문에 그녀의 작품 다수에서는 도와 검 등이 중요한 부분을 차지하고 있으며 추근은 이러한 도와 검을 통해 자신의 애국구국의 의지를 표현하고 있다. 그녀의 대표작이기도 한 「보검가寶劍歌」를 소개하면 다음과 같다.

"중화민족의 혈통이 중간에 끊어짐을 슬퍼하노니, 심대한 나라의 한을 언제 갚을 수 있을까? / 지금 세상에는 평등한 권력은 없이 오직 강권만이 있으며, 조국의 흥망에 대해 이야기하노라면 분노는 극에 달한다네 / 천금을 들여 보검을 사노니, 공리公理를 못 믿을 바에야 붉은 쇠무력에 의지해야겠네 / 생사를 홍모처럼 가벼이 여기면, 바야흐로 영걸이라 정할 만한 것을 / 배고플 땐 적들의 머리를 먹고 싶고 목마를 땐 흉노의 피를 마시고 싶다네 / 의협심은 드높아 전 중국을 압도하며, 너무 강하면 부러진다는 말 믿지 않네 / 혁명가들의 피는 이미 푸르게 변하였고, 한의 유방은 삼척의 칼로 포악한 진을 멸했다네 / 지금은 오호五胡가 진晉을 어지럽혀 남북이 분열되었던 때와 같으니, 벼슬아치 지식인 어린이 할 것 없이 구국의 책임을 면하기 어렵도다. / 그대는 보지 못했는가? 검의 기운이 빛을 발하며 북두성과 견우성을 관통하는 것을! 가슴에는 옛 원한이 분명히 남아있네 / 칼끝이 드러나진 않았지만 이미 세상을 놀라게 했고 북경에 은거해 때를 기다린지 몇 해던가 / 함에 깊이 감추어 칼끝이 보이지 않고, 지기知己는 외롭게 만나기가 어렵구나! / 텅 빈 산에 밤 내내 칼 울리는 소리 비바람 놀래킬 때, 칼소리 힘차게 울려 용이 되어 승천하려 하네 / 보검 빛나 사방 사람들 놀라게 하며, 하늘의 태양이 어두워져 빛을 잃는도다. 칼 잡고 사서史書 보니, 나라 망친 간적奸賊이 수두룩하도다. / 중원 땅이 갑자기 오랑캐의 목양장牧羊場으로 변하니, 피비린내 중국 땅에 불어 한탄하네 / 간장干將과 막사莫邪 같은 칼을 버린다면, 세상에 그 누가 암흑을 제거하겠는가? / 요마妖魔를 모두 처단하니 뭇 귀신들이 숨는데, 천하를 깨끗이 함은 본래 하늘이 준 임무라 / 앞으로 성공과 실패, 순리와 불순리를 따지지 않고, 오로지 철혈주의鐵血主義로 조국에 보답하리."

「보검가」에서는 망국의 치욕을 씻으려면 반드시 무력으로 만주족을 쫓아내야 하며, 이에 따라 희생을 두려워하지 말고 생사를 초월해서 임해야 한다고 주장했다. 또한 보검이 함에 깊이 보관되어 칼끝이 비록 보이지는 않지만, 때가 되면 세상이 깜짝 놀라게 빛을 발할 것이라는 확신을 피력하면서, 조국이 비록 분할되는 운명을 맞고 있지만 혁명가는 무력으로 조국의 치욕을 씻고 요귀妖鬼 같은 만주족을 쫓아내야 한다는 강한 신념을 펼쳤다. 무력과 실력에 의한 청 왕조 타도를 주장한 이러한 추근의 모습은 당시 개량파나 청 정부와 타협하려던 지식인들의 모습과는 다른 면모였다.

1896년 추근은 아버지 직장을 따라 호남湖南으로 이사하였고 그 지방 부호의 아들인 왕자방과 결혼하였다. 추근과 왕자방의 결혼은 당시의 결혼풍속에 따라 본인들의 의사와는 상관없이 부모의 뜻대로 진행되었다. 추근은 아들과 딸을 낳아 기르면서 겉으로 보기엔 평화로운 가정생활을 꾸려갔으나 자신의 결혼에 대해 그녀는 매우 큰 불만을 가지고 있었다. 추근은 결혼을 후회하면서 나중에 오빠에게 보낸 편지에서 다음과 같이 술회하였다.

"그 남자는 차라리 동물만 못해요. 나는 여태껏 그렇게 철면피한 인간을 본 적이 없어요. 내게서 패물마저 갈취해버렸는데 어떻게 그를 인격이 있는 사람이라 부를 수 있겠어요? … 나에 대한 태도는 노예보다 못한 대우였어요. 증오의 독이 제 가슴 깊이 스며 있어요! … 내가 꼭 어떤 사람의 아내여야만 된다는 법이 있나요? …"

"아! 제가 만약 좋은 배우자를 만날 수 있었다면, 서로 절차탁마하여 7, 8년 동안 학업에 힘쓸 수 있었을 거라고 생각합니다. 지금처럼 면목이 없지도 않았을 것이고, 다른 사람보다 훨씬 우수한 실력을 보여서 우리 부모형제의 자랑이 될 수도 있었을 텐데…."

1903년 추근의 남편 왕자방은 청 정부의 호부주사戶部主事라는 관직을 돈으로 매수하여 북경으로 전출하게 되었고, 추근도 남편을 따라 북경으로 가게 되었다. 재능을 갖춘 시인이면서 감수성이 예민했던 추근은 수도 북경으로 이주하면서 사회문제에 더욱 관심을 가지게 되었다. 추근은 의화단운동 후 서구열강의 침입으로 국가가 나날이 황폐해 가는 모습을 직접 목도하면서 울분을 토했으며 연이은 가뭄과 흉작으로 유랑하는 농민들과 거지들을 보면서 비탄에 잠겼다. 그러한 일련의 사건들을 통해 추근은 외세의 침략 앞에 무능하게 대처하고 있는 청나라 만주왕조의 노예적 외교와 시대착오적인 대국근성, 동시에 중국인민들의 무지와 자신의 무력함을 통절히 깨닫게 되었다. 추근은 「기인우杞人憂」를 통해 당시 자신의 심정을 다음과 같이 표현하고 있다.

"북경 지방의 전쟁이 언제나 끝날까? / 중국과 서양 간에 전쟁이 계속되고 있다 하네 / 부질없이 노魯나라 여인처럼 우국한憂國恨을 품지만 두건을 투구로 바꾸기는 쉽지 않도다."

또한 추근은 서구에서 홍수처럼 유입된 서적을 통해 근대적 이성과 개인을 발견하고, 과학과 민주, 남녀평등에 대해서도 눈뜨게 되었다. 나아가 여성을 둘러싸고 있는 전통적 중국사회의 여러 가지 속박에 대해서도 점차 눈을 뜨기 시작하였다. 그녀는 남편을 통해 북경을 중심으로 한 공직사회의 타락과 부패가 극에 달했음을 알게 되었고 남성들의 가부장적인 권위주의와 허위의식에 대한 분노를 계속 키워가고 있었다. 1904년 추근은 드디어 자신의 보석들을 팔아 일본유학비를 마련하였으며 자신의 두 아이를 친정어머니에게 맡겼다. 자신의 몸에서 모든 장신구를 떼고 화장을 지워버린 추근은 급기야 남편의 반대를 무릅쓰고 가정으로부터 탈출하여 새로운 세상과 진리를 찾아 일본으로 향하였다. 일본에 도착하자마자 완성한 「유회有懷」라는 시에서 당시 추근의 비장한 심정과 각오를 읽을 수 있다.

"해와 달 빛 한 점 없어 천지가 어두운데 / 심연 속의 여성계 누가 있어 도와주리 / 귀금속 다 팔아 망망대해 건너간다 / 혈육을 등지고 고국을 떠나간다 / 전족을 풀어 헤쳐 천년의 독 씻어내고 / 뜨거운 가슴으로 뭇 여성의 혼 일깨우리 / 가련한 나의 이 손수건 / 피눈물로 아롱지네!"

위의 시에서 알 수 있듯이 당시의 추근은 구국과 여성해방에 대한 희망과 비장함으로 일본유학을 선택했으며, 일본유학을 통해 구국의 해결책을 찾고자 했다.

2. 추근의 남녀평등사상과 혁명활동

청조 말기 의화단운동[1899~1901년]은 그 후 광범위한 농민저항세력의 조직과 함께 여성해방운동의 새로운 기틀을 준비하기에 이르렀다. 이런 시기에 무엇보다 여성의 사회적 자각, 주체성 제고가 절실하였다. 추근은 중국여성의 양어깨로 「천하의 반쪽」을 지탱해 나가야 한다는 자기책무를 인식하고 혁명대열에 몸 바쳐 희생한 여러 여성 가운데 대표적인 여성리더이다. 다음은 추근이 여성의 자각을 호소하는 글 「자매들에게 알립니다[敬告姉妹們]」의 일부이다.

> "2억의 남성은 문명세계에 들어섰는데 우리 2억 여성동포는 아직
> 도 여전히 18층 지옥 암흑 속에 빠져 한 층도 기어오르려고 생각지
> 않는다. / 한평생 안다는 것은 다만 남자에게 의지해서 먹고 입는
> 일뿐이다. / 울 안에 갇힌 소나 말과 같은 처지이다."

위의 예문은 전통적 「가家」라는 속박의 사슬을 스스로 끊고 일본으로 건너가 당시 진보적 사상가들과 교류하면서 중국여성해방운동의 선구적 리더십을 발휘한 추근의 사상을 역력히 보여주는 대목이다. 세계 인구 중에 그 절반을 차지하는 여성의 사회적 지위는 어떠한 상태에 놓여 있는가에 따라 한 사회의 선·후진성이 측정된다. 여성의 해방은 여성 자신에게 있어서 광명일 뿐만 아니라 인류사회 전체의 발전과 동일 고리로 이어진다는 것이다. 추근은 중국의 여성이 처하고 있는 사회적 지위가 노예와 마찬가지 상태라고 지적하면서, 여성이 인격적으로 남성과 대등하게 존경받기 위해서는 경제적 자립과 학문 및 기술의 습득이 필요하다고 했다. 추근을 추념하는 오지영吳芝暎

은 「기추녀협유사^{記秋女俠遺事}」에서 추근의 평소 지론이 여성의 '자립'에 있었음을 전해주고 있다.

> "여자도 마땅히 배워서 자립하여야 한다. 무슨 일이든 남자에게 의존해서는 안 된다. 내가 말하는 혁명은 가정에서부터 시작할 것이며 그것이 바로 남녀평권인 것이다."

다시 말해서 남녀의 상호 대등한 권리를 쟁취하기 위하여 학문과 지식의 단결이 요청되었던 것이다. 추근의 일본유학은 자신으로 하여금 그 시집인 왕씨 집안의 속박과 남편의 권위주의, 즉 '가^家'와 '부^夫'라고 하는 이중의 예속성을 떨쳐버리고 여성해방운동에 직접 뛰어들 수 있게 만들었던 것이다. 그녀가 동경에서 발간한 잡지 『백화^{白話}』^{1904년 9월 제1기 초간}는 중국 유학생의 정치의식을 높이고자 하는 활동의 하나였다. 제2기에 「삼가 중국 2억 여동포에게 알립니다^{敬告中國二萬萬女同胞}」라는 추근의 글이 실려 있는데 여기서 그녀는 전족을 반대하고 여성 또한 학문과 지식을 배울 것과 '남녀평권^{男女平權}'을 제창하였다.

또한 추근은 "남자만 높이고 여자를 소홀히 하지 말라 / 영웅^{英雄}만 있는 게 아니라 영자^{英雌 여자영웅}도 있다"고 외쳤다. 여성해방의 선구적 역할은 결코 남성인 영웅에게 맡길 것이 못 된다. 여성 자신의 '영자^{英雌}'에게 기대할 일이며, 2억의 중국여성 스스로가 자신들의 역량으로 노예의 굴레로부터 벗어나 자유스러운 활동무대를 넓혀나가야 할 것이라고 추근은 강력히 부르짖고 있다. 이러한 시대적 분위기를 타고 여성해방운동 역시 고개를 들기 시작했으며 그 중심에 추근이 있었다. 한편 추근은 여성해방운동과 반청혁명운동을 병행하였는데, 그 이유는 여성해방이 없는 정치혁명은 불가능하고 정치혁명이 없는 여성혁명

역시 그 실효를 거두기 어렵다는 것을 알고 있었기 때문이다. 또한 당시 만주족에 의해 전횡되던 청나라의 정치, 경제, 사회는 수천 년간 지속되어온 유교적 신분질서와 가부장적 지배체제의 말기적인 갖가지 폐단이 노골화되었고 근대화된 서구의 힘 앞에 그 무력함을 그대로 드러낸 시기였다. 수천 년 이어온 왕조를 혁명하지 않고 그대로 둔 채 여성해방만 부르짖는 것은 공허한 것이라는 사실을 추근은 명백히 인식하고 있었다.

추근은 어린 시절부터 중국 역사소설을 즐겨 읽으면서 중국 역사상 여성이라는 굴레를 벗어나 조국을 위해 몸을 바치며 남녀평등을 행한 여걸들을 추앙하였다. 때문에 추근은 중국부녀의 해방은 이들과 같은 여걸들의 출현에 의해서만 가능하다고 믿었다. 또한 추근은 중국전통사상 중 공자의 "여자와 소인은 다루기가 어렵다"는 말과 같이 여자를 불평등하게 구속하는 사상들에 대해서는 단호하게 배격하였다. 평소 남장을 즐긴 추근은 남장이 남자다운 행동을 형성하고 구사회의 속박에 대해 반발하는 수단이라고 주장하였다.

당시에는 전족금지, 여성교육을 제창하는 소설도 많이 발표되었다. 이 중 청 말의 대표적인 부녀소설 『경화연鏡花綠』은 당나라 측천무후의 치세기간에 과거시험에 합격한 100여 명의 여성들을 등장시켜 당시 사회의 모순, 남존여비 사상, 전족 등을 비판한 소설로 추근에게 영향을 준 대표적인 것이었다. 추근은 이 소설을 접하면서 중국의 전통적 사고방식에 대한 비판적 안목을 갖게 되었을 뿐만 아니라 이후 서구의 여러 저서를 통해 자유평등을 논하는 새로운 지식과 사상에 접해 갔다. 특히 영 알렌Yong Allen, 티머시 리차드Timathy Richard가 간행한 『만국공보萬國公報』에서 그녀는 여성교육과 여성체육의 중요성을 인식

하였다. 그녀는 구미 여성운동의 실적을 대단히 높이 평가하고 여권
사상에 대해 스스로 "구풍미우歐風美雨"라고 하여 구미의 영향을 크게
받았음을 인정하면서, 중국여성도 서구 여성들이 획득한 권리를 향유
해야만 한다고 주장하였다. 추근은 중국여성의 의식과 지위가 열악함
을 지적하면서 중국 부녀도 자립을 해야 하고 그것을 위한 수단으로
전문적 분야에 종사해야 한다고 역설하였다. 더불어 그녀는 경제적·
인격적 독립을 얻기 위해서는 학문이 필요하다고 강조하였다. 그녀
는 여성들에게 남편에 대한 의존심을 버리고 스스로 자각하여 사회
에 참가함으로써 행복한 생활을 하고 나라를 부강하게 만들자고 호
소했다.

이같이 추근은 중국의 현실과 서구사상 등의 영향으로 남녀평등사
상과 여성해방운동에 관심을 갖게 되었으며, 동경유학 기간에서 시작
해 죽는 그날까지 체험적 실천운동을 전개하였다.

그러나 추근의 여성해방운동사상에는 다음과 같은 한계가 있었다.
그것은 영웅사관英雄史觀과 연결된 그녀의 혁명관이다. 그녀는 '역사 변
혁의 주체는 소수 영웅이다'라는 사상적인 한계를 가지고 자신이 여
영웅女英雄이 되고자 하였다. 그래서 그녀는 롤랑부인Madame Roland과 소
피아Sophia 같은 여성이 나와야 한다고 애원하는 것이 입버릇처럼 되
어 버렸다. 여성이 궐기하여 자유를 쟁취하는 것이 아니라, 여영웅이
나타나서 우선 여성을 그리고 중국을 해방시키기를 기대하고 있었던
것이다. 이와 같은 한계로 인해 당시 혁명단체에는 광범위한 부녀층
이 참여하지 못했으며, 이것은 당시 부녀운동의 문제점일 뿐만 아니
라 신해혁명이 갖는 한계라고 볼 수 있겠다. 비록 이상과 같은 한계
성이 있지만, 추근의 부녀해방운동은 당시 뜻있는 지식 여성들에게

신선한 충격을 던져 주었음은 물론이며, 부녀해방운동을 가속화시키는 데 큰 작용을 했다고 평가할 수 있다.

또한 앞에서도 이미 언급한 바 있지만 추근은 여성해방운동과 반청혁명운동을 병행하였다. 그 이유는 여성해방이 없는 정치혁명은 불가능하고 정치혁명이 없는 여성혁명 역시 그 실효를 거두기 어렵다는 것을 알고 있기 때문이다.

1904년 초여름 추근은 상해에서 동경으로 이동한다. 동경 도착 후 중국유학생 회관에 부설되어 있던 일본어강습소에서 3개월간 일본어를 배운 후 '청산실천여학교青山實踐女學校' 부속 '청국여자사범공예속성과淸國女子師範工藝速成科'에 입학하였다. 추근은 동경유학을 통하여 폐쇄적 전통사회인 청조치하에서 경험하지 못했던 사상의 자유와 신문화를 접하게 되었는데, 이러한 것들은 강한 지적 호기심과 격렬한 성격을 가지고 있던 그녀를 더욱 급진적 경향으로 향하게 하였다. 여기서 이때 추근은 손문을 만나게 되었다. 그 당시 손문은 도쿄에서 '중국혁명동지회'를 결성하여 청나라 타도를 지향하는 모든 혁명단체를 통합하려 하였다. 여기에 다수의 유학생이 가담하였고 추근 또한 적극적인 혁명활동에 참여하게 된다.

추근의 일본유학시절과 귀국 후의 여성해방운동 및 혁명활동은 다음의 천족天足: 전족(纏足)을 하지 않은 발 운동, 『백화白話』 발행과 연설의 중시, 공애회共愛會 재건, 『중국여보中國女報』 발간, 여국민군女國民軍: 여군의 조직화, 반청기병의 추진 등에서 살펴볼 수 있다.

■ 천족운동

태평천국을 전후해서 표출된 남녀평등의식을 바탕으로 무술변법

기간에 강유위, 양계초 등이 중심이 되어 전족纏足폐지운동, 여성교육 진흥 등을 제창하자 중국여성운동은 새로운 단계에 들어갔다. 청말에 전족을 반대하고 정상적인 발을 숭상하는 '천족운동'은 한 무리의 개혁가들이 주도했는데, 일찍이 1883년광서 9년에 강유위康有爲는 고향인 광동 남해에서 일부 개화된 향신들과 연합하여 '전족 안 하기 모임不纏足會'을 창립했다. 또한 1896년광서 22년에 강유위와 강광인康廣仁은 광주에서 광동 천족운동을 설립하고 여인들이 전족을 하지 말 것을 제창했는데, 성립 초기의 회원 수만 해도 만 명 이상이었다. 이에 호응하여 광주 부근의 순덕에서도 천족운동을 창립했다. 강유위와 함께 유명했던 또 한 명의 개혁파 지도자인 양계초梁啓超도 적극적으로 전족반대운동에 참여했다. 그는 1896년부터 1897년 사이 상해 『時務報』의 주필을 맡는 동안 전족 반대의 계몽에 힘썼고, 1897년 1월 3일에는 「계전족회서戒纏足會叙」라는 글을 발표했다. 1897년 6월 30일 양계초 등이 발기하여 천족운동을 조직했다. 천족운동이 설립된 후 모임이 활발히 진행되었고, 단시간 내에 멀고 가까운 곳에서 호응하여 몇 개월 만에 호남湖南, 조주潮州, 복주福州, 가정嘉定 등에 모두 천족운동이 생겨났다. 그러나 유신변법이 실패함에 따라 강유위와 양계초를 대표로 하는 개혁가들이 종사했던 전족 안 하기 운동도 일단락되고, 상해의 천족운동도 활동을 중지했다. 강유위와 양계초 두 사람을 대표로 하는 개혁가들이 종사했던 "전족 안 하기 운동"은 비록 중지되었지만, 두 사람의 계몽을 통해 전족의 해로움과 정상적인 발을 숭상하는 관념이 사람들 마음속에 깊이 자리 잡게 되어, 이때 '전족 안 하기 운동'은 이미 역사적 흐름으로서 도도히 흐르는 강과 같이 누구도 막을 수가 없게 되었다.

추근이 살았던 청말에도 전통적인 여성의 지위에는 변함이 없었다. 오히려 더 심하여 '여자는 재주가 없는 것이 덕이다女子無才便是德'라는 관념이 유행하였고, 전통예교의 압박하에 생활은 비참하였다. 교제의 자유, 혼인의 자유가 없었고 중매쟁이의 말과 부모의 결정에 따라 결혼하여야 했다. 교육은 받을 수 없었고 예교나 집안일을 배우는 것이 전부였다. 또한 정조를 지켜야 했고 재가가 금지되었다. 전족은 여성미의 표준이 되어 청대에 최고조로 성행하였다. 때문에 당시 여성이 가정으로부터 탈출한다는 것은 '전족'으로부터의 탈출이 전제되어야 했다.

추근의 어머니는 당시 여성으로서는 매우 개명하여 추근에게 무예를 익히게 할 만큼 파격적인 면도 있었으나 당시 전족의 관습만은 무시하지 못하여 자신의 딸을 '작은 발을 가진 양가의 규수'로서 훌륭하게 키우려 하였다. 추근의 어머니뿐만 아니라 당시의 여성들에게 전족은 여성으로서 살아가기 위한 신분증명서와 같은 것이었다. 그러나 추근은 결혼하면서 전족을 풀어버렸다. 전족을 하는 동안에도 고통스러웠지만 전족을 푼 것 역시 대단한 고통을 수반하였다. 전족을 풀어 헤치고 성장이 멈추어 버린 작은 발로 낮에는 걸음걸이와 뛰는 것을 배웠으며 밤이면 발을 차가운 물에 담가 통증과 열을 식혀야 했던 처절한 모습, 그것은 중국의 근대 여성들이 전통사회의 오랜 질곡으로부터 힘겹게 걸어 나오는 지난한 과정을 상징하는 것이다. 추근은 전족으로부터 여성이 해방될 것을 강력하게 주장하였다. "3인치의 발을 갖고 있는 한 우리는 아무것도 할 수 없다. 이러한 관행은 폐지되어야 마땅하다"고 주장하였다.

추근은 일본에서 여성해방을 전개하면서 우선 전족에서 여성의 발을 해방할 것을 강력하게 주장하였다. '천족회'를 창립하여 계몽에 앞장섰으며, 전족으로부터의 해방, 가정으로부터의 해방은 남성중심의 사회에서 수백 년간 이어져 왔던 노예적 삶으로부터의 해방을 의미했다. 그녀는 "남자는 고귀하고 여자는 천하다", "여자는 재능이 없는 것이 덕이다", "남편은 아내의 보호자다" 등과 같은 가부장적 이데올로기의 허구성을 통렬하게 비판하였다. 여성들이 각성하여 이러한 노예적 상황으로부터 스스로를 해방시켜야 하며 이를 위해서는 여성들이 자립해야 하고 더불어 '공부해야 한다'고 외쳤다.

추근은 부녀운동의 격문 및 잡지 등을 통해 문자상으로 전족 폐지를 선정하는 한편 '천족회'를 통해 천족운동을 꾀했다. 그녀는 「삼가 중국 2억여 동포에게 알립니다」에서 다음과 같이 말하고 있다.

"나는 전족을 하지 않을 수 없었는가? 남자는 우리가 지식이 있고 학문이 있어 그들의 머리 위로 기어오를까 두려워하여 우리가 학문하는 것을 허락하지 않았다고 우리는 그에게 말할 수 없겠는가? 이는 우리 여자가 자신의 책임을 포기하고 여러 일을 남자가 하는 대로 보기만 하고 자신은 게으름을 피우고 안락을 도모하여서이다. 남자가 내가 쓸모없는 것이라고 이야기하면 나는 쓸모없는 것이다. 내가 못한다고 이야기하고 단지 눈앞의 안락만 유지하며 노예가 되는 것은 말할 것도 없다. 자신이 공 없이 녹을 받는 것을 바라면 오래가지 않는다. 남자가 발이 작은 것을 좋아하는 것을 한번 듣고, 보기만 하면 곧 급히 그것을 묶어버려 남자로 하여금 보고 즐기게 하고 대체로 이를 틈타 공짜로 밥을 먹는다. 우리로 하여금 한서漢書 습자習字를 못하게 하고서 이를 구하지 못하는 것인데 무엇 때문에 찬성하지 않는가? 자연히 학문이 있고 견식이 있고 힘을 내어 일을 한 남자는 권리가 있고 우리는 그의 노예가 되었다. 이미 그의 노예가 되어서 어떻게 압제가 없겠는가? 스스로 만들어서 스스로 고통받는데 어찌 다른 사람을 원망하겠는가? 이러한 일들을 언급하는 나도 고통스럽다."

위와 같이 추근은 남성들의 비위를 맞추기 위해 전족을 하며 노예 상태에 빠지는 여성들을 비판하였다. 그러나 그녀 자신의 쓰라린 전족경험은 천족운동을 펼치는 데 부녀들의 공감을 얻기에 충분하였으리라 생각된다.

■『백화^{白話}』 발행과 연설의 중시

추근은 유학생들의 정치의식을 고양시키고자 동경에서 1904년 9월 『백화』라는 잡지를 발간하였는데, 『백화』는 문자를 모르는 일반 대중을 대상으로 구어체로 쓰였으며 4호까지 출판되었다. 제1호 「연설의 장점^{演說好處}」에서 추근은 다음과 같이 '연설의 중요성'을 강조하였다.

> "연설에 있어서 제일의 장점은 어디에서 누구든지 자유로이 연설을 할 수 있다는 것이고, 둘째로 돈이 없어도 사람이 많다는 것, 셋째는 연설을 듣는 사람은 비록 글자를 모르는 부녀자일지라도 들을 수 있다는 것, 넷째는 혀만으로 군대를 조직하고 민중을 움직일 수 있다는 것, 다섯째는 천하의 모든 것을 알 수 있는 데 있다."

이처럼 추근은 부녀해방운동과 혁명활동에 있어 연설의 장점을 도입하여 적극 활용하였다. 또한 백화를 통하여 중국 부녀들을 위해 매우 평이한 말투로 한 사람 한 사람의 여성에게 이제부터 무엇을 해야 하는지를 구체적으로 호소했다. 그녀는 "아! 아! 세계에서 가장 불공평한 대우를 받고 있는 것은 우리 2억 여성 동포입니다"라는 말로 시작하여 우리 여성들이 전족으로 고민하고, 결혼문제로 고민하며, 아내와 어머니가 되어 얼마나 고생하고 있는가를 호소한 다음 한 사람 한 사람의 여성에게 다음과 같이 하소연하였다.

"여러분! 조국이 망해가고 있습니다. 남자들 자신이 어쩔 줄을 모
르고 있는데, 우리들이 그들에게만 매달려 있을 수가 있겠습니까.
우리 자신이 분기^{奮起}하지 않으면 안 됩니다."

이와 같이 추근은 여자가 남자에게 쓸모없는 존재가 아니라는 것
을 실례로 보여줄 것을 강조하였다.

"할머니들, 이제는 나이가 들었으니 모든 것이 틀렸다고 생각해서
는 안 됩니다. 남편이 훌륭한 인물이어서 학교를 세우고자 할 때에
는 그것을 방해해서는 안 됩니다. ··· 젊은 처녀들이여! 학교에 갈
수 있는 사정이라면 그처럼 다행한 일은 없습니다만 가령 그렇지
못할 경우에는 책을 읽으며 문자를 배워야 합니다."

라고 강조하면서 글을 몰라 책도 읽지 못하고 남자들의 노예로서 하
루하루를 허무하게 보내는 여성들에게 배울 것을 제창하였다. 추근은
부녀해방을 위해서뿐만 아니라 제1호에서는 연설의 중요성을 제3·4
호에서는 중국 동포에게 민족정신을 일깨우고자 하였다.
제3·4호에는 중국동포에게 민족정신을 일깨우고자 「나의동포에
게 알림^{敬告我同胞}」이라는 글을 발표하였다.

"나는 지금 대단히 감동한 바가 있어서 여러분께 말씀드립니다. 나
는 어제 요코하마에 있는 친구를 만나러 가는 도중에 대단히 떠들
썩한 군악이 들리고 남녀노소가 모두 조그만 국기를 손에 들고 미
친 듯이 만세를 부르는 것을 보았습니다. 수천의 소리, 수만의 소
리가 합하여 '우아' 하고 울렸습니다. 나는 왜 그렇게 떠들썩한지
를 몰랐습니다. 후에 들으니 이것은 출정하는 군인을 환송하는 것
이었습니다. 결국 우리 동북삼성지방을 놓고 러시아와 싸움을 하러
가는 것이었습니다. 일본인들은 마음을 합하여 군인을 귀하게 여깁
니다. 그러므로 그들은 전쟁에 생명을 내던지고 모두 죽음을 두려

워하는 마음을 갖지 않고 자기들이 만약 이기지 못한다면 국가에 돌아갈 면목이 없다고 생각합니다. 사람들이 모두 이와 같이 생각하기 때문에 싸움에 생명을 걸고 포화를 피하지 않고 앞사람이 죽으면 뒷사람이 다시 앞으로 나갑니다. 오늘날 러시아라는 대국이 조그만 섬나라 일본에게 패하는 것도 이 때문입니다. … 중국에서는 현재 군인들이 어떠한 교육도 받지 못했기 때문에 적을 만나면 슬쩍 도망을 갑니다. 우리 중국인이 교육을 받지 못한 피해는 천마디 만 마디를 하여도 끝이 없고 2일 3일이 걸려도 말을 다할 수가 없습니다."

위의 내용은 추근이 러일전쟁 중의 일본인의 애국심을 부러워하면서 당시 중국군인에 대한 대우를 개탄하고 있다. 그러나 추근이 중국의 영토인 동북지방에 대한 러시아·일본의 침략을 개탄한 부분은 오히려 보이지 않는다.

이와 같이 추근은 혁명선전의 수단으로 연설과 백화를 적극 활용하려 하였다. 특히 『백화』를 적극적으로 사용하여 여성들의 무지를 일깨우기 위해 쏟은 노력은 역사적으로 높이 평가받아야 할 것이다.

■ 공애회 재건

공애회는 1903년 4월 8일 성립하였다. 이 당시 일본에 유학하는 여학생은 10여 명 정도였다. 공애회의 설립목적은 3가지로 그 내용은 다음과 같다.

첫째, 여학의 진흥과 여성 교육의 발전을 도모한다.
둘째, 여권과 자유를 제창한다.
셋째, 애국주의 정신을 선전하고, 여성에게 애국 교육을 진행하여
　　　나라와 백성을 구한다.

남존여비사상을 반대하고, 여성의 독립정신을 길러서 완전한 여국민이 될 것을 강조하였다. 공애회회원들은 신문이나 잡지상에 글을 발표하여 여성의 교육, 남녀평등, 여성 애국 문제를 주장하고 중국여성의 일본유학을 호소하였다. 일본유학생들은 성별^{省別}로 동향회를 조직하고 잡지를 발행하였다.

공애회는 그 주지^{主旨}에서 '2억의 여성들을 구제하여 그 권리를 회복하고 자주적인 한 인간으로서 자유와 평등을 향유할 수 있도록 한다'고 밝히고 있으며, 이는 청말 부녀해방운동의 내용을 그대로 담고 있다. 그러나 당시 중국 내에서 러시아 반대운동이 발생하자 공애회 회원은 적극적으로 이 운동에 참여하였는데, 오히려 이 사건을 계기로 공애회의 활동이 정체되고 말았다. 1904년 추근이 일본으로 유학을 온 후 오래지 않아 그녀는 임종소, 진힐분 등 10여 명의 여성 유학생과 결합하여 11월 중국 유학생회관에서 회의를 소집하고 공애회의 재건을 선포하였고, 여성해방을 위하여 선전 활동, 저작 활동 등을 해 나갔다.

공애회의 재건은 동맹회 활동의 일환이 아니라 지식인 부녀를 결합시키고 학문을 장려하고자 하는 그녀의 생각에서 출발하였다. 공애회는 원래 1903년 '2억 중국여자의 고유특권을 회복하고 국가사상을 구비하여 여자 국민의 천직을 다한다'를 주지로 창립되었다. 이후 공애회는 러시아의 동삼성 점령으로 재일유학생이 반러시아 의용대를 조직하자 여기에 참여하여 간호 의술활동을 하다가 이후 해체되자 공애회의 활동도 침체되었는데, 이같이 침체된 공애회를 추근이 재건하여 널리 선전하였다. 추근은 공애회의 모임이 있을 때마다 여권신장과 반청에 관하여 열변을 토하였다. 뿐만 아니라 추근은 모국에 있

는 여학생, 일반 여성들에게도 글을 보내 다음과 같이 자신의 뜻을
전하기도 하였다.

> "여러 자매들은 뜻이 있다면 일본에 유학하지 않으면 안 된다. 나를
> 찾아와 준다면 일체의 편의를 도모해 줄 것이다. 나는 여자의 학문
> 단체를 결성하기 위하여 공애회를 만들어 실행공애회라고 이름을
> 붙여 진힐분을 회장으로 추천하고 나는 초대의 임무를 맡았다."

위의 글은 추근이 호남 제일여자사범학당第一女子師範學堂에 보낸 글로
『여자세계女子世界』에 발표되었는데 여기에 나타난 것처럼 공애회의 목
적은 여성동포가 남자의 범위를 탈피하도록 협조하고 이를 위해 여
동포가 학문을 하여 실질적인 자립을 할 수 있도록 하는 것이었다.
그녀는 일본이 강한 이유를 여학이 흥하여 모든 남녀가 좌식坐食하는
사람이 없음에 두고 이것이야말로 중국 여동포가 가장 급히 행해야
할 일이라고 생각했다. 추근은 침체된 공애회를 '실행공애회'로 개조
하면서 진힐분陳擷芬을 회장으로 추천하고 자신은 초대의 임무를 맡아
공애회 모임이 있을 때마다 여권신장과 반청에 관한 열변을 토하였
다. 그녀가 공애회에서 한 활동에 대해 진거병陳去病은 "추근은 대회
때마다 반드시 옷의 뒷자락을 걷어 올리고 등단하여 자기의 소신을
피력했는데 그 내용은 가을 빗물이 떨어지는 것처럼 비장悲壯하여 사
람들의 심혼心魂을 움직였고 이를 듣는 사람들은 부끄러움을 무릅쓰고
따라 울었다."라고 회고하였다.

이같이 추근은 일본유학 중에도 공애회를 발전시켜 2억 여성을 대
표하는 단체를 결성할 수 있게 되기를 희망하였으며, 이를 통해 부녀
의 지위를 개선코자 하였다.

■『중국여보^{中國女報}』 발간, 여군의 조직화, 반청기병 추진

추근이 동경유학을 마치고 귀국한 후의 활동은 크게 『중국여보』 발간, 여국민군의 조직화 및 반청기병 계획에 있다. 1906년 일본에서 귀국한 후 추근은 가족에게로 돌아가지 않았고 혁명동지들과 더불어 상해지역을 중심으로 활동하였다. 1906년 3월부터 심계^{潯溪}여학교에서 교편을 잡았다. 이 학교에서 여학생들에게 일본어, 요리, 위생과목을 가르치면서 여성해방의 길을 제시하고자 노력하였으나 그해 6월 낡은 사고방식을 지닌 이사장과 학부형들의 항의에 의해 쫓겨나고 말았다. 이 사건을 계기로 추근은 여성의 각성이 얼마나 절실한 것인가를 깨닫고, 이에 보다 효과적인 여성해방운동이 필요하다고 생각하여 상해에서 중국 최초의 여성계몽잡지인 『중국여보』를 발간하였다. 이 잡지의 취지는 "풍속을 개량하고, '여학^{女學}'의 중요성을 제창하고, 감정을 풍요롭게 하고, 단체를 결성함으로써 어느 날엔가 중국여성협회를 결성한다"였다. 추근은 1907년 1월 『중국여보』 창간호에서 잡지 창간의 목적과 이상을 다음과 같이 서술하고 있다.

"우리 중국의 암흑은 어느 정도인가? 우리 중국의 앞날에 놓여 있는 위험이란 어떠한 것인가? 우리 중국여성계의 암흑은 더더욱 어떠한가? 우리 중국여성들의 전도에 놓여 있는 위험은 어떠한 것인가? … 하루빨리 우리 여성동포들에게 호소하고자 『중국여보』를 창간했다. … 내가 희망하는 것은 2억 인이 하나가 되어 전국 여성계의 소식을 날마다 서로 알리고, 여성계의 총 기관으로서 우리 여성을 생기 활발하게 만들고 정신을 분발시켜, 부단히 정진하여 밝은 세계로 하루빨리 들어서게 하는 것이다."

추근은 『중국여보』를 창간하면서 주로 국내외의 시서, 전기, 소설,

신간 등을 실었고 부녀들의 지식보급을 위해 백화문을 사용하였다. 추근이 『중국여보』를 창간하면서 기대한 바는 전국여성계를 조직적으로 움직일 수 있고 여성의 생기와 분발을 고무하여 그들을 대광명의 세계로 전진케 하는 것이었다. 그러나 『중국여보』에 대한 중국부녀의 관심은 지극히 미미하였다. 추근은 이러한 분위기에 탄식하고 비통해하며 중국여성계를 위해 거듭 지지를 호소했다. 당시 중국에서는 잡지나 소설은 전적으로 지식인의 전유물이었다. 또한 거의 모든 부녀는 책을 접촉할 기회를 갖지 못하는 게 대부분이었다. 『중국여보』가 자금난으로 인해 2호 발행으로 끝나게 되자, 그녀는 문자를 읽을 수 없는 부녀들 속에 직접 들어가 생활을 함께하고 그녀들을 훈련시켜 여성혁명가로 조직하고자 했다.

또한 20세기 초 상해는 열강의 세력이 대거 진출한 조계, 조차지 등이 많이 생겼는데 이곳에는 청 정부의 행정권이 미치지 못하여 반청당인의 비밀 활동에 유리하게 작용하고 있었다. 때문에 상해에는 각 성의 동지들이 모여 여러 형태의 반청혁명을 모색하고 있었다. 이러한 반청기병을 추진하는 대열에 추근도 참여하였다.

1907년 추근은 절강浙江 방면에서 군사적 봉기를 추진하는 책임을 맡는 동시에 대통학당의 교무를 서석린徐錫麟으로부터 인수받았다. 대통학당은 서석린이 혁명의 거점으로 삼기 위해 세운 학교로 체육교육을 명목으로 혁명에 필요한 무기를 합법으로 가장하여 구입하였다. 물론 추근이 서석린으로부터 대통학당을 인수받은 것은 단순히 교무만을 인계받은 성질의 것이 아니었다. 서석린은 대통학당을 군국민교육, 즉 장정의 군사 훈련을 수행하는 기구로서뿐만 아니라, 소흥紹興 지방 등을 회당의 비밀기관부로도 삼고 있었다. 추근도 각지의 회당 대표들

과 이곳에서 계획을 추진하였고, 추근 자신이 직접 회당공작에 나서기
도 했다. 이때 서석린과 추근은 호남에서 거사하면 절강에서도 호응하
여 일대 반청 바람을 일으킬 계획이었다. 추근은 직접 의오^{義烏}·김회^{金華}·
난계^{蘭溪} 지방을 다니며 회당들과 접촉을 했다. 그러나 호남·류양^{瀏陽}
지방에서의 거사가 실패로 돌아가 많은 동지들이 희생되었다는 소식
이 전해졌다. 추근은 이때 분함을 참으며 더욱 치밀한 거사계획을 추
진하였다.

1907년 봄 서석린은 안휘성의 안경^{安慶}으로 활동 거점을 옮겨 기반
을 굳히기 시작했다. 이때 추근이 서석린으로부터 대통학당을 인수받
고 부임해서 제일 먼저 착수한 것은 여학생에게 여식체조교육과 병
기를 다루는 훈련을 실시한 것이다. 이는 민족혁명에 있어 부녀가 적
극적으로 참여할 수 있는 힘을 양성시키고자 하는 방안이었다. 한 걸
음 더 나아가 이러한 교육을 받을 수 있는 여학생과 지방회당 세력과
의 연대를 꾀하였다. 즉, 여자체육교육을 실시하면서 여기에 여성회
당분자를 적극 포함시켜 이들을 여자혁명가로 단련시키고자 했던 것
이다.

추근이 대통학당을 인수하여 개학을 하던 날에는 소흥지부^{紹興知府} 귀
복^{貴福}을 비롯하여 산음^{山陰} 등의 현령들도 참석하였다. 이처럼 대통학
당의 개학일에 소흥지방의 관리들이 참석해 준 것은 추근이 그때까
지만 해도 그들의 눈 밖에 두드러지게 나타나지 않았기 때문이다. 그
러나 대통학당을 인수받고 본격적인 군국민교육^{軍國民敎育}을 실시하게
되자 그 지역의 수구세력은 추근의 과격한 교육 방침을 비난하기 시
작했다. 하지만 그녀는 더욱 박차를 가하여 체육회를 소집 활용하였
으며 여학생을 소집하여 군대식의 체조를 연습시키고 이를 발전시켜

여자국민군을 조직코자 하였다. 추근은 부녀가 남성과 평등한 권리를 획득하기 위해서는 먼저 『의무의 남녀평등』이 이루어져야 한다고 생각하고 나라를 위해 종군하는 것이 이 의무의 이행이라고 인식하였다. 그러나 지방 수구세력의 격렬한 반대에 부딪쳐 끝내 실행치 못했다.

1907년 5월 추근은 절강浙江의 혁명군사 조직을 통일하기 위해 '광복군군제光復軍郡制'를 편성하고 '광복군기의격고光復軍起義檄稿'·'보고동포격고普告同胞檄稿'를 쓰기도 하였다. 이들 비밀문서는 원래 봉기 전후에 인쇄될 예정이었다. 그러나 1907년 7월 6일 서석린이 기의起義 날짜가 되기도 전에 안휘성 안경의 경찰학교 졸업식에서 순무 은명을 암살하고 체포되어 이 사건의 조사과정에서 결국 소흥지방에서의 추근의 정체가 밝혀져 동년 7월 14일 그녀는 체포되고 말았다. 체포된 후에도 그녀는 비밀을 지켰고 결국 젊은 나이에 형장의 이슬로 사라졌다. 추근의 죽음은 아무도 모르게 은밀히 행해졌지만, 그녀의 죽음은 곧 세상에 알려져 많은 사람들의 분노를 자아냈다.

추근이 여성교육을 제창하고 여군을 조직하려고 했던 것은 우선 남성과 똑같은 『의무의 남녀평등』을 통해서 진정한 남녀평등을 회복할 수 있다는 자각에서 비롯되었다고 할 수 있으며 추근의 이러한 시도가 비록 실패로 끝났더라도 앞으로의 중국부녀운동이 나가야 할 길을 제시해준 귀중한 경험으로 평가된다.

3. 역사에 이름을 남기다

추근은 중국 근대사의 제1세대 혁명가이며, 반청反淸혁명가이다. 또한 근대 중국여성해방운동과 혁명활동에서 선구자적 리더십을 발휘한 여성리더이다. 혁명은 가정에서부터, 남녀평등에서부터 시작해야한다고 생각했던 추근은 중국의 부강을 위해서 중국여성이 각성해야한다고 생각하였다.

전족으로부터의 해방, 가정으로부터의 해방은 남성중심 사회에서 수백 년간 이어져 왔던 노예적 삶으로부터의 해방을 의미했다. 그녀는 가부장적 이데올로기의 허구성을 통렬하게 비판하면서 여성들이 각성하여 이러한 노예적 상황으로부터 스스로를 해방시켜야 하며 이를 가능하게 하기 위해서는 여성들이 자립해야 하고 그러기 위해서 여성들도 '공부해야 한다'고 외쳤다. 천부적 인권의 평등과 여성의 권리를 인식하고, 여성을 둘러싼 압제에 대해 개인적 항쟁으로 시작했던 추근의 여성해방운동은 또 다른 목적을 가지고 있었다. 그것은 "여성을 분발시켜 중국을 구원할 이 땅의 지식인들과 연합하여 민족혁명을 완성"하려 한 것이다.

추근이 여성해방운동의 선구자로 변신할 수 있었던 직접적 원인은 전통중국사회의 남존여비사상에 대한 환멸과 남편에 대한 실망, 나아가 청조를 지탱하고 있는 남성 관료에 대한 실망 등에서 찾아볼 수 있다. 신문화에 대한 강력한 지적 호기심도 추근이 선구자적 리더로 변신하는 데 적지 않은 공헌을 했을 것이며 중국의 부강을 위해서 중국여성이 각성해야 한다는 추근의 확신과 열정 또한 그녀로 하여금 선구자의 길을 걷게 하였을 것이라 생각한다.

다음은 지금까지 언급했던 추근의 활동과 그 외의 자료를 참고하여 '추근에 대한 평가'를 표로 정리한 것이다.

구분	추근에 대한 평가
성장환경	1. 추근은 1879년 11월 8일 청말의 부유한 관료집안에서 태어났다. 2. 어려서부터 총명하였던 추근은 경전을 읽고 시 짓는 법을 배웠다. 3. 추근은 어릴 때부터 무술을 익힐 수 있었고, 활달하고 용감한 성격을 기르게 되었다.
본받을 만한 사례	1. 추근은 우국憂國과 민족의식 고취에 그치지 않고 한 걸음 더 나아가 여성들의 권리획득과 진정한 여성해방은 여성들이 스스로 자각하여 새로운 지식습득과 이에 따른 경제적 자립이 따를 때 가능하다는 견해를 밝힌 점도 여성해방운동의 선각자로서의 면모를 보여준 대목으로 주목된다. 2. '진정한 삶은 혁명을 위해 목숨을 바쳐야 한다'는 추근의 혁명관은 특히 여성들에게 커다란 충격을 주어 그 후 전개된 중국혁명에 여성들의 참여를 불러일으켰다.
원칙과 가치관	1. 천부적 인권의 평등과 여성의 권리를 인식하여 여성을 분발시켜 중국을 구원할 이 땅의 지식인들과 연합시켜야 한다. 2. 신문화에 대한 강력한 지적 호기심과 중국의 부강을 위해서 중국여성이 각성해야 한다.
업적	1. 천족운동 2. 『백화』와 연설 중시 3. 공애회 재건 4. 『중국여보』 발간 5. 여국민군女國民軍의 조직화와 반청기병 추진으로 신해혁명 당시 여자혁명군이 조직된 것이다. 추근이 주창한 중국혁명에 있어서 '의무의 남녀평등'은 중국 근대 부녀운동사상의 선구일 뿐만 아니라 중국 현대 부녀운동의 성격과 방향을 제시해 주었다.
중국인들의 추근에 대한 평가	1. 중국학계에서는 추근을 '구사회의 반역자', '여성해방운동의 선구자'로 평가한다. 2. 추근은 중국 근대사의 제1세대 혁명가이며, 반청反淸혁명가이다. 3. 추근이야말로 불확실한 혁명의 미래를 위하여 가정까지 뿌리친 진정한 노라상을 보여주었다. 4. 노신은 『약』의 '하유'라는 인물을 통해 추근의 리더십과 영웅의 기개를 찬미하였다. 5. 노신은 그의 『병후잡담』 중에서도 추근에 대해 숭고한 찬사를 보냄으로써 그의 지극한 존경심을 표현하였다. 6. 진거병은 열정적으로 혁명활동을 전개한 추근을 찬미하였다. 7. 추근은 자신의 목을 기꺼이 혁명의 제단에 바치려 했다. 8. 중화전국부녀연합회의 『중국부녀운동사』: "추근은 뛰어난 여자혁명가였을 뿐만 아니라 근대 여성운동의 선구자다. 그녀의 여성해방사상은 비교적 체계가 서 있고, 중국 근대사에서 가장 먼저 자각하여 민주혁명과 여성해방을 위해 헌신한 여성"이라고 적고 있다.

이와 같이 추근은 근대 중국여성해방운동과 혁명활동에 큰 귀감이 되었다. 사회와 국가의 부조리를 찾아내어 개혁하려는 그녀의 선구자적 활동들은 100년이 지난 지금도 중국의 여성뿐만 아니라 아시아 여성들에게도 시사하는 바가 크다고 할 수 있다.

추근이 그토록 염원하던 청나라의 멸망은 1911년 손문에 의한 신해혁명에 가서야 이루어졌다. 신해혁명 이후 여성교육은 공개적으로 용인되었고 여성교육기관도 다수 건립되었다. 한 작가는 "추근이야말로 불확실한 혁명의 미래를 위하여 가정까지 뿌리친 진정한 노라상을 보여주었다."라고 하였다. 3년이라는 짧은 기간이었지만 그녀가 개척하였던 여성해방운동과 혁명운동은 그녀의 뒤를 이은 중국현대사의 수많은 여성운동가와 여성지도자들에게 넓은 길을 열어주었다.

제12장

하향응
전족을 거부한 큰 발의 여인

하향응은 부유한 집안의 딸이었지만 거기에 안주하지 않고 대중 편에 서서 가시밭길의 민족·민주혁명을 위한 혁명가로 변신하여 평생을 조국과 민족에 헌신하였다. 중국공산당 정권이 성립된 이후 하향응은 국가부주석, 전국인민대표대회 부위원장, 정협전국위원회 부주석, 중소우호협회총회 회장, 중앙인민정부위원회 위원, 중화인민공화국 헌법기초위원회 위원, 중화 전국부녀연합회 명예주석, 화교사무위원회 주임, 중국부녀연합회 명예주석, 중국인민구제총회 집행위원회 주석, 중국인민아동보위 전국위원회 주석, 중국미술가협회 주석, 전국문연全國文聯 부주석 등을 역임하였으며, 만년에는 국가명예주석에까지 이르렀다. 1972년 초, 하향응은 폐렴이 악화돼 병석에 눕게 되었다. 정부는 그녀에게 따뜻한 손길을 잊지 않았다. 8월 6일 하향응은 병원에서 94세의 생일을 맞게 되었다. 그녀는 자녀들, 친구들과 즐거운 한때를 보냈는데, 그것이 그녀가 맞은 마지막 생일이었다. 다음 달인 9월 2일 하향응은 북경에서 94세의 나이로 생을 마감했다. 중국정부는 그녀의 유언에 따라 그녀의 영구를 남경으로 옮겨 남편이자 동지였던 요중개 선생 옆에 합장했다. 중국혁명에 지대한 공헌을 한 이들 부부는 조국 땅에 영원히 함께 잠들었으며, 중국인들은 그들을 영원히 기억하고 존경할 것이다.

중국현대사에서 하향응^{何香凝: 1878~1972년}은 국민당^{國民黨} 좌파로서 유명한 역사적 인물이다. 혁명의 동지이자 인생의 반려자인 남편 요중개^{廖仲愷}와 자신이 존경하는 손문을 잃고도 좌절하지 않고 더욱 견고한 의지로 중국 혁명활동에 변함없이 투쟁하였다. 하향응은 중국민족의 독립과 해방을 위해, 중국인의 민주와 자유를 위해, 중국여성의 해방을 위해, 내전을 반대하고, 새로운 중국을 건설하기 위해 중국혁명의 무대에서 반세기가 넘게 싸우며 노력한 중국혁명의 전환기를 이끈 중국 근현대사의 대표적인 여성리더이다.

하향응은 평생을 애국애족의 충정으로 시종일관하였으며 그녀의 94년간의 생애는 혁명가로서의 길고 험난한 투쟁 그 자체였다. 하향응의 영원한 정신적 지도자인 손문은 이른바 신삼민주의(손문의 정치이념은 중국혁명의 이념적 토대가 된 삼민주의^{三民主義}로 요약된다. 삼민주의는 민족주의^{民族主義}, 민권주의^{民權主義}, 민생주의^{民生主義}의 3원칙으로 구성되어 있으며, 이 3원칙은 하나로 연결되어 통일된 사상체계를 형성한다. 손문의 사후, 삼민주의에 대한 좌파와 우파의 해석이 달라지기 시작한다. 이는 공산당계열과 국민당계열 양측이 손문의 삼민주의를 계승하면서도 각자의 노선이 달라지면서 일어났다. 장개석은 삼민주의에서 공산주의를 추구하는 부분을 배격하고 오히려 반공적 내용을 부여하는 보수적이며 유교적인 해석을 추구하였다. 신삼민주의는 권력은 인민을 위해 사용하고, 감정은 인민과 연결되고, 이익은 인민을 위해 추구한다)와 3대 정책(3대 정책은 연소^{聯蘇} · 용공^{容共} · 농공부조^{農工扶助}이다)을 확립하였다. 이 같은 손문의 혁명 강령의 확립과정에 하향응은 중요한 역할을 하였으며 각 방면으로부터 들어오는 압력과 방해를 견제하며 힘을 다해 손문과 요중개를 지지하여 공산당을 받아들이고 민주의 원칙으로 국민당을 개조하여 국공^{國共} 간의 제1차 합작을 승리로 이끄는 데 일조하기도 하였으며, 손문이 사망한 지 5개월 후 암살당한 요중개에 이르기까지 연달아 국민혁명의 지도자를 잃은 국민당 정부가 배반과 권력의 암투 속에 흔들릴 때 혼란한 정국을 헤치며 비통함과 원통함을 오로지 혁명을 위해 손문의 유지를 지켜 나가고자 노력하였다.

또한 하향응은 국공분열 후 국민당의 지도권을 장악한 장개석 정권의 정치노선에 끝까지 저항한 국민당 좌파의 걸출한 대표였으며 '3대 정책'의 확고부동한 지지자이다. 또한 항일구국운동에 헌신하며 민권보장동맹^{民權保障同盟}, 구국회^{救國會} 활동, 보위중국동맹^{保衛中國同盟} 활동 등에 송경령과 함께 손잡고 힘을 합쳐 노력함으로써 대일항전을 지원하였다. 종전 후 국공의 내전을 막기 위해 연합정부 수립을 호소하면서 미국의 장개석 정권 원조를 반대하였으나 이 또한 무산되자 국공내전^{國共內戰}을 거치면서 그녀는 결국 중공정권^{中共政權} 건설에 합류하였다. 본문에서는 하향응의 혁명활동과 신중국^{新中國}(중국에서는 1949년 이전의 중국을 **구중국**^{舊中國}이라 하고 1949년 10월 1일 중화인민공화국의 건국이후의 중국을 **신중국**^{新中國}이라 함) 건국을 위해 헌신하는 과정을 고찰함으로써 하향응의 중국현대사에서의 역사적 지위에 대해 소개하고자 한다.

1. 전족을 풀어 헤친 하향응

하향응은 서태후 치하였던 1878년 홍콩香港의 매우 부유한 차茶 상인의 가정에서 태어났다. 집에는 3남 9녀가 있었는데 그녀는 그중 9번째로 태어났다. 어려서부터 억척스러움이 남자형제를 능가할 정도여서 그녀의 어머니는 하향응을 정숙한 처녀로 만들기 위해 강제로라도 전족纏足을 시키려 하였다(하향응의 어머니는 신분이 낮은 여공 출신이었으므로 전족을 하지 않았다. 때문에 시부모로부터 상당히 심한 천대를 받은 데다 자신이 첫 번째 정실임에도 불구하고, 신분이 낮다는 이유로 첩실로 밀려났기 때문에 하향응의 어머니는 자신의 딸만은 반드시 전족을 시키려고 하였다).

그러나 태평천국1851~1864년의 천족天足: 전족을 하지 않은 원래의 발을 의미한 여성 투사를 동경하던 하향응은 어머니가 아무리 전족을 시키려 해도 완강히 거부하여 모두가 잠든 틈을 타서 발을 싸맨 베를 끊어 버렸다. 이튿날 어머니는 그가 발을 감지 않은 것을 보고는 다시 강제로 감아 주었다. 그러나 저녁이면 또다시 잘라 버리곤 했다. 하향응의 완강한 반항으로 부모는 하는 수 없이 전족을 포기하였다.

7~8세 때에는 남자 형제들이 학교에 가서 공부하는 것을 보고는 자신도 가겠다고 나섰다. 그러나 당시 여자는 아는 것이 없어야 미덕美德이라는 봉건의식 아래 부모는 그에게 공부를 시키지 않았다. 별 수 없이 그녀는 남몰래 혼자 공부하는 수밖에 없었다. 어려운 문제에 부

딪히면 형제들에게 묻거나 하인을 불러 사당 선생님께 물어보게 하
였다. 이렇게 하여 날이 갈수록 하향응은 꽤 많은 글을 익혔다. 하향
응이 시집갈 나이가 되자, 그녀의 부모는 혼사 문제로 고심해야 했다.
당시 전통적인 상류사회에서는 그 누구도 발이 큰 여자를 아내로 맞
아들이지 않으려 했기 때문이다. 이같이 전족이 여성의 의무이던 이
시대에 억척스러운 큰 발의 소유자 하향응을 오히려 반기며 아내로
맞이한 사람이 있으니 그가 요중개이다. 요중개는 마침 혼사문제 때
문에 고국으로 돌아와 있었다. 그의 아버지는 오랫동안 해외에 살면
서 전족한 여인은 중국의 수치라는 점을 깊이 깨달았기 때문에 그는
아들에게 중국에서 반드시 발이 큰 아가씨를 아내로 삼을 것을 요구
했다. 요중개는 미국에서 태어나고 교육을 받았기 때문에 당연히 전
족을 하지 않은 여성과 결혼하기를 원했으므로 하향응은 여러 면에
서 요중개의 선택 조건에 딱 들어맞는 이상적인 결혼상대자가 되었
다. 이렇게 해서 이들은 1899년 광주에서 결혼하게 된다.

　하향응과 요중개는 서로 같은 취향과 취미를 가지고 있어 함께 시
서를 읽고 연구하기도 하고, 국가대사를 의논하였으며, 또한 청조의
부패무능에 대해서는 함께 격분을 금치 못했다. 두 사람은 금슬 좋고
썩 어울리는 부부였다. 요중개는 세상일에 어두운 그녀에게 중국의
상황과 자신의 꿈을 열심히 이야기해 주었으며 또한 하향응은 그러
한 요중개에게 힘이 되고 싶어 했다.

　또한 요중개는 외국에서 화교들이 늘 외국인들에게 모욕받는 것을
보고는 일찍부터 중국을 부강한 나라로 만들겠다고 다짐했다. 혼인
후 얼마 지나지 않아서 그는 수재秀才와 거인擧人을 기르는 서관書館에서
계속 공부하였으며, 하향응에게도 계속 문화학습을 하도록 배려해 주

었다. 그러나 서관書館에서 배우는 팔고문八股文에 싫증을 느낀 요중개는 부국구민富國救民의 길을 찾기 위해 외국에 다시 나가 유학하기로 결심했다. 요중개에게는 전부터 일본으로 유학을 가서 공부를 하고 싶은 꿈이 있었다. 하지만 당시 그의 부모가 모두 세상을 떠났기 때문에 그에게 유학경비를 마련해 줄 사람이 없었다. 그래서 1902년 하향응은 친정의 반대에도 불구하고 자기가 가진 패물을 모두 팔아 요중개를 일본으로 유학 보냈으며, 그녀도 곧 남편을 따라 일본으로 건너갔다. 그동안의 풍족하고 편안한 생활을 버린 그녀는 우선 일본여자대학교에서 일본어 학습에 정진하며 와세다대학교 경제 예과에 입학한 요중개와 함께 중국인 유학생 집회에 참가하였다. 그러던 중 두 사람은 1903년 봄 어느 날 중국민주혁명의 선구자인 손문을 만나게 되는데 그들은 손문 선생의 강연을 듣고 깊은 감동과 자극을 받았다. 그 뒤 그들은 여러 번 손문 선생을 방문했으며 더 많은 혁명사상을 깨달았으며, 하향응의 인생은 이 날을 기점으로 완전히 변하게 된다.

이후 그들은 손문이 영도하는 민주혁명에 동참하여 혁명단체결성에 주력하게 되었다. 하향응은 1904년 홍콩에서 장녀를 출산한 후 아이를 친정에 남겨둔 채 다시 일본으로 돌아왔다. 1905년 손문은 유럽에서 일본으로 돌아와 일본 내에 동맹회를 창립하기 위해 부산히 움직였다. 청 정부는 일본 정부와 상호 결탁하여 비밀리에 탐정과 경찰을 풀어 손문의 행적을 감시하게 했다. 따라서 손문의 거처에서 집회를 갖는 것은 안전하지 못했으므로 손문은 보다 믿음직한 사람의 집을 빌려 집회와 통신연락의 장소로 쓸 것을 고심한 끝에 요중개의 집이 제일 적합하다고 판단했다. 요중개 부부는 이런 손문의 뜻을 알고 선뜻 동의했다.

1905년 동경에서 중국동맹회가 정식으로 결성되었을 때 요중개 부부는 동맹회의 핵심인물이 되었으며 중국동맹회의 여성회원 중에는 하향응 외에 추근 등도 있었다. 당시 하향응은 광동어밖에 할 줄 몰랐기 때문에 추근과 필담으로 대화를 나누었다고 한다. 그러나 그해 말, 일본 정부가 '청국유학생취체규칙淸國留學生取締規則'을 발표하여 혁명적인 학생에 대한 탄압을 시작하자 같이 분개를 하면서도 추근은 모두 귀국할 것을 주장하여 배에 올랐고, 하향응은 손문과 함께 머물기로 결심하여 서로 다른 길을 선택하였다. 1907년 추근이 사형됨에 따라 이때의 이별이 곧 이 두 사람의 영원한 이별이 된 것이다.

중국동맹회의 집회는 경찰의 눈에 띄지 않도록 비밀리에 요중개 부부의 집에서 실시되었다. 하향응은 손문과의 연락을 담당하는 한편, 손문의 지시에 따라 요중개 등과 함께 세계 각지의 화교에게 혁명을 선전하는 편지를 보내 많은 원조를 받기도 하였다. 혁명 이후의 신중국에서 하향응이 화교사무위원회 주임으로 취임된 것은 이 때 이름을 떨쳤기 때문이라고 한다.

손문은 앞으로 국내에서 무장봉기를 일으킬 것을 대비해 누군가가 군기軍旗를 디자인하고 안민고시安民告示: 사전에 인민들에게 공고 및 각종 도안을 설계해야 하기 때문에, 하향응으로 하여금 동경의 여자미술학교에 가서 회화를 공부하게 했다. 이때부터 하향응은 미술과 인연을 맺게된다. 1906년 그녀는 일본여자대학 교육학부에 입학했다. 그러나 1908년 동경에서 장남 요승지廖承志를 출산하자 이듬해 여자미술학교의 일본화전과日本畵專科 고등과로 학교를 옮기고 심기일전하여 그림공부를 시작하였다. 그리고 그동안 모든 생활은 친정에서 보내주는 돈으로 꾸려 나갔다. 1911년 봄 여자미술학교를 졸업하자 어린 두 아이들을 데리고 홍콩으로 돌아왔다. 이어 광주봉기에 참가하여 10월 10일 무창 봉기의 성공소식을 접했다. 그러나 신해혁명의 성취는 곧 원세개에게 빼앗겨 버리고 손문은 제2혁명에서도 실패하였으나 좌절하지 않고 다시 일본에 망명한 요중개, 하향응 등 반원세개파反袁世凱派 사람들을 결집하여 1914년 중화혁명당을 세워 재출발을 시작하였다.

1916년 원세개가 군주제 복벽 실패 후 사망하자 하향응은 손문 등과 함께 귀국하여 제1차 호법운동을 전개하였는데, 1919년, 러시아혁명과 5·4운동에 고무된 중화혁명당이 중국국민당으로 발전하여 1921년 손문은 제국주의와 결탁하고 있던 군벌의 타도를 제창하고, 북벌을 개시하자 그녀는 송경령과 함께 광주에서 여성들로 구성된 '출정군인위로회'를 조직하여 전선까지 위문을 나가며 도왔다. 그러나 진형명 반란으로 송경령과 요중개가 행방불명되자 하향응은 두 사람을 찾아 억척같이 동분서주하여 요중개가 감금된 지 60여 일이 지나서야 거처를 알아낼 수 있었고, 진형명과의 직접 담판 끝에 겨우 남편의 석방을 약속받을 수 있었다.

1924년 12월 손문은 국민회의 개최를 요구하며 북경에서 회담하기 위해 북상 중 잠시 일본을 거쳐 천진에 도착하였다. 그러나 손문은 이미 간암으로 건강이 악화되어 북경의 병원에 입원하였지만 결국 이듬해 3월 12일 세상을 떠났다. 손문 사후 손문추도대회에서 하향응은 손문의 혁명역사와 공적을 보고하고, 송경령의 손문에 대한 충절을 진술하며 송경령의 존재와 위치를 공식석상에서 확인시켜 주었다. 그리고 모두에게 손문의 유지를 계승하고 끝까지 혁명을 진행시킬 것을 고무하였다. 그러나 손문을 잃은 슬픔이 채 가시기 전에 불행은 또다시 닥쳐왔다. '소련과의 연대, 용공, 농공부조'를 기치로 손문이

1924년 단행한 국민당공조에 반대했던 우파는 손문사후 손문의 3대 정책을 충실히 이행하려고 하는 요중개와 날로 모순이 격화되었다. 국민당 우파들은 자기들끼리 비밀리에 몇 차례 회의를 열고 요중개를 암살하기로 모의했다. 1925년 8월 20일 요중개는 하향응이 보는 앞에서 우파의 흉탄에 쓰러졌다. 손문을 잃은 지 반년도 못 되어 또 다시 요중개를 잃은 하향응은 그 충격과 애통함이 너무 커서 망연자실하였다. 하향응은 비통해하면서 "나는 당신이 가장 걱정한 3대 정책이 순조롭게 집행되지 못할 것을 알고 있습니다. 그러나 당신의 유지를 계승하여 3대 정책을 기필코 실현할 것입니다. 할 수 있는 능력껏 당신의 미완성 사업을 완성하겠습니다."라고 남편의 영전에 맹세하였다. 장례가 끝난 후 그녀는 장례행렬의 맨 앞에 세웠던 "정신은 죽지 않는다."라고 쓴 큰 플래카드를 자기 집 문 앞에 걸어놓고 "애통한 마음은 오직 당신의 소원을 성취하기 위해 분발할 것이며, 언제가 되어야 나라를 위하려는 이 마음을 다할 것인가?"라고 하면서, "국가에 이익이 된다면 나의 온 집안을 송두리째 바쳐도 아까울 것이 없다."라고 결심했다. 그것은 하향응의 가슴속에 손문과 요중개는 영원히 살아 있음을 말하는 것이었다. 하향응은 "요중개의 죽음은 그가 손중산 선생의 유지를 계속 수호하고자 했기 때문이다. 제국주의를 타도하고 중국을 구하여 자유평등의 나라로 만들기 위해 분투했기 때문에 불리한 제국주의자와 반혁명파가 그를 죽인 것이다."라고 말했다. 그리고 손문과 요중개의 잇따른 사망 후 하향응은 더욱 독립적이고 전투적인 혁명생애로 발을 들여놓게 된다.

1926년 늦가을, 북벌이 진행되어 광동국민정부가 무한으로 떠날 때 그녀도 그곳으로 갔다. 여름에 발진티푸스를 앓은 딸 요몽성과 함

께 가게 된 데다 남창南昌에는 반공의 기치를 내건 장개석이 버티고
있으면서 통행을 막았기 때문에 그 길은 매우 위험했다. 그런 가운데
에서도 하향응은 매령梅嶺에 올라서서 눈 쌓인 산봉우리에 활짝 피어
있는 붉고 흰 매화에 흠뻑 매료되어 이렇게 노래했다.

> "10월에 거듭 산봉우리 매화를 본다.
> 붉은 매화는 눈과 서리를 비웃으며 오만하게 피었구나.
> 매난국죽梅蘭菊竹이 다 모여도
> 유산庾山에 홀로 핌을 부러워한다."

서리와 눈발에도 아랑곳하지 않고 산봉우리를 덮은 매화는, 우파
와 군벌의 횡행 속에서, 그들의 방해에도 굴하지 않고, 북벌을 완수시
켜야 한다는 하향응의 심정 그 자체였다. 그러나 성공한 듯 보였던
국민혁명도 1927년 장개석이 4·12사변上海, 남경 등지에서 발생한 공산당 탄압사
건을 일으켜 혁명당원과 대중을 살해하고 남경에 따로 정부를 세우자
13일 하향응은 호북성당부 한구특별시당부에서 '장개석은 반혁명파'
라는 연설을 발표하여, 장개석이 농민·노동자를 반대하는 것은 반혁
명으로서 반혁명파를 타도해야 한다고 지적했으며, 장개석의 4·12
사변으로 인해 1,000여 명 이상의 여성활동가가 학살되었다. 이때는
그렇게 강하던 하향응도 좌절의 눈물을 흘렸다. '무엇 때문에 그리도
열심히 살아왔던가…'

실망한 그녀는 요중개와 손문이 잠든 묘소에 찾아가 "열사의 피는
과연 누구를 위해 흘리셨단 말입니까?"라며 비탄에 빠진 목소리로 부
르짖었다. 남들 앞에서는 결코 약한 소리를 하지 않는 그녀에게 있어
그 비탄은 실로 무겁고 깊은 것이었다. 그러나 그녀 특유의 활달한

성격은 그녀를 다시 일어서게 했다. 국민당에서의 모든 직책을 버리고 장개석과 결별하고는 프랑스로 간 하향응은 2년 뒤 1931년 중일전쟁이 발발하자 곧 귀국하여 송경령과 함께 항일전쟁의 지원에 몰두했다. 그리고 장개석이 항일전쟁에 나서려 하지 않음을 알자 다음과 같이 자기의 글을 치마에 적어 보냈다.

"스스로를 남아라고 칭하면서 적에게 굴복하여 싸움도 하지 않고 강산을 넘겨주니 만세 치욕이 아닐 수 없도다. 우리 여성들이 바라는 것은 전장에 나가 죽는 것이니 우리의 수건과 치마를 당신의 군복과 바꾸어 가는 게 어떻겠소."

항일전쟁기였던 하향응의 만년은 싸움과 방랑의 나날이었다. 파리에서도 상해로 가는 도중에서부터 항일전쟁을 위한 지원활동은 시작되었다. 하향응은 배가 싱가포르에 기항하자 곧장 애국적인 화교들을 대상으로 모금활동을 벌이면서 의용군을 위한 진료반을 조직할 자금을 모았다. 그리고 상해에서도 자기 집 문 위에 "여기에서 정성이 담긴 성금을 받고 있습니다."라고 크게 써 붙이는 등 열심히 돈과 물자를 모아 전선으로 보냈다. 위문비용이 모자랄 때는 상해를 비롯한 각지의 저명한 화가 및 서예가, 판화가, 조각가 등에게 작품의 기부를 호소하여 그것을 팔아 충당하기도 했다. 그러나 1937년, 중국공산당원이 되어 장정長征에 참가하고 있던 아들 요승지를 배웅한 그녀를 기다린 건 일본군의 포격이었다. 위태롭게 된 상해를 뒤로 하고 홍콩의 친정에 피신해 있다가 곧 홍콩도 일본군에게 함락되자, 그녀는 혼자 간신히 도망갈 수밖에 없었다. 식량도 물도 없이 배에서 표류하던 그녀는 공산당 유격대에 의해 간신히 구조되어 해풍海豊에 도착할 수 있었고, 다시 계림^{桂林}을 지나 딸이 기다리는 중경^{重慶}으로 가려고 했다. 중경에서는 일찍이 여성운동에 함께 힘을 쏟았던 송경령, 등영초를 비롯한 진보적인 여성인사들이 하향응이 도착하기를 기다리고 있었다. 그러나 그녀를 공산당원과 접촉시켜서는 안 된다고 주장하는 사람의 방해 때문에 중경에는 가지 못하게 되었다. 딸 요몽성은 어머니를 염려하여 중경에서 하향응이 그린 그림을 팔아 10여만 원이라는 돈을 보냈지만 그것도 도둑을 맞아 하향응은 돈도 거의 없이 함락 직전의 계림을 떠나야만 했다. 계림의 아름다운 산천이 침략자에게 짓밟히는 것은 그녀로선 참을 수 없는 일이었다. 함께 배에 오른 사람들도 같은 생각이었을 것이다. 그래서 붓과 종이를 구해 하향응에게 그림을 부탁하는 사람도 있었다. 그 후 동강^{東江}에서 소관^{韶關}으로 간 하향응은 얼마간 그곳에 머물며, 장개석에 반대하는 사람들을 조직하려 했다. 그녀의 장개석에 대한 혐오는 아들이 특무기관에 붙잡혀 가게 된 일로 인해 더욱 가중되었다. 그리고 1945년 항일전에서 승리하자 12월 초, 광주로 가서 민주인사들을 '중국국민당 민주촉진회'에 모으려고 했다. 그러나 광동의 국민당원 중에는 완강한 반공주의자가 있어서 계획은 쉽게 이루어지지 못하고 반장^{反蔣} 국민당원 조직인 '중국국민당 혁명위원회'가 성립되었는데, 그것은 1947년 12월의 일이었다.

2. 신중국 건국에 참여하다

하향응과 송경령 두 사람은 중국현대사에서 국민당 좌파로서 유명한 역사적 인물이다. 중국민족의 독립과 해방을 위해, 중국인의 민주와 자유를 위해, 중국여성의 해방을 위해, 그리고 내전을 반대하고 새로운 중국을 건설하기 위해 이들은 어깨를 나란히 하고 중국혁명의 무대에서 반세기가 넘도록 함께 의지하고 싸우며 노력해 온 여성으로 중국인의 가슴속에 빛나는 별처럼 새겨져 있다. 송경령과 하향응의 이름이 언제나 함께 연이어 불릴 만큼 그들은 같은 길을 걸었으며 애국애족의 충정으로 시종 일관된 끈질긴 투지를 보여준 애국자였다. 잘 알려진 바와 같이, 송경령은 중국혁명의 선구자인 손문의 부인이고, 하향응은 손문의 가장 친밀하고 신뢰하는 동지였던 요중개의 부인이다. '2차 혁명'이 실패한 후 손문이 일본으로 망명하여 혁명의 기치를 다시 들고 재차 혁명세력을 결집시키는 어려운 시기부터 하향응과 송경령은 잇따라 손문의 뒤를 따르며 혁명에 참가했으며, 함께 손문의 혁명사업을 돕는 과정에서 서로 알게 되어 두 사람은 나란히 혁명의 여정을 걷게 되었다. 하향응과 송경령이 처음 만난 것은 1914년 동경에서였다. 그때 송경령은 미국유학을 마치고 돌아와 일본에 도착하여 부모와 손문을 만났으며, 그 후 언니 애령을 대신하여 손문의 영문비서를 맡게 되었다. 그리고 하향응은 혁명에 투신한 지 10년이나 지나, 이미 손문의 신뢰받는 오랜 동맹회 회원이었을 때다. 이때 하향응의 나이 36세, 송경령의 나이 21세로 서로 15년이라는 나이차이가 있었다. 비록 연령과 경력은 서로 달랐지만 손문을 따라 혁명에 헌신하는 과정에서 두 사람은 서로 만나게 되었다. 손문이 사망한 지 5개월이 지난 후 요중개가 암살당했다. 그리하여 연달아 국민혁명의 지도자를 잃은 국민당 정부가 배반과 권력의 암투 속에 흔들릴 때 혼란한 정국을 헤치며 두 미망인은 비통함과 원통함을 혁명을 위한 힘으로 바꾸어 서로를 의지하며 함께 손잡고 손문의 유지를 지켜 나가고자 노력했다.

1924년 국민당 개조 때 손문에 의해 주창된 '연소^{聯蘇}·용공^{容共}·부조농공^{扶助農工}'의 3대 정책은 손문의 신삼민주의의 정수로서 이것은 손문이 만년에 세계의 조류에 적합하게, 대중의 수요에 합당하게 제정한 혁명정책의 주요내용이다. 하향응은 3대 정책을 적극적으로 지지한 사람 중의 하나이다. 손문 사후, 그의 3대 정책을 신삼민주의의 핵심으로 인식하고 3대 정책의 실현이 곧 손문의 혁명을 완성시키는 것이라고 믿었다. 하향응은 1926년 1월 국민당 제2차 전국대표회의에서 송경령과 같이 참석하여 서산회의파가 손문의 3대 정책을 파괴한 행위를 질책하고, "우리는 공산당과 합작하여 공동투쟁하여 대동세계로 나아가야 한다."라고 지적했다. 1926년 3월 장개석에 의한 중산함 사건(1926년 3월 20일 장개석은 '중산함사건'을 일으켜 성항파업위원회와 소련 고문의 주택을 포위하고, 공산당원 이지룡^{李之龍}을 체포하였다)이 발생하자 하향응은 즉시 장개석을 찾아가서 "손 선생과 중개의 시체가 식지도 않았고 북벌을 시작하여 대적을 눈앞에 두고 있는 이때 당신들은 혁명대오의 분열을 꾀하니 무엇으로 손 선생을 대하며 무엇으로 중개를 대할 것인가?"라고 분노에 차서 엄숙히 말했다.

5월 국민당 제2차 2중전회가 광주에서 열리자, 장개석은 '당무정리안'을 제출하여 공산당원을 배척하고 타격을 가했다. 하향응과 팽택민, 유아자^{柳亞子} 등 국민당 좌파는 반대하였으나, 다수를 차지하는 우파의 제안은 통과되고 말았다. 하향응은 눈물을 머금고, "당무정리안은 손문 선생의 진의에 위반되는 것이다. 이 무리들이 자신의 이기적인 목적을 달성하기 위해 이러한 수단을 쓰는 것은 실제로는 공산당을 반대하고 러시아와의 연합을 반대하는 것이며 노동자 농민들에게 불리하게 하는 것이다."라고 지적했다. 10월 국민당은 광주에서 중앙위원회와 각 성 당부의 연석회의를 소집하였다. 하향응은 발언에서 반드시 손문의 건국대강을 관철해야 한다고 강조하였다.

또한, 1926년 11월 무한으로 국민당 중앙이 천도한 후 1927년 2월 국민당 좌파는 무한에서 회의를 열어 독재를 반대하고 신우파와 투쟁할 것을 결정했다. 3월 국민당은 한구漢口에서 2기 3중전회를 열고 송경령과 하향응 등 국민당 좌파와 공산당원의 노력으로 일련의 결의를 통과시켜 손문의 3대 정책을 수호하고 국공합작의 혁명원칙을 견지하였다. 4월 12일 장개석이 4·12쿠데타를 일으켜 혁명당원과 대중을 살해하고 남경에 따로 정부를 세우자 13일 하향응은 호북성 당부 한구특별시당부에서 '장개석은 반혁명파'라는 연설을 발표하여, 장개석이 농민·노동자를 반대하는 것은 반혁명으로서 반혁명파를 타도해야 한다고 지적했다. 이어 4월 22일, 하향응은 송경령과 함께 국민당 좌파와 공산당원 모택동 등과 잇달아 장개석에 대해 "총리에 대한 변절자, 국민당의 불량분자, 민중의 좀도둑을 제거하자."라는 내용의 글을 발표하면서 장개석이 중앙을 따로 세우고 혁명대중을 박해한 죄상을 통책하고 3대 정책 견지를 주장하며 혁명적 군인과 민중은 무한武漢중앙의 명령에 따를 것을 호소했다. 하지만 7월 14일 왕정위汪精衛가 장개석과 결탁하여 분공分共회의를 열고 공개적으로 손문이 제정한 국공합작 정책과 반제·반봉건의 혁명강령을 반대하였다. 하향응, 진우인, 팽택민 등 국민당 좌파는 회의에서 왕정위의 반공을 제지하려고 시도했지만, 좌파의 수가 너무 적어 '분공결의안'은 통과되고 말았다. 국민당은 '청당淸黨'을 단행하여 도처에서 공산당원과 노농군중을 체포하고 살해하였다. 하향응은 여러 차례 직접 맞서

기도 하고, 편지로 장개석과 왕정위가 신의를 저버린 데 대해 호되게 꾸짖었다.

하향응은 요중개의 유지를 계승하기 위해 창립한 중개농공학교^{仲愷}農工學校를 운영하며 왕정위의 국민당개조동지회 가입을 거절하고 국민당특별위원회도 반대하였다. 또한 장개석에게 공산당 살해를 중지해 줄 것을 요청했으나, 장개석은 그녀의 요청을 모두 거절하였다. 때문에 하향응은 장개석에 대한 혐오심을 금할 수가 없었다. 이에 그녀는 장개석·송미령의 결혼식 참석을 거절하고 국민당 내의 일체 직위를 포기하고, 1928년 가을 필리핀과 남양군도로 떠났다. 이때 하향응은 다음과 같은 글을 발표하였다.

> "손중산 선생 임종 전에 나는 그의 뜻을 받들어 개조국민당의 주장을 옹호하며 3대 정책을 준수하여 소련과 연합해 함께 제국주의를 타도하겠다고 대답하였다. … 또한 중개가 이를 위해 생명을 바쳤다. … 나는 지금 두 가지 큰 중책을 짊어지고 있다. 나는 결코 그들의 유지를 위반하지 않을 것이다. 당신네들이 이처럼 반소^{反蘇}·반공^{反共}하기 때문에 나는 국민당 내 모든 직위^{중앙집행위원회 위원직 포함}를 사직하고, 계속적으로 공산당과 소련인과 왕래하려고 한다. 국민당 법률은 나를 제재^{制裁}하지 못한다. 나는 총리의 유언을 준수하기 때문에 장개석은 나를 제재할 권한이 없으며 반소·반공도 당신네들의 일일 뿐이다."

1931년 만주사변을 전후로 귀국해 일본제국주의 침략에 맞서 조국 방어를 위한 항일전쟁 지원에 앞장서게 된 하향응은 어려운 시기마다 손문의 3대 정책을 내걸고 그 수호만이 혁명성공, 항전성공의 길임을 호소했다. 이러한 그녀의 일련의 행적들을 볼 때 그녀가 손문의 혁명사상과 혁명사업의 수호자이며 계승자였다는 사실은 분명히 말할 수 있는 것이다. 하향응이 송경령과 함께 이 정책의 실현을 위해 노력하는 과정에서 시대적 상황에 의해 좌경으로 치우친 경향이 없는 것은 아니지만 이는 단순히 도구로만 사용한 중국공산당과는 입장을 달리했다는 것을 간과해서는 안 될 것이다. 하향응은 여성운동에도 많은 업적을 남겼다. 국민당에 처음으로 여성부가 설치된 것은 그녀의 노력에 의해서였다. 초대 여성부장이 된 하향응은 중국국민혁명의 성공여부는 인구의 절반을 점하고 있는 여성들의 자각 여하에 달려 있다고 생각하여 공산당원 여성들과도 함께 손을 잡고 꾸준히 여성해방을 위해 노력했다.

중국전통시대의 여성들은 유교라는 이념 아래에서 압박과 통제를 당하며 살아 왔다. 이러한 가운데 서양의 자유·평등·박애사상이 도입되면서 중국의 여성해방운동은 완전히 새로운 의의를 갖기 시작했다. 20세기에 접어들면서 혁명파는 여성해방이 민주혁명의 중요한 임무 중 하나라고 스스로 인식하게 되었는데 그것은 여성을 속박한 봉건적 윤리도덕에 대해 비판한 개량파들의 의식수준을 크게 뛰어넘는 것이었다. 혁명파는 여성들이 봉건적 가부장제도의 압제로부터 벗어나 연애와 결혼의 자유를 쟁취하고 독립적인 인격을 배양해야 한다고 주장하였다. 여성이 반청혁명에 참가하여 남자와 함께 애국사업을 열심히 해야 한다고 고취하였다. 또한 축첩이나 여자 종을 만들거나 매춘부를 가까이 하는 것을 금하고 전족 등 봉건적 악습에 대해 반대하였다. 이에 혁명사상을 갖춘 수많은 청년들은 여성운동에 동의하고 이를 선전하며 실천자가 되었다.

하향응은 부유한 집안 출신이기도 하지만 전족을 하지 않은 여성이었다. 일찍이 1903년 일본에 건너간 바로 그 해 6월, 동경의 학생잡지였던 『강소江蘇』에 이미 「우리 동포 자매들에게 삼가 고함」이라는 글을 실어, 국가흥망에는 남자·여자 할 것 없이 모두에게 책임이 있다고 역설하였다. 이것은 하향응 혁명생애에 있어서 하나의 분기점을 이룬다 할 것이다. 이후 그녀는 여성문제와 여성운동에 대해 연구하고 전개해 나감으로써 혁명활동 중에서도 중요한 부분으로 만들어 갔다. 그녀는, 여성이 남자와 평등한 권리를 가지려면 남자와 동등한 애국적 의무와 책임을 다해야 한다고 인식하였다. 1905년 중국동맹회 성립 시 그 선언에서 명확히 남녀평등을 주장하였는데, 그때 하향응은 동맹회가 정식으로 설립되었을 때 처음으로 가입하여 첫 번째 여성회원이 되었다. 송경령은 이런 첫 번째 여성회원이 된 하향응에 대해 "창립 초기부터 동맹회의 기본회원인 하향응은 어렵고 험난한 시기 손중산의 혁명을 도운 진보적 인물이다."라고 얘기하기도 했다. 1917년 손문이 임시약법으로 호법운동을 시작하여 요중개는 북양해군의 호법참가의 책무를 맡았고, 하향응은 그 북양해군 여성가족의 호법참가 권유에 심혈을 기울여 적잖은 효과를 거두었다. 그리고 북벌기간인 1921년 여름 하향응은 송경령과 함께 광주에서 여성조직 '출정군인위로회出征軍人慰勞會'를 만들어 총간사직을 맡아 그 경비모집에 힘써 수십만 원의 돈을 모금하여 직접 전선에 나가 병사들을 위문하고 사기를 고양시킴으로써 북벌사업을 도왔다. 이렇게 하여 여성운동사에서 여성의 공화제 옹호를 위한 노력은 많은 발전을 하게 되었는데, 5·4운동 이래 선진지식인 여성들의 반제애국투쟁은 중국공산당 초기 국내외 자본가의 노동여성 착취에 반대하는 노동운동과 결합하면서 단순한 여권주의의 한계에서 벗어나 여성해방운동이 혁명사업의 하나가 됨으로써 중국여성해방운동의 정확한 방향을 잡게 되었다.

1924년 1월 광주에서 개최된 제1차 전국대표대회에서는 정식으로 소련과 연합하고 중국공산당을 받아들이며 노동자와 농민을 지원한다는 3대 정책이 확정되었고, 손문은 신삼민주의 등 민권주의에 남녀평등권을 포함시켜 한층 더 분명히 설명하였다. 이 대회에 참석한 196명의 대표 가운데 여성대표는 아직 하향응을 포함, 세 명에 불과했다. 이 대회에서 하향응과 중국공산당의 노력으로 그녀가 제출하였던 법률, 경제, 교육, 사회적 남녀평등의 원칙을 확인하고 여성권한의 발전을 도와야 한다는 제안이 통과되어 「일전대회선언^{一全大會宣言}」에 삽입되었다. 이로써 남녀평등은 이미 당의 강령이 되었던 것이다.

국민당일전대회^{國民黨一全大會} 이후의 여성운동의 전개를 위해 중앙집행위원회에 부녀부를 설립하였다. 하향응은 1924년 9월에 부녀부장 직을 승계하여 1927년 합작이 결렬될 때까지 직무를 수행하게 되었는데, 실질적으로 부녀부는 하향응의 노력과 조직에 의한 것이었다. 국민당 부녀부를 이끌어간 하향응은 부녀부의 목적은 첫째가 혁명과 통일이며, 그다음이 여성의 자유임을 명백히 하고 부녀부의 주요임무는 여성지도자 훈련 및 교육임을 강조하였다. 이 시기 국민당 좌파의 하향응과 송경령은 국공합작하에서 중공의 여성지도자들과 진심으로 합작하고 협력하여 여성운동을 혁명의 조류 속에 합류케 하는 데 전력하였으며 혁명의 신국면을 개척하는 데 공헌하였다.

하향응은 지식여성들의 여권운동은 여성해방운동을 대표하는 주류가 아니라고 인식하였으며 여성들을 적극적으로 인도하여 혁명에 참가시키고자 하였다. 그래서 그녀는 노동여성에 대해 특히 깊은 관심을 기울여 모금운동으로 빈민의원을 정식으로 창립하였으며 여기서 진료 받은 여성은 상당수에 이르렀다. 이와 동시에 하향응은 두

곳에 여성노동학교를 설립하여 공장의 여공 등의 교육에 힘썼는데 이는 역시 하향응의 모금운동으로 충당하였다.

1925년 5·30사건(1925. 5. 30. 중국에서 일어났던 전국적인 파업과 시위. 이 사건은 영국 경찰이 상해^{上海}에서 중국인 시위대에 발포하여 13명이 죽은 것이 사건의 발단이 되었다. 이는 이전까지 유례가 없었던 대규모의 반외세 시위였으며, 이 시위에는 전국 각지의 모든 계층이 참여했다. 중국공산당은 이 사건에서 분출된 반제국주의 감정으로 인해 세력이 크게 신장되어 몇 백 명에 불과하던 당원 수가 2만 명 이상으로 급격히 늘어났다) 이후 거세게 불어닥친 반제의 풍랑은 전국을 휩쓸어 전국각지에서 이에 호응하는 파업운동이 발생하였다. 그 가운데 영향력이 가장 크고 가장 오래 지속된 것이 광주·홍콩 대파업이었다. 하향응은 채창, 등영초 등 여성지도자들과 함께 파업 노동자, 부상노동자 지원에 앞장섰다. 이들이 주축이 된 국민당 중앙 부녀부는 모금을 위한 자선공연을 마련하는 등 모금운동에 전념하는 동시에 여공을 조직하여 생산활동에 참여시킴으로써 생활의 어려움을 해결해 주었다. 즉, 광주에서 파업여공전습소^{罷業女工傳習所}를 창설하고 그 안에 신발공장, 봉재공장, 의복공장 등을 두어 여공들이 낮에는 일하고 저녁에는 공부하게 하였다.

하향응은 송경령 등영초 등과 함께 여성운동보고심사원회를 조직하고 널리 의견을 구하며 연구와 토론을 거듭하여 대회에 <부녀운동 결의안>을 제출하였다. 결의안의 내용은 11개 조항으로 되어 있었는데 먼저 국민당이 이제부터 여성운동에 특별한 관심을 기울여서 여성요원을 결집시키고 혁명활동에 종사하게 함으로써 혁명전선을 확대시켜야 한다고 제안하였다. 그리고 결의안은 여성운동에 대하여 여성대중을 지도해야 한다고 밝혔다. 결의안은 이후 여성운동에서 반드시 실행해야 할 사항으로 다음과 같은 내용을 제출하였다.

법률방면

① 남녀평등의 법률을 제정한다.

② 여성에게 재산상속권이 있음을 규정한다.

③ 인신의 매매를 엄격히 금지한다.

④ 혼인과 이혼에 대해서는 절대적인 자유원칙에 근거하여 혼인법을 제정한다.

⑤ 압박을 받거나 혼인에서 도망친 여성을 보호한다.

⑥ 동일한 노동에는 동일한 임금을 받는다는 원칙과 모성 및 미성년 노동자 보호의 원칙에 근거해서 여성노동법을 제정한다.

행정방면

① 여성 교육의 수준을 높일 것

② 농촌과 공장여성근로자들의 교육에 주력할 것

③ 각 행정기관을 개방하여 여성을 직원으로 채용할 것

④ 각 직업기관의 여성에 대한 개방

⑤ 아동 탁아소를 준비할 것

이 결의안은 마지막으로 다음과 같이 15개 조항의 여성 운동구호를 제출하였다. 즉, 남녀 교육의 평등, 남녀 직업의 평등, 남녀 법률상의 절대 평등, 남녀 임금의 평등, 모성보호, 미성년 노동자 보호, 노동여성 조직에 대한 지원, 여성을 노예화하는 예교의 타파, 일부다처제 반대, 민며느리의 폐지, 이혼과 결혼의 절대자유, 사법기관의 남녀불평등한 판결에 대한 반대, 사회는 재혼여성을 멸시하지 말고 똑같이 대우할 것, 여자는 마땅히 일어나 국민혁명에 참가하여야 한다는 것이 그 내용이었다.

국민혁명시기는 국공합작하에 여성운동의 신속한 발전으로 많은 여성간부들이 급히 필요하게 되었으므로 국민당은 여성간부양성과 교육을 중시하여 각종 여자대학과 훈련반, 강습소를 설립하여 국민혁명을 위한 대량의 여성운동 핵심인자와 각종 여성인재를 양성해야 했다. 국민당 중앙 부녀부는 하향응의 적극적인 제창으로 1926년 9월 광주에서 부녀운동 강습소를 창설하였다. 하향응이 소장을 겸임하였고 채창이 교무주임을 맡았다. 학생들은 각 성, 시의 국민당부와 부녀단체에서 선발하여 파견하였는데 성마다 1~2명 정도였으며 학습을 받은 후 각 지역으로 돌아가 일을 하도록 하였다.

1927년 5월 하향응은 송경령 등 11인이 발기하여 무한에서 북벌적십자회를 조직하여 전방 구호대와 후방 의원醫院 조직에 나섰다. 6월이 되면서 무한에는 만 명이 넘는 북벌혁명군 부상병이 운집해 있었으므로 이들을 돕기 위한 조직을 운영하여 그들을 위로하는 데 힘을 다하였다. 부상병을 위해 여성정치훈련반 건물을 비워서 그들을 수용하고 훈련반은 다른 장소를 구하여 수업을 받도록 하였다. 또한 구호인재의 부족으로 어려움을 당하자 그 수급을 위하여 송경령은 '간호훈련반'을 만들어 운영하였다. 무한정부기간 국민혁명운동의 급진주의자들의 기지였던 무한은 여성운동이 더욱 활발하였으며, 무한부녀협회의 활동이 급격히 확대되자 상황은 남녀양성 간의 불화와 반목을 조장하였고, 남성들의 여성의 '신자유'에 대한 불만의 확산은 연대

감을 가장 필요로 하는 중요한 시기에 혁명세력을 분열시킬 위험이 생겼다. 그리하여 4·12 반공쿠데타 이후 여성운동은 억제되었다. 결국 국공합작내부의 갈등이 확대되어 국민당 좌파와 공산당을 국민당 우파와 분리시켰던 이슈 중의 하나는 농민·노동자 운동 및 여성대중운동의 역할에 관한 것이었다.

여성의 급진운동은 혁명운동좌파들을 훼손시키려는 수단으로 이용되었고, 결국 남경에 지도부를 두고 있는 장개석과 국민당 우파는 공산당과 국민당 좌파에 공격을 감행하여 부녀조합 활동, 공민·노동자 활동은 정지되기에 이르렀다. 부녀협회와 조합은 '방종한 여자들', '빨갱이'라는 이유로 해산되었다. 그리고 수천 명의 여성활동가들이 죽음을 당했다. 물론 국민당 중앙부녀부도 간부들이 체포되었다. 그리하여 국민혁명에 참가한 여성 활동가들은 완전히 일소되던 것이다.

그러한 가운데도 살아남은 여성 공산당원은 지하로 잠입하거나 폭동에 참가하면서 계속 투쟁을 전개하였지만, 국민당 좌파는 끝내는 투항하거나 해외로 망명하지 않을 수 없었다. 국공합작이 결렬되자 손문의 3대 정책을 충실히 집행하면서 중국공산당과 성실히 합작해 왔던 여성지도자 하향응과 송경령은 이렇게 폭풍우가 몰아치는 시기에 의연히 좌파의 기치를 들고 장개석에 대해 그가 중앙당부를 따로 수립한 점과 공산당 및 민중에게 저지른 죄행을 성토하면서, "총리에 대한 배반자이고 본당의 변절자이며 민족을 좀 먹는 자"라고 질타하며 국공합작 옹호의 혁명정신을 천명하였다. 이 두 사람은 국민당 지도자들 중에서 분공分共에 반대했던 5명의 인사 중에 속하며 국민당 우파에 대한 투쟁을 굳세게 밀고 나갔다. 반혁명의 대학살을 목도하면서 하향응은 여러 차례 격분하여 장개석을 질책하였으며 또 재난을 당한 열사들을 기념하는 시를 한 수 지어 희생당한 좌파인사들과 공산당원들을 애도하는 마음을 담기도 하였다.

> "오늘날 만물이 창생하고 혁명이 열화같이 고조된 것을 보라 / 뭇 사람들의 의지가 굳건한 성곽을 이루어 부술 수 없을 정도가 되었는데 / 이를 버리고 후퇴한다면 끝내는 스스로 멸망할 것이로다."

이 시구는 혁명의 승리에 대한 굳은 신념을 표현하고 있다. 그녀는 결국 1928년 말 장개석의 국민당과 결별하고 국민당 안에서 맡고 있던 모든 직무에서 물러났다. 그때 그녀는 "국민당이 개조 이후에도 민중의 고통은 예전처럼 여전히 사라지지 않고 노동자·농민을 부조하지 못하였으며 여성 역시 해방되지 못하였다. 나는 집행위원의 지위에 있으면서 실로 부끄럽기 그지없다. 나는 여성해방운동을 위해서는 죽을 때까지 그리고 그 이후까지도 있는 힘을 다해 나갈 것이다."라고 말했다. 그러고는 광주에 가서 '중개농공학교仲愷農工學校'를 창설하였으며 남양으로 떠났다가 다음해 프랑스로 가 2년간 망명생활을 하게 된다. 그리고 이후 프랑스에서 돌아 온 하향응은 12월 21일 심자구, 사량, 호자영 등이 발기한 '상해부녀구국회' 성립을 선포했다. 하향응은 성립대회에서 지팡이를 짚고 주석대에 올라 침통하고도 격분에 찬 연설을 읽으며 전국의 부녀자들이 다 함께 일어나 무장으로 나라를 구할 것을 희망했다. 이어서 '선언' 및 '전국부녀자에게 고하는 글'을 발표하여 부녀계구국회를 성립시켰으며, 회의 후에는 또 시위행진을 거행했다. 부녀계와 문화계 구국회가 성립된 후 상해에서는 잇따라 기타 각계 구국회가 성립되었다. 형세의 발전을 고려해 볼 때 반드시 각계 구국회를 모두 합하여 더욱 큰 항일애국역량을 발휘하도록 해야 했다. 그래서 1936년 1월 28일 상해 각계대표 800여 명은 상해시 상회에서 '1·28' 사변 4주년 기념대회를 거행하고 회의에서 정식으로 상해각계구국연합회를 성립시켰다. 그리고 하향응·송경령·마상백·심균유·장내기 등 30명으로 이사회를 구성하고 간사회를 설립하여 일상적인 연합회 기구로 만들었다. 상해각계구국회는 성립 직후 즉시 『상해문화계 구국회 회간』과 『구국정보』라는 두 가지 간행물을 창간했다. 이는 더욱 큰 범위로서 항일구국운동의 선전과 구국활동을 확대한 것이다.

1936년 3월 8일 '구국회'는 국제여성의 날을 기념하고 일본침략자를 반대하는 집회를 거행했는데 이 회의에서 하향응은 연설을 통해 여성의 날을 기념하는 의의는 "남녀 간의 자유평등에 도달할 것을 요구하는 것이며 이는 우리가 반드시 단호한 기백과 분투정신을 가지고 노력해 나가야만 마침내 목적에 도달할 수 있다"고 지적했다. 이후 하향응은 항일민족통일전선의 건립을 위해 꾸준히 노력했을 뿐만 아니라 몸소 체험하고 실천하여 신성한 항일구국운동에 송경령과 어깨를 나란히 하고 싸웠고 그들은 갖가지 방법으로 '8·13' 항일전쟁에 뛰어들었다.

1937년 7·7 항일전쟁이 폭발한 후 두 사람은 즉시 상해 부녀계 항일구국단체의 건립을 준비했다. 더욱 많은 세력을 단결하여 함께 항일하기 위해 그들은 송애령, 손과의 부인, 국민당 상해시당부 책임자 반공전의 부인, 상해시장 유홍균의 부인, 경비사령 양호의 부인 그리고 제8집단군 사령 장발규의 부인 등 국민당정군 간부가족 중에서 일부 명망이 있고 지위가 있는 여성대표들에게 연락했다. 심지어 상해의 유명인인 황금영, 두월생, 우흡경 등의 부인들에게도 연락하여 '중국부녀항일후원회'를 발기하여 창립하고 여성들을 조직하여 전시구호구제사업을 진행했다. 7월 22일, 드디어 하향응의 저택에서 창립創立대회를 개최했다. 하향응은 지팡이를 짚은 채 즉석담화를 발표하여여성들에게 적극적으로 항일전쟁사업에 참가할 것을 호소했다. 그녀는 "우리나라의 영광스러운 역사와 우리 조상들에게 떳떳하기 위해…우리는 마땅히 단결하여 항일정부를 옹호하고 파벌을 만들지 않고민국 13년 전국대표대회에서의 총리의 선언에 따라 한마음 한뜻으로중화민족자유와 해방을 위해 끝까지 분투해야 한다."고 주장했다. 이로써 송경령을 이사로 하고 하향응을 주석으로 하는 '후원회'는 성립되었고 이것은 상해 여성계구국운동통일전선의 형성을 상징하는 것이었다.

여성들이 항일구국운동에 참가하는 규모를 확대하기 위해 7월 24일에 소집한 '후원회'의 제1차 상무위원회 회의에서, 하향응은 남경에 있는 송미령에게 즉시 여성들을 영도하여 항일후원회를 성립할것을 제의했다. 또한 각 성정부 주석의 부인들에게 공개전보를 보내각 성의 여성들을 동원하여 항일후원사업에 임해줄 것을 요구했다.그래서 1937년 8월 1일, 송미령을 주석으로 하는 중국부녀위로자위항전장병총회가 남경에서 성립되었고 또한 각지의 부녀계로 하여금 하루빨리 분회를 조직할 것을 요구했다. 상해의 부녀구국운동이 국민당정부로부터 승인받고 또한 공개적으로 활동할 수 있는 합법적 지위를 취득하게 하며, 구국운동의 순조로운 진행에 유리하도록 하기 위해 8월 4일 '후원회'는 제2차 상무위원회 이사회를 개최했다. 이 이사회에서 상해여성조직의 명칭을 전국적으로 통일하여 중국부녀위로

자위항전장병총회 상해분회로 하여 원래의 '후원회' 명칭을 대체하기로 토론한 후에 결정했다. 여기서 하향응이 주석을 맡고 유홍균의 부인과 두월생의 부인이 부주석을 담당했다. 하향응은 회의에서 비분과 격앙에 찬 연설을 했는데, 일제가 우리 동포들을 살해한 죄상을 열거하고 여성들에게 단결하여 전력으로 항일에 뛰어들 것을 호소했다. 연설할 때 눈물을 흘리며 호소하여 듣는 사람으로 하여금 감동케 했다.

하향응과 송경령의 영도 아래 '부위상해분회'는 광범위하게 각계 여성들을 결집하여 구국운동에 참가시켰다. 근 한 달 사이에 '부위상해분회'의 산하단체는 이미 여성운동촉진회, 부녀전쟁복무단 등 20여 개에 달했다. 그들은 여성계의 구국운동을 기타 단체들이 전개한 구국운동과 결합시키는 일을 매우 중시했는데 일찍이 문화계 등 구국단체와 연명으로 '9·18' 6주년 기념선전활동을 거행했으며, 문화계 구국협회가 발기한 장갑 모으기 운동에도 호응하여 적극 참가했다.

8월 13일 일제가 상해로 대거 진공하자 중국주둔군은 용감하게 저항하여 중화민족의 전면적인 항일전쟁의 서막을 열었다. 그리고 '8·13' 항일구국운동의 거대한 전쟁재정 지출에 대처하기 위해 국민당 정부는 9월 1일부터 5억 원의 구국공채를 발행했다. 하향응은 송경령과 이 정책이 인민의 근본이익에 부합된다고 인정하고 지지할 것을 결정했고, 하향응 등 기타 '부위상해분회'의 지도자들과 함께 9월 5일 상해 여성들이 제1차 헌금하는 날로 정했다. 이날 각 여성구국단체의 대표들은 모두 상해여자은행에 가서 활기차게 헌금하고 구국공채를 구매했다. 하향응은 50원의 은화를 내고 기타 여성지도자들도 앞다투어 구국공채를 구매했다. 아주 짧은 시간에 단지 '부위상해분회' 상무위원만으로도 2만, 3만 원어치를 구매했다. 이리하여 그들은 정부의 구국공채구매활동을 도와 적극 추진해 나갔다. 매일매일의 항일전쟁 소식과 전쟁 시에 숙지해야 할 사항, 후방 민중이 당연히 해야 할 의무들을 제때에 수많은 시민들에게 알려주기 위해 하향응은 병으로 인해 체력이 약해져 있음에도 불구하고 사량등과 '상해전시벽보사업복무단'을 발기하고 조직하여, 벽보형식으로 때맞춰 보도 선전하니 사람들은 앞다투어 그것을 보았다. 또한 '부위상해분회'가 전선의 장병들을 위한 겨울옷 만들기 운동을 시작하여 대량의 천과 의연금을 모았을 때 그녀는 즉시 여성들을 동원하여 밤낮을 가리지 않고 옷을 만들게 했으며, 비서 호란휴^{胡蘭畦}를 파견하여 만들어진 대량의 솜옷을 가지고 전선에 가게 했다. 또한 다음과 같은 시 한 수를 지어 보내 장병들을 격려했다.

> "집집의 딸들이 군복을 만드니 강산을 수복하는 데는 반드시 기일이 있으리라. 대중은 단결하여 금성철벽을 이루니 적이 두려울 것 없고, 한마음 한뜻으로 군복으로 격려하네."

전방의 항전장병들이 전선에서 급히 복무를 필요로 하는 일이 있을 때 하향응은 또 호란휴^{胡蘭畦}에게 부탁하여 1937년 9월 15일 상해노동여성전선복무단^{上海勞動女性戰線服務團}을 조직하여 항일전선으로 가서 전선복무를 하게 했다. 국제여성계로부터 중국 항일전쟁에 대한 동정과 지지를 얻기 위해 하향응과 송경령은 온갖 방법으로 각종 관계를 통해 상해에 있는 외국 여성들과 연락을 취했다. 10월 28일, 상해여성계의 명의로 국제호텔에서 연합으로 상해체류외국여성초대회를 열었고, 각국 상해주재영사 부인, 미국 여성계지도자 스미스 여사, 헝가리 여성대표 맥레넌 부인 등 외국 여성 76명이 초대회에 출석했다. 여기서 중국여성대표는 초대회에서 각국의 여성들에게 정의와 공도를 주장하고 세계평화를 수호하여 중국의 정의로운 전쟁을 지원해 줄 것을 청했다. 그리고 1939년 3월 5일에는 「3·8절 전야 부녀운동을 담론함」을 발표하여 부녀가 자유평등을 쟁취하려면 먼저 국가의 자유와 평등을 쟁취해야 하고 거기에는 부녀들이 공동으로 구망 책임이 있다고 역설하였고, 1940년 1월 17일 연안부녀계 헌정 촉진회 성립 대회를 거행하고 여기에 하향응은 명예이사로 초빙되었다.

1943년 이후 하향응은 체력이 약해지고 병이 많아 출입을 자제하며 애국 민주인사의 구망활동에 참가하고 주로 좌담과 식사를 하며 시국에 대해 토론하였고, 그림 그리기와 시작詩作 활동을 계속하였다. 그녀는 직접 몸소 뛰며 여성운동을 하는 것은 아니지만, 66세가 되던 해인 1944년 3월 8일에도 계림 각계부녀 '3·8절' 기념대회에 참가하고, 국난에 임하여 일본을 몰아내고 실지失地를 회복할 것을 강연하였으며, 1949년 12월 10일에는 아시아부녀대표대회에 출석하여 주석단원의 일원이 되기도 하였다. 그리고 1953년 4월 25일에 하향응은 북경에서 거행된 제2차 전국부녀대표회의에 참석하고 중화전국부녀연합회에서 명예주석으로 피선되었고, 그리고 1957년 9월 21일 전국부녀연합회 제3기 집행위원회 제1차 회의에서도 명예주석으로 재차 임명되기도 하며 여성운동을 위해 죽는 날까지 꾸준히 노력하였다.

이와 같이 중국혁명사나 여성해방운동사에 있어서 크고 많은 공헌을 했던 하향응은 손문과 요중개가 주창한 '소련과의 연대·용공·농공부조'를 고수하며 손문의 유지를 완성하기 위해 송경령과 더욱 긴밀하게 협력하며 함께 혁명사업에 종사하였다. 신중국 탄생 이후에도 중화전국여성연합회 명예주석 등의 요직을 맡았고, 1960년 중국국민당 혁명위원회의 주석이 되는 등 1972년 9월 1일 94세의 생애를 마칠 때까지 '민국^{民國} 13년^{1924년}의 국민당원^{國民黨員}'이라 자칭하면서 눈부신 활동을 계속하였다.

3. 애국을 위한 예술활동

하향응의 활동 중 특별히 눈에 띄는 것이라 하면 당연 '중국미술가 협회 주석'이다. 하향응이 미술과 인연을 맺게 된 것 또한 혁명활동 과 긴밀한 관련이 있는데, 당시 손문은 앞으로 국내에서 무장봉기를 일으킬 것을 대비해 누군가가 군기를 디자인하고 안민고시 및 각종 도안을 설계해야 하기 때문에, 하향응으로 하여금 동경의 여자미술학 교에 가서 회화를 공부하게 했다. 이는 또한 요중개의 뜻이기도 했다. 이때부터 하향응은 미술과 인연을 맺게 되었다. 하향응은 학교에서 공부하는 것 외에도 매주 두 번씩 일본의 저명한 화가인 다나카 요리 야키^{田中賴章} 선생에게 그림을 배우곤 했다. 다나카 선생이 동물 그림을 잘 그렸는데 그중 사자와 호랑이의 그림이 뛰어났다. 하향응의 초기 작품은 일본화^{日本畵}의 영향을 많이 받아서 색이 선명하고 형상에 생동 감이 있었다. 그녀가 그린 호랑이와 사자는 용맹스럽고 위엄이 있으 며 살아 있는 것처럼 보여, 이 그림으로도 그녀의 굳건한 기개를 엿 볼 수가 있다.

초기 대표작으로는 <맹호포효도^{猛虎咆哮圖}>가 있는데, 호랑이가 머리 를 치켜들고 울부짖는 것이나 온몸의 곤두세운 근육, 전방을 노려보 는 두 눈 등 모두가 사람들로 하여금 중화민족의 각성을 불러일으키 게 할 만한 그림이었다. 1921년 국민당 정부가 광주^{廣州}에 성립되고 형세가 비교적 안정되자 그녀는 그 동안 놓았던 붓을 다시 잡고 중국화의 전통기법을 익히게 된다. 마침 이 시기에 고검부高劍父·고기봉高奇峰 등의 영남파嶺南派 화가들이 모두 광주에 있어서 그녀는 그들과 교류하며 그림도 그들의 영향을 많이 받게 된다.

1922년 진형명의 반혁명으로부터 1927년 4·12사변에 이르기까지 하향응은 혁명을 위해 싸웠기 때문에 이 기간 안심하고 그림 그릴 시간이 거의 없었다. 4·12사변 이후 다시 그림 곁으로 돌아온 하향응은 온몸의 분노를 그림에 쏟아부었다. 이 시기에도 주로 소나무, 매화, 국화 등을 그렸다. 곧고 사철 푸른 소나무, 눈꽃 사이로 얼굴을 내민 매화, 서리 속에서 피는 국화 등 그 모두가 그녀의 흔들림 없는 혁명의지를 대변해 주는 것들이었다. 새로운 군벌들 간의 세력다툼과 추태는 갈수록 심해졌다. 하향응은 이런 혼란스러운 정국을 피해 1929년에 유럽문화의 메카인 파리로 갔다. 그녀는 하루 종일 부지런히 그림을 그렸으며, 서양 대가들의 그림을 마음껏 감상했다. 이때부터 하향응의 회화 기법은 새로운 돌파구를 찾게 되는데, 이 시기에 <홍엽설경紅葉雪景>, <홍매국화紅梅菊花>, <월호月虎> 등과 같은 우수한 그림들이 계속해서 쏟아져 나왔다. 그녀는 국외에서 조용한 생활을 하고 있었으나, 마음만은 시시각각 국가와 민족의 운명과 함께하고 있었다. 만주사변 뒤 그녀는 곧바로 조국으로 돌아와 민족을 구하는 사업에 뛰어들었다.

19로군이 상해에서 일본 침략자들을 물리치고 있을 때, 하향응은 상해의 애국 부녀들을 조직하여 전방의 전사들을 위문하고 구호활동에 앞장섰다. 그 당시 상해 조계에 도망쳐 들어간 난민은 수만 명에 이르는데, 그들은 돈 한 푼 없었으며 구호활동에만 의지해 살아야 했다. 하향응은 상해의 유명화가들과 힘을 합쳐 회화 전시회를 열고 수익금 전액을 난민 구호에 기부하자고 제안했다. 전시회는 성황을 이루었다. 2백여 폭의 그림들이 모두 팔렸으며, 화가들은 즉석에서 40여 폭의 그림을 그려 주었다. 하향응도 여러 화가들과 연합하여 많은 그림을 그려냈다. 전시회가 원만히 끝났을 때 그녀는 격앙되어 "이것은 중국인민의 높은 애국심의 승리이다."라고 말했다.

상해가 함락되자, 하향응은 진수인 등과 함께 '한지우시寒之友社'라는 모임을 결성했다. 그들은 합작하여 소나무·대나무·매화를 그렸으며, 붓으로써 우국우민의 감정을 토로했다. 소나무·대나무·매화는 '세한삼우歲寒三友'라 불리며, 문인화의 전통적인 주요 소재였다. 하향응이 그린 소나무와 매화는 가지가 곧고 색상이 선명하여 강렬한 개성을 풍겼다. 저명한 시인인 유아자柳亞子는 하향응이 다른 화가와 공동으로 그린 한 폭의 그림에 이러한 시 한 구절을 적어 놓았다.

"누구를 위하여 부서진 산하를 보충하는가?"

이 시는 하향응의 당시 심정을 개괄적으로 표현한 것으로서, 함축미를 담은 깊은 예술적 특징을 발산하고 있다. 항전 승리는 인민들에게 결코 평화로운 생활을 가져다주지 못했다. 하향응은 장개석파가 일으킨 반혁명적인 내전을 저주했다. 따라서 그녀는 상해에서 중국공산당을 옹호하는 민주인사들과 함께 적극적인 장개석 반대투쟁을 벌였다.

1949년 4월 북경으로 오는 하향응을 위해 주덕, 주은래 등 중국공산당 지도자들은 친히 역으로 영접을 나왔다. 그들의 진심에 감동한 그녀는 뜨거운 눈물을 흘렸다. 중화인민공화국이 건국한 후에 하향응은 전국을 여러 번 유람했다. 날로 변해 가는 사회주의 조국의 모습에 그녀는 크게 고무되었다. 그녀의 만년의 그림에는 대개 호방스러운 기백이 담겨 있다. 주로 매화·소나무·국화 등을 그렸지만, 그림에는 생기가 넘쳐흘렀으며, 나날이 향상되는 조국의 위대한 기개가 묻어났다. 이 시기의 매화 그림은 짙은 먹색으로 주요 가지를 그린 것인데, 짧고 굵으며 마디가 많아서 보는 이들에게 실한 느낌과 무게감을 느끼게 했다. 큰 가지 위에 옅은 색의 먹으로 어린 가지를 그려 넣었으며, 가지 끝의 수많은 꽃들은 사람들에게 향기를 실어 나르는 듯했다. 이러한 새롭고 독특한 화법은 평생을 혁명에 바쳐 온 화가의 고매한 정신을 잘 드러내고 있다. 1960년대에 하향응은 중국미술가협회 주석으로 당선되었으며, 그녀는 항상 다른 화가들과 공동으로 그림을 그렸다. 화가들이 각자의 장점을 살려 합작하여 그림을 그리는 것은 중국화 창작의 특색 중 하나이다. 그녀는 이런 종류의 창작활동에 대해 서로의 기예를 교류하고 다른 화가들과 단결의 힘을 끌어내는 좋은 방법이라고 생각했다. 수많은 합작화는 그녀의 작품들을 더없이 다채롭고 풍부하게 하였다.

제13장

송경령
중국의 어머니

송경령에게 있어서 국가는 전 국민을 의미하는 것으로, (그녀 자신은 상층 출신이었지만) 결코 상층에 속하는 몇몇이 아닌 고생하는 인민대중 전체를 포함하는 것이었다.

오랫동안의 경험과 많은 사색을 통해서 그녀는 중국의 미래는 다른 세계에서처럼 사회주의에 달려 있고 중국에서의 진보를 이룩할 핵심세력은 중국공산당이라는 확고한 신념을 갖게 되었다. 이 신념은 슬로건은 아니었지만, 몇 십 년 동안 때로는 강해지기도 하고 약해지기도 했지만 그녀 언동의 기반이 되었다. 또한 송경령은 주저함 없이 지식과 교육의 가치를 인정하고 혁명정신에 의해서만이 아니라 미래에 대한 믿음은 최첨단의 과학의 힘에 의해서 강해진다고 생각하였다.

송경령은 진실로 현대적인 중국인이었다. 이것은 소녀시절에도 또한 전 생애를 통해서도 사실이었다. 감히 말하건대 지금의 세대에게도 또 미래의 많은 세대에게도 그녀는 "현대에 살고 있다"고 생각될 것이다. 송경령은 "인간은 이렇게 살아야 한다"는 어떤 보편적인 진리를 이성과 양심에 따라 실천해나간 매우 용기 있고 훌륭한 여성이며 중국의 양심이었다.

<송가황조^{宋家皇朝}>라는 영화는 송씨 가문의 세 자매에 대한 이야기를 영화화한 것이다. 중국에 큰 영향을 미친 세 자매, 그들 중 송미령^{宋美齡, 1897-2003}은 권력을 사랑했고, 송애령^{宋靄齡, 1888-1981}은 돈을 사랑했으며, 나머지 한 사람인 송경령^{宋慶齡, 1993-1981}은 중국을 사랑했다. 그들은 '미국을 타도하자, 제국주의를 배척하자'는 시위가 한창일 때 어린 시절을 보냈다.

세 자매의 아버지 송가수^{宋嘉樹}는 비교적 개방적인 사람으로 선교활동을 하는 사람이었다. 그는 세 자매가 훗날 송씨 가문을 빛내줄 '중국신여성'이 되길 바라며, 영어와 음악 등을 가르쳐 주었고, 아직 어린 아이에 불과한 세 딸을 미국으로 유학 보낸다. 맏딸 애령은 정치·경제적으로 뛰어난 수단가로서 손문을 도와 일하던 중 부호 공상희^{孔祥熙}와 결혼해 은행업을 시작, 중국의 경제력을 장악한다. 둘째, 중국의 잔다르크라 불리는 경령은 언니^{애령}의 일을 대신해 아버지의 혁명적 동지이며 막역한 친구사이인 27살 연상의 손문^{孫文, 孫中山: 1866년 11월 22일~1925년 3월 12일}을 돕다가 그와 사랑을 하게 된다. 아버지의 강력한 반대에도 불구하고 일본에서 손문과 결혼하여 혁명적 동지로서 또한 그의 반려자로서 손문의 완벽한 신봉자가 된다.

송경령은 20세기 중국사와 세계사에서 걸출한 여성이었다. 1893년에 태어나 1981년에 사망한 그녀의 긴 생애는 거의 한 세기에 걸쳐 있었으므로, 그녀의 생애는 20세기의 주요한 사건들과 관련되어 있다. 중국에서는 세 번의 혁명이 있었고, 그에 부수된 내전 그리고 외국 침략과 간섭에 저항한 민족적 항전이 있었다. 국제적으로는 1, 2차 세계대전이 있었고, 그 과정에서 각성되어 일어난 러시아혁명과 중국혁명, 또한 잇달아 제국주의 하의 식민지와 반식민지에서 일어난 독립투쟁의 세계적 물결이 있었다.

송경령은 중국의 국부^{國父} '손문'의 아내이면서, 손문 사후에도 오로지 자신의 조국 중국을 위해 대내외적으로 눈부신 활약을 펼친 존경받는 여성지도자이다.

송경령 자신은 교양과 교류 면에서 국제적이었지만 그녀는 무엇보다도 중국의 혁명적 애국자였다. 강인한 심지, 원칙의 견지, 주의 깊은 온화함, 높은 용기, 표면에 나서지 않는 겸손함, 두드러진 여성적 아름다움 등이 혼연일체가 되어 매우 보기 드문 품격을 이루었다. 어떠한 부나 권력도 원하거나 이용하지 않고서 대중에 그만큼 흡인력을 발휘한 사람은 거의 없었다.

본문에서는 '중국의 양심'이며, '중국의 어머니'로 존경받는 송경령의 혁명활동과 애국활동에 대해 살펴보고자 한다.

1. 혁명가 손문과의 결혼

송경령의 본관은 광동성 문창^{文昌: 지금은 해남성(海南省)에 속함}이며, 1893년 1월 27일 상해의 기업가 집안이자 독실한 기독교 집안에서 태어났다.

몇 년 전에는 송경령과 그녀의 언니 송애령, 장개석蔣介石 아내인 동생 송미령을 주인공으로 한 영화 <송가황조>가 우리나라에서 공연되어 팬들의 많은 사랑을 받기도 하였다.

송경령은 혁명가인 손문의 부인으로 또 송씨 가족의 일원으로 더 많이 알려져 있으나 그보다는 1920~30년대 중국혁명에 있어서 독자적 노선을 견지한 중요한 역사적 인물로 그녀만의 독창적이고 폭넓은 영향력을 발휘하였다. 송경령은 여성혁명정치가였고, 또한 사회활동가였으며, 인류의 평화와 복리증진을 위해 노력한 국제적 명사名士이기도 하다.

손문의 친구이자 혁명동지인 그녀의 아버지 송가수는 그녀를 계몽시킨 첫 번째 스승이다. 송가수는 손문의 혁명을 추종하여 먼저 자기 가정의 모든 봉건주의 잔재를 없애고 세 딸을 민주·평등·선진적 생활환경 속에서 건강하게 성장하도록 하였다. 큰딸 송애령과 막내딸 송미령은 어릴 때 총명하고 대담하여 송가수는 그녀들이 5세가 되자 중서여숙中西女塾에 입학시켜 그곳에서 기숙하게 하였다.

송경령도 언니나 동생에 못지않게 총명하였지만 그녀들만큼 대담하고 발랄하지는 못하다고 생각하였는지 7세 때 중서여숙에 입학시켰다. 송가수 부부는 송애령이 13세가 되었을 때 그녀를 혼자 미국에 유학 보냈다. 송애령은 중국 근대사상 최초로 미국에서 유학한 여성이 되었다.

1908년 송가수 부부는 송경령과 송미령을 함께 미국으로 유학 보냈다. 따라서 송경령은 15세 때 미국으로 유학 가서 서구식 현대교육을 받으면서 민주주의의 세례를 받았던 것이다.

송경령은 성격이 침착하고 수줍음을 많이 타서 자매들 중에서 가장 조용한 편이었다. 또 독립심이 강하고 진보적이면서 이상적인 사상을 가졌으나 거만하지 않았다. 또한 강한 민족의식과 애국심을 가지고 있었지만, 결코 배타적이지 않았기에 많은 외국인과 교류하고 세계의 사건에 두루 관심을 가졌다. 그만큼 그녀는 온화하고 겸손한, 마음이 열린 사람이었으며 누구라도 선입견을 가지고 배제하는 법이 없었다. 그렇지만 불의와 거짓, 비겁한 행위에 대해서는 단호하게 대처했다. 이후에 그녀는 자매들과 정치적인 입장이 달라서 자주 분란을 일으켰는데, 송애령과 송미령이 공동보조를 취한 반면 송경령은 언제나 홀로 고군분투하였다.

1913년 송경령은 미국 조지아주 메이컨시 위슬리여자대학교 영문학과를 졸업하고, 가을에 일본으로 건너갔다. 1914년 손문의 비서를 역임하면서 그해 중화혁명당에 가입하였다.

1915년 10월 25일 아버지의 반대를 무릅쓰고 일본 동경東京에서 손문과 결혼한 후, 손문을 따라서 원세개袁世凱 타도, 헌법 수호, 서남군벌 토벌 등 일련의 공화제 수호를 위한 정치투쟁에 참가하였다. 그녀는 손문의 영어, 불어 통역관이었고, 문서의 암호해독자이며, 절친한 정치적 조언자였다. 그녀는 손문의 부인이자 정치적 동지로서 공식 행사에 참여하였고 손문의 연설문과 논설의 번역판을 만들고 불명확한 사상을 정리해 주었다. 무엇보다도 자신을 위하여 안일을 구하지 않았으며, 자신이 선택한 흔들리는 역사의 정점에 서서 그 흐름에 대처하였다. 손문의 신분 때문에 불가피하게 겪어야 했던 칩거와 탈출 속에서 개인적으로는 부친의 사망과 자연유산의 아픔 속에서도 굴하지 않고 그녀의 시선은 늘 다가올 먼 미래를 앞서 바라보고 있었다. 그리고 그날을 위해 참여하고 헌신하고자 언제나 두려움 없이 최전선에서 있었다.

1925년 3월 손문이 간암으로 서거한 후 송경령은 이른바 손문이 주창한 민주·민생·민권이라는 삼민주의에 입각하여 그것을 충실히 계승 발전시켰다. 사실상 존경하던 손문의 혁명사상과 인품에 동조하여 결혼한 그 시기에, 이미 송경령의 한평생 추구할 사상과 철학은 확고히 정해졌으며, 그녀의 짧은 결혼생활을 통해 확고히 정해진 그녀의 신념은 이후 한평생 초지일관 처음의 푯대를 향하여 걸어갔듯이 손문 사후에서도 송경령은 정치적·사상적으로 독자적 위치를 확립하였다. 혁명이 발전함에 따라서 그녀는 또한 손문주의에 대하여 독자적인 해석을 내렸고, 국공國共: 국민당과 공산당 분열 이후에는 국민당의 지도권을 장악한 장개석 정권의 정치노선에 끝까지 저항한 국민당 좌파의 인물로서도 유명하다.

송경령은 손문의 미망인으로서의 상징적인 지위에 머무르지 않고 독자적 역사성을 지녔을 뿐 아니라 장개석의 국민정권이나 중공과의 특수관계 등을 미루어 보아 중국현대사에서의 송경령의 위치는 대단히 중요하다.

2. 손문사상의 계승자가 된 송경령

송경령은 중국혁명에 크게 공헌한 역사적 인물 가운데 한 사람이다. 그녀는 부유한 집에서 자랐으나 그 속에 안주하지 않고 애국애족과 혁명의 가시밭길을 스스로 택하였다. 일찍이 그녀는 손문의 혁명사업을 도왔으며, 그가 죽은 다음에는 장개석의 독재정치에 항거한 국민당 좌파의 인물로서도 유명하다.

1922년 6월 군벌 진형명陳炯明이 반란을 일으켰을 때 몸을 던져 손문을 위험에서 구해냄으로써 혁명사업에 대한 열정과 탁월한 헌신 정신을 발휘하였으며, 그 후에는 1차 국공합작을 실현시키기 위하여 많은 노력을 하였다.

1925년 3월 12일 손문이 북경에서 서거한 후 그의 유지를 받들어 ① '러시아와의 연합', ② '공산당과의 연합', ③ '노동자 농민에 대한 원조'라는 3대 정책을 견지하면서, 손문의 사상과 혁명사업을 왜곡한 국민당 우파와 과감히 맞섰다.

1927년 장개석과 국민당이 '4·12 정변'을 일으켜 공산당원들을 탄압했을 때 송경령은 모택동毛澤東·임조함林祖涵·등인달鄧寅達 등과 연명으로「장개석 토벌 전보討蔣通電」를 발표하였다. '7·15 왕정위王精衛의 반란' 전야에「손중산의 혁명 원칙과 정책 위반에 대한 항의 성명爲抗議違反孫中山的革命原則和政策的聲明」을 발표하고 국민당 우파와의 결별을 선언했다.

1927년 '8·1 남창南昌봉기' 때 송경령은 혁명위원회 7인 주석단의 한 사람으로 선출되었으며, 그 후 비밀리에 소련을 거쳐 독일, 프랑스, 벨기에 등의 세계 사회주의 대국과 자본주의 대국을 순방하였다. 이때 그녀는 마르크스 사상을 연구하면서 유럽으로 망명한 중국혁명가들과 함께 중국혁명의 핵심 문제인 토지와 농민 문제 등에 대해서 집중적으로 연구하여 자신의 사상을 비약적으로 성숙시켰다.

이 시기에 국제 반제국주의와 평화수호 운동에 적극적으로 참가한 이후, 1927년과 1929년에 국제 반제국주의 동맹대회에서 명예주석으로 선출, 세계 반파쇼위원회 주요 지도자 중의 한 사람이 되었다.

1931년 송경령은 중국으로 돌아가 국민당과 그 정부의 모든 직무를 거부 하고 사회복지사업에 종사하면서 항일구국운동에 참여하였다. 그리고 국민당 정부의 대일對日 타협과 대내對內 반공反共 탄압 정책을 비판하였다. 1932년 말 노신魯迅, 채원배蔡元培 등과 '중국민권보장동맹中國民權保障同盟'을 조직, 주석에 취임하여 국민당 우파에 대한 투쟁활동과 민주권리를 쟁취하는 혁명가들에 대한 원조 활동을 벌였다.

1933년 상해에서 개최된 극동 반전대회反戰大會에서 송경령 극동 반제반전동맹遠東 反帝反戰同盟 중국분회 주석에 당선되었다. 이 시기에 일련의 성명과 정론을 발표하여 중국공산당과 신민주주의혁명의 옹호를 선포하고, 전 국민들에게 반일반제反日反帝 민족혁명전쟁으로 진정한 중국 인민정부를 건설하자고 호소하였다. 그 후 애국인사들과 연합하여 「중국인민 대일작전 기본강령中國人民對日作戰基本綱領」을 발표하고, 중화민족 무장자위위원회를 설립하여, 전국의 항일구국운동을 적극적으로 지지하였다.

송경령은 자유와 민주주의를 추구하며 노동자·농민·여성해방을 위하여 생애를 바친 위대한 여성이다. 중국에서 항일 전쟁이 시작된 후 1938년에는 홍콩에서 '보위중국동맹保衛中國同盟' 등의 단체를 조직하여 경애화교연합총회瓊崖華僑聯合總會 명예회장을 역임하면서, 항일투쟁에 필요한 의약품과 각종 물자를 지원하였다.

1945년 9월 항일전쟁에서 승리를 거둔 후에 그녀는 미국인들에게 미국 정부의 장개석 내전 지원 중지를 호소하였다. 또 보위중국동맹회를 '중국복리기금회'로 개편하여 여성과 아동의 복지사업에 종사하였다.

송경령은 손문 총통의 부인으로, 손문 사후에는 세계 반파시스트 위원회의 주요 지도자로, 중국민권보장 동맹의 주석으로, 중국복지기

금회의 창설자로, 중국 중앙인민 정부의 부주석으로, 중소우호협회의 회장으로, 중국전국부녀연합회의 4대에 걸친 명예 주석으로, 아태 지역 평화위원회 중국 대표로 그녀는 자신을 필요로 하는 곳에 평화와 우호, 그리고 사랑의 상징으로 활동하였다.

현재 상하이에 본부를 두고 있는 중국복리회中國福利會는 송경령이 세운 보위중국동맹이 후속 기관이며, 평화와 정의를 사랑한 그녀의 유지를 받들어 보건과 의료, 모성 및 유아 복지, 아동의 문화 활동 및 교육 등 다양한 분야에 걸쳐 어렵고 가난한 이들을 대상으로 복지 사업을 펼쳤다.

송경령의 인간적이고 마술적인 매력에 대해 주은래의 부인인 등영초가 송경령의 장례식 고별사에서 다음과 같이 묘사하고 있다.

> "1924년 겨울 당신(송경령)이 손문 박사와 함께 천진으로 가고 있었던 때라고 기억합니다. 당신은 환영하는 군중을 만나기 위해 배의 갑판에 나와 섰습니다. 그 군중 속에 서 있던 나는 비록 나이 들고 이미 얼굴에 병색이 완연히 나타나 있었지만 똑바로 늠름하게 서 있는 손문 박사를 보았으며… 그리고 그의 오른쪽에 꼿꼿하고, 날씬하고, 우아하고, 젊고, 아름답고, 위엄 있고, 조용하고, 혁명이념에 고무되어 있는 당신이 있는 것을 보았습니다. 그때 이후 오늘까지 나의 마음속에는 한 젊은 여성혁명가로서의 이미지를 명확하게 지니고 있습니다."

적대적인 국민당과 공산당도 송경령을 두고 똑같이 '중국의 어머니'라 불렀으며, 중국인들에게 존경받는 총리 주은래는 그녀를 '민족의 보배'라 칭송하였다. 송경령의 독특한 명성과 흠잡을 데 없는 인품은 두 주요 정당이 모두 그녀를 '중국의 어머니'라고 부르고 있다는 사실에서도 엿볼 수 있다.

그만큼 송경령은 선구적 여성지도자로서, 애국자로서 중국과 중국 인뿐만 아니라 세계 각지 각계의 동지나 친구에게도 지울 수 없는 불멸의 발자취를 남겼다. 그녀의 일생은 중국의 현대사와 함께 펼쳐졌다고 해도 과언이 아닐 만큼 크고 작은 역사적 사건과 밀접한 관련이 있다.

송경령은 1949년 10월 1일 중화인민공화국 수립 후에는 국가부주석^{1959년 4월 7일 당선, 1965년 1월 재선}, 전국인민대표대회 상무위원회 부위원장^{1954년 9월당선, 1975년 1월 재선, 1978년 2월 삼선}, 전국정협 부주석 등과 전국부녀연합회 명예주석, 중국인민보위아동전국위원회 주석, 중국복리회 회장 등을 역임하였다. 1950년 정치협상회의 제1기 회의에서 발언하던 해에 세계평화이사회 이사에 당선되었다. 1951년 '국제평화 강화' 스탈린상을 수상하였다. 1952년 아시아 태평양지역 평화연락위원회 주석에 당선되었다.

특히 1930년대 이래로 민권운동과 항일구국운동을 전개하는 한편 세계 반제·반파시즘운동과 중국민권보장동맹을 위하여 헌신적으로 봉사하였다. 종전 후에는 중공정권 수립에 합류하였고, 그 후 정부의 여러 요직을 역임함과 동시에 부녀해방과 평화복지운동에 전념하였다.

3. 문화대혁명시기의 고통과 중국의 양심 송경령

송경령의 활동 가운데 중요한 면을 간추려 보면 다음의 네 가지로 요약된다.

첫째, 송경령은 손문주의^{孫文主義}의 계승자였다. 그녀는 손문의 혁명정책과 원칙을 충실히 지키고자 노력했으며, 손문의 유지에 배반되는 일에는 과감히 비판과 반론을 제기하였다. 그리고 민족해방을 이루기 위하여 용감하게 싸워온 혁명가적 지도자였다.

둘째, 송경령은 사회활동가였다. 그녀는 중국의 사회문제에 깊은 관심을 기울여 빈민구제와 복지사업에 몰두하였고, 특히 전쟁 중에는 난민과 고아의 구제에 헌신하였다.

셋째, 송경령은 여성해방의 제창자였다. 그녀는 반평생을 하루같이 여성과 아동을 위한 사업을 벌여 이들의 보건·복지·교육에 이바지함으로써 중국여성으로부터 존경받은 지도자였으며 중국 소년 소녀들의 자애로운 어머니였다.

넷째, 송경령은 세계평화운동의 지도자였다. 그녀는 세계 각국의 우호적인 인사들과 친분관계를 가졌고, 세계반제동맹의 명예주석으로 있으면서 세계의 평화옹호에 힘썼다. 그 공로로 스탈린 평화상을 받았다.

이상과 같이 송경령은 자유민주주의와 사회주의운동을 연결시키려는 신념을 가졌다. 그 신념은 기독교의 박애사상과 평화주의의 국제주의적 성향에서 출발하였으나 그 밑바탕에는 민족주의적 구국사상이 깊게 깔려 있었다.

송경령은 전 생애를 통하여 수많은 문장을 발표하였다. 그녀의 문장은 기품과 절도가 있고 취지가 선명하며 결코 비굴하지 않으며 시종 대중의 편에 선 것이었다. 90세 가까이 살면서 그녀만큼 중국과 중국민족을 사랑하는 글을 펴낸 사람도 많지 않다.

또한 송경령은 아주 부드럽고 수줍으면서도 심지가 강하고 또 학구적이며 도덕심이 높은 성격적인 특징을 지녔다. 그녀는 동요하거나 타협하지 않고, 진실하고 의연하게 중국혁명을 위해 힘써 나갔다.

그러나 이러한 송경령에게도 문화대혁명^{文化大革命: 1966~1976년}(중국공산당 주석 모택동이 중국혁명정신을 재건하기 위해 자신이 권좌에 있던 마지막 10년간에 걸쳐 추진한 대격변. 중국이 소련식 사회주의 건설노선을 따라 나아갈지도 모른다는 우려와 자신의 역사적 위치에 대한 우려 때문에 모택동은 역사의 흐름을 역류시키기 위해 역사상 유례없는 노력을 기울여 중국의 여러 도시를 혼란상태로 몰아넣었다)은 잔인한 기간이었다.

1966년 경령은 73세였다. 모택동은 공식적으로 문화대혁명을 선포하였다. 이 기간에 전통적인 국가통치노선과 함께 문화 그 자체가 중국 것이든 외국 것이든 간에 비판을 받았다. 왜냐하면 그것은 전통에 기초를 두고 있기 때문이었다. 완전히 새로운 국가를 건설하겠다는 최상의 꿈을 모택동은 잊지 않았다. 문화의 척도로서의 지식인들이란 '모든 사람 가운데 가장 어리석은 자'로 주장되었다. 어느 누구도 구문화의 오염에서 자유로울 수 없기 때문에 모든 사람들이 다 자신의 두뇌를 씻어내야만 하였다. 당시 모택동에 대한 개인숭배가 최고 절정에 이르렀다. 아무런 법도 통치권도 가치기준도 원칙도 없는 가운데 중국 전국이 대혼란상태로 빠져들어 갔다. 인간의 추악한 면이 촉발되었다. 사람들은 서로서로를 항상 감시하였다. 자신이 혁명을 성취하고 있다는 신념으로 각기 다른 '홍위병' 집단끼리 싸우고 죽였다. 책을 불태웠고, 그림들을 망가뜨렸다. 머리를 길게 기른 자는 '부르주아'로 간주되어 길거리에서 머리카락이 잘렸다. 스커트도 마찬가지였다.

1966년 가을, 경령은 몇몇 홍위병들에 의해 부르주아라고 공격을 받았다. 그녀의 생활방식, 그녀의 아름다운 것들에 대한 사랑, 그녀의 긴 머리, 그리고 공산당에 가입하지 않았다는 사실들이 문제가 되었다. 거의 같은 시기에 손문을 기리기 위해 그의 고향에 세워졌던 사당이 파손되었다. 손문은 부르주아혁명을 했다고 비난받았다.

1966년 말 경령의 부모 무덤이 파헤쳐졌다. 훼손된 무덤 옆 벽보에는 다음과 같이 씌어 있었다. "이들이 이 모든 인민의 적들을 낳은 악명 높은 송가宋家의 우두머리들이 아닌가! 송가를 타도하라!" 조상에 대한 숭배 때문에 묘지는 중국인들에게 전통적으로 신성한 곳이었다. 그래서 묘지를 훼손한다는 것은 산 자나 죽은 자 모두에 대한 극단적인 저주였다.

그러나 경령에 대한 위협은 오래가지 않았다. 그녀가 상징했던 혁명의 연속성은 너무 중요했기 때문에 위태롭게 될 수는 없었다. 주은래는 모택동에 대한 충성심과 혁명에 시달린 나라를 관리하는 비상한 재능 때문에 문화혁명기간에 수상직을 맡고 있었는데, 그는 다음과 같은 명령을 내렸다. "송경령 동지를 공격하는 것은 절대로 금한다." 그녀 부모의 무덤은 복원되었고, 복원된 묘지 사진을 보여주면서 그녀가 만족할 만큼 잘되었는지를 물었다. 그리고 병사들이 묘역과 그녀의 거주지를 지키기 위하여 파견되었다.

송경령을 보호하는 것은 쉬운 것이 아니었다. 문화혁명의 주도자였던 강청江青은 당연히 자기 차지라고 생각하던 중국 제일의 여성지도자 자리를 손문 부인인 송경령이 차지하고 있다는 사실에 대해 항상 매우 분개하였다.

그러나 주은래의 재치 있는 조정으로 강청의 질투는 파탄으로 끝날 수 있었다. 주은래는 어떤 특정인을 보호하기 위한 단 한 가지 신통한 무기는 모택동 어록을 인용하는 것임을 너무나 잘 알고 있었다. 1966년 11월 12일 손문탄신 100주년기념식에서 주은래는 손문의 역사적 중요성을 인식하고, 1956년 손문에 대해 쓴 모택동의 논문 가운데 반 이상을 인용하였다. 이것이 효력을 나타냈다. 그 이후 송경령은 직접적인 해를 입지는 않았지만 문화대혁명 기간 내내 불안하고 무력하였다.

1976년 9월 모택동이 사망하였다. 그의 사망 후 채 한 달이 되기도 전에 모택동의 아내 강청과 그 패거리였던 '4인방'은 한 발의 총성도 없이 체포되었다. 10년 동안 그렇게 많은 비참함과 유혈과 죽음을 가져 왔던 문화대혁명은 단지 몇몇 사람들이 별 힘도 들이지 않고 간단히 정리해 버림으로써 믿기지 않을 만큼 쉽게 끝나고 말았다.

1981년 2월, 문화대혁명을 되돌아보는 생애의 마지막 논설문에서 송경령은 국가가 민주주의와 합법성을 함께 갖춘 사회주의를 건설하여 문화대혁명 같은 폐단을 다시는 되풀이하지 않도록 촉구하였다.

송경령은 1981년 5월 29일, 88세의 나이로 북경에서 백혈병으로 사망하였다(송경령은 죽기 직전까지 캐나다 빅토리아대학교에서 명예 법학박사 학위를 받고 20분간 강연을 하기도 하였다. 1981년 5월 15일 중국공산당 중앙정치국에서는 그녀를 정식당원으로 입당 결정하였다. 그리고 중화인민공화국 명예주석의 칭호를 수여하였다). 그녀는 그해 초에 상해에 있는 가족묘지에 부모님과 평생 자신을 돌보아 준 하녀^{어린 시절부터 돌보아준 보모} 옆에 묻어달라고 이미 부탁해 두었다. 상해 만국공원 묘지 안에는 송경령과 송경령 부모의 무덤이 있다. 그런데 그 무덤 옆에는 이연아李燕娥 여사라 쓰인 모양과 크기가 똑같은 분묘가 있으니, 이는 송경령 생전에 그녀 곁에서 50년 동안이나 조석으로 그녀를 도와주며 함께 지낸 하녀의 묘지다. 송경령보다 4개월 앞서 세상을 떠난 이연아 여사는 송경령의 고집으로 그곳에 묻혔고, 송경령은 유언대로 그녀의 곁에 묻혔다. 중화인민공화국 명예주석이면서도 한 고용인과 함께 묻히기를 원했던 여인, 그녀가 바로 송경령이었다.

그녀는 손문의 능묘^{남경에 있는 중산릉}에 묻히기를 원치 않았다. 그녀의 친한 동료들은 그 이유에 대해, 그녀의 죽음을 둘러싸고 일어날 야단법석^{중산묘까지 옮겨서 장례 치르는 절차가 야단스러울 것이라는 생각}을 원치 않았기 때문이라고 말한다. 이 같은 결정은 송경령이 시저^{Caesar}의 미망인이 아니라 독립된 혁명적 여성지도자였음을 세상 사람들에게 말해 주는 것이었다. 그녀가 그토록 열심히 그리고 오랜 세월 그 실현을 위해 싸워온 이상이 종종 손문의 이름으로 나타나긴 했어도 그녀 자신의 것도 매우 많았다.

그녀가 남긴 유산은 자신의 원칙을 지키기 위해 전심전력으로 헌신하였다는 사실이다. 이것은 그것 자체로 폐쇄된 헌신이 아니라 온기와 희망을 퍼뜨리는 그런 헌신이었다.

"권력을 탐하지 않았다는 사실 때문에 그녀는 위축되지 않고 그녀가 살았던 시대의 모든 복잡한 정치 상황에 직면하여 맞서 나갈 수 있었다."라고 말한 해럴드 아이작스^{Harold Isaccs}의 말이나, "그녀는 자신의 한계를 알았다. 이 점은 매우 가치 있는 것이지만 결코 쉽게 찾을 수 있는 성질의 것이 아니다. 많은 세월 동안 그녀는 권력이 아니라 자신의 양심 때문에 싸웠다. 어떤 사람도 정치에서는 성인을 발견하지 못한다. 그러나 우리는 바로 정치의 한가운데서 상처를 안고 있으나 더럽혀지지 않고 정치에서 물러나 있는 송경령을 발견하게 된다. 그녀는 중국의 양심이었으나, 평범한 세계에서는 매우 낭만적인 인물이며, 인간 본성의 승리자 중 한 사람이다."라고 한 헬렌 스노우

Helen Snow의 말은 송경령을 이해하는 데 퍽 도움을 준다.

청년시대에서 노년기에 이르기까지 송경령은 국가발전의 모든 분야에 동등하게 참여할 수 있는 여성의 권리와 의무를 위해 싸웠으며, 사회가 그것을 조성할 의무가 있음을 인식시키기 위해 노력하였다. 그녀가 특별히 사랑하고 최대한의 관심을 기울인 것은 어린이들의 육체적·정신적 건강과 교육이었다. 그들은 과거의 발전을 이어받아 사회주의의 미래를 건설할 훌륭한 계승자이기 때문이다. 많은 일들은 기다릴 수 있지만 어린이들을 위한 일은 기다릴 수 없다고 그녀는 말했다.

제14장

송미령
영원한 퍼스트레이디

1981년 송경령이 사망하기 전 중국 정부는 미국에 있는 송미령에게 전보를 쳤으나 그녀는 귀국하지 않았다. 그리하여 1949년 대륙이 공산화된 이후 헤어진 두 자매는 '세기의 이산 자매'가 되어 죽을 때까지 서로 만나지 못하였으므로 이들 자매의 이야기는 세계적인 관심사가 되었다.

그 후 중국과 대만, 미국과 중국관계에 있어서 살아있는 교과서로 인정받던 송미령은 1995년 98세의 고령에도 불구하고 미국의회에서 세계 반파시즘 전쟁승리 50주년 기념연설에 참가함으로써 다시 한 번 세계의 이목을 주목시켰다. 이러한 사실은 국제적으로 고립감을 느끼고 있는 대만인들에게 송미령을 '영원한 퍼스트레이디'로 남게 하였다.

중국현대사의 주역이었던 장개석 전 대만 총통의 부인 송미령은 2003년 10월 23일 미국 뉴욕에서 106세의 나이로 조용히 생을 마감하였다. 그녀는 1897년에 태어났으나 19C, 20C, 21C 무려 3세기에 걸쳐 살다간 중국 역사의 산 증인이었다.

그녀는 청대 말기, 민국 시기, 군벌 혼전과 일제 침략을 거쳐 2차 세계대전을 경험하고, 냉전시대의 도래와 종식, 중국과 대만 관계의 긴장 해소 등을 목도하면서 106년의 세월을 살았다. 송미령의 사망으로 20세기 중국사에서 빼놓을 수 없는 송씨 자매의 서로 상반된 인생역정은 그 파란만장한 삶을 마감한 채 모두 역사의 뒤안길로 사라지게 되었다.

무엇보다도 송미령은 새로운 여성상을 제시했다. 혼인이라는 방식으로 권력에 진입한 방식은 전통적이지만, 전쟁의 포화 속을 뛰어다니며 병사들을 위로하고 절박한 서안사변의 현장에 직접 뛰어들어 타협을 끌어낸 그녀의 강인한 의지, 용기와 추진력은 전통적 '부덕^{婦德}'과는 거리가 멀었다. 또한 열변을 토하며 미국인들을 감동시킨 그녀의 강연은 "여자는 글을 모르는 것이 덕"이라고 하는 가르침을 뒤집은 것이었다.

또한 송미령이 이끈 부녀활동은 전장에 보낼 의복의 제조와 수선, 병사 위로, 아동 보육, 국군유족 보살핌 등으로 확실히 부녀의 전통적 구실에서 벗어나지 않는 것도 사실이다. 더욱이 그 목적은 국가와 민족에 헌신하는 것이며, 결코 여성의 자주를 최고의 목적으로 삼지는 않는다. 그러나 민족주의가 여성주의를 압도한 것은, 구망^{救亡}이 계몽^{啓蒙}을 압도한 것과 마찬가지로 중국 근·현대 역사의 한 특징이었다.

송미령의 사상과 행동은 "국가와 민족, 사회에 대해 책임을 질 줄 안다"고 하는, 20세기 전반기 중국의 이상적 여성상을 가장 잘 구현한 것이었다.

송미령^{宋美齡: 1897~2003년}은 장개석^{蔣介石 또는 장중정(蔣中正): 1887년 10월 31일~1975년} ^{4월 5일}의 아내이자 그의 훌륭한 외교 참모이기도 하다. 손문의 아내 송경령의 동생으로 본관은 광동성 문창^{文昌: 지금은 해남성(海南省)에 속함}이다. 1897년 3월 5일(음력 2월 12일) 상해에서 기업가 집안이자 기독교 집안에서 송가수의 세 딸 중 막내로 태어났다.

그녀의 아버지 송가수는 손문의 혁명을 추종하여 자기 집안의 모든 봉건 잔재를 없애고 딸들에게 현대식 교육을 시켰다. 송미령은 영리하고 대담하여 큰언니 송애령^{宋靄齡}과 마찬가지로 5세 때 중서여숙^{中西女塾}에 입학하여 기숙사 생활을 하였고, 1907년 10세 때 작은언니 송경령과 함께 미국으로 유학을 갔다. 조지아주 웨슬리여자대학교를 졸업하고 1917년 중국으로 돌아간 이후 그녀는 기독교 여자청년회 활동에 참여했다.

10여 년의 세월을 미국에서 보내고 돌아온 그녀는 상해의 YWCA의 지도적 회원이 되었으며, 전국영화검열위원회에서 활약하였다. 송미령은 각종 활동에 참가하면서 상해 사교계에서 떠오르는 해와 같은 존재가 되었다. 예쁘고 교양이 있으며 화려하고 멋지게 꾸밀 수 있는 재력도 있었으며, 모국어처럼 구사할 수 있는 영어회화실력은 그녀를

크게 뒷받침해 주었다. 어린 시절 그녀의 성격은 명랑하고, 생기발랄
하며, 장난기 어린 책벌레였으며, 매우 조숙한 편이었다. 성장한 후
그녀는 매우 오만하고 독선적이며 당돌하고 매사에 철저한 측면도
없지 않았으나, 아름다운 미소와 미모, 교양과 외교적 활동성을 겸비
하여 전체적인 조화를 이루어낸 서구적 여성의 면모를 지녔다.

흔히 송씨 세 자매를 일컬어 "송애령은 돈을 사랑하였고, 송경령은
조국을 사랑하였으며, 송미령은 권력을 사랑하였다"고 한다. 송미령
이 권력을 사랑하였다는 증거는 바로 그녀가 장개석과 결혼한 사실
을 들 수 있을 것이다.

본문에서는 20세기 초반 중국의 새로운 이상적인 여성상을 보여준
송미령의 삶과 역사적 지위에 대해 고찰해 보고자 한다.

1. 정치가로서의 송미령을 만든 미국유학생활

아버지 송가수는 자녀 가운데 가장 영리한 송미령을 유난히 예뻐
했다. 어디를 가든지 그는 막내딸을 데리고 다녔다. 아버지를 쏙 빼닮
아 동글동글한 얼굴에 포동포동한 몸집의 송미령은 얼굴뿐 아니라
성격도 아버지를 많이 닮아 아주 영리하고 활달했다. 다만 너무 응석
받이로 자라 그런지 오만하고 고집이 셌다. 흥분하거나 화가 나면 온
몸에 두드러기가 돋을 정도였다.

이렇게 명랑하고 쾌활한 한편 남에게 지기 싫어하고 자기과시적인
성격은 이후 그녀의 결혼과 사회활동에 그대로 드러난다. 미국으로
유학 가기 전 미령은 다섯 살 때 언니 애령을 따라 상해의 유명한 외
국인학교, 중서여숙 유아반에 들어갔지만, 마마에 걸린 데다 적응도

잘 못해 결국 집에서 가정교사를 불러 공부하다가 열 살 때 언니 경령을 따라 미국으로 간다.

겨우 열 살인 미령은 둘째 언니 경령을 따라 1907년 미국에 도착했다. 큰언니 애령은 이미 3년 전에 미국에 와서 대학을 다니고 있었다. 애령과 경령은 각각 1909년과 1913년에 조지아주의 웨슬리안대학교를 졸업하였다. 이 대학은 미국에서 처음으로 특별허가를 받아 설립된 여자대학으로 남부 감리교회에서 건립한 학교였다. 미령은 아직 고등학교에 들어갈 나이가 아니었지만 청강생으로 웨슬리안의 기숙사에서 지내는 것을 허락받았다. 언니 경령과 마찬가지로 독서광이던 어린 미령은 1909년 조지아주의 피어몬트에서 잠시 학교를 다니다가 이듬해 다시 언니 경령과 함께 웨슬리안대학교로 돌아온다.

1910년에는 큰언니가, 1913년에는 작은언니마저 귀국하자 16세의 미령은 오빠 송자문을 보호자로 삼아 그가 다니고 있던 하버드대 근처의 웰즐리대학교에 정식으로 입학하였다. 이 학교는 바싸대학, 스미스대학 등과 함께 미국의 7대 명문 여대 중 하나이다. 송미령과 힐러리 클린턴, 그리고 여성 최초로 국무장관이 된 올브라이트가 이 대학 출신 가운데 가장 저명하다.

이 학교에서 나이가 가장 어렸던 미령의 이름은 'Mayling Olive Song'이었으며, 영문학을 전공했다. 송미령이 서안사변[1936년 12월 12일]으로 세계적인 유명인사가 되자, 1938년 2월 웰즐리대학은 교내 간행물에 송미령의 학창시절을 다룬 기사를 실었다. 그에 따르면 "미령은 매우 뛰어난 학생으로 영문학을 전공했으며 철학을 부전공했다. 불어와 음악은 4년 동안 조금도 중단한 적이 없었고, 기타 천문, 역사, 식물, 영작문, 성경사 및 변론술 등을 공부했다. 1916년 여름에는 버몬트대학에서 교육학을 이수하기도 했다. 웰즐리에서의 마지막 1년 동안 그녀는 교내의 최고 영예상인 듀란트장학생에 선정되기도 했다.”고 한다.

1917년 6월 19일 송미령은 200여 명의 학생 가운데 유일한 중국인으로 웰즐리를 졸업했고, 1942년 6월 15일에는 이 학교로부터 법학박사학위를 받게 된다. 이미 세계적인 명사가 되어버린 그녀를 대신해 주미대사 호적胡適이 대신 학위를 받았다.

1917년 귀국하기까지 10년 동안의 미국유학생활은 아버지 송가수와 마찬가지로 송미령에게도 취향에서부터 가치관, 신념을 형성하는 인생의 가장 중요한 시기였다. 그녀는 평생 초콜릿과 야채샐러드를 즐겼다고 하는데, 이 모두가 미국에서의 오랜 유학생활에서 갖게 된 취향일 것이다.

그녀가 미국의 급우들에게 했다고 하는 “내 몸과 정신에서 유일하게 동양적인 것이 있다면 그것은 내 얼굴뿐”이라고 하는 말은 지금까지도 회자되는 유명한 말인데, 이는 단순히 용모에 대한 불만의 표출만은 아닐 것이다. 서양인의 눈으로 동양을 바라보는, 이른바 ‘오리엔탈리즘’이 유학생활에서 체득되었던 것이다. 한편으로는 비록 외모는 다를지라도 그녀 자신은 서양인에 뒤질 것이 없다고 하는 당당한 자신감의 발로이기도 하다. 따라서 유학시절 그녀에게는 다른 동양유학생들의 얼굴에서 흔히 발견되는 일종의 비굴함 같은 것은 찾아볼 수 없었다. 지기 싫어하는 그녀는 외모 가꾸기도 게을리하지 않았던 것 같다. 아버지를 닮아 둥글고 검었던 그녀는 얼굴은 점점 희고 갸름하게 변해 갔다. 통통했던 몸매도 가녀린 체구로 바뀌었다. 창백한 얼굴과 가녀린 체구는 그녀에게 매료된 서구의 남성들로 하여금 ‘동양적 신비’를 느끼게 만들었다.

요컨대 10년에 걸친 미국유학생활로 말미암아 그녀는 인문학과 자연과학의 폭넓은 지식을 지니게 되었으며, 유창한 영어에 서구식 매너를 익힌 우아하고 세련된 용모의 소유자로 재탄생했다. 이러한 내면적 외면적 자산들은 나중에 퍼스트레이디가 되어 외교활동을 펼칠 때 진가를 발휘하게 된다.

2. "영웅이 아니면 시집가지 않겠다"고 공언한 송미령

귀국한 송미령은 중국어를 열심히 공부하는 한편 기독교여청년회에 가입하는 등 활발한 활동을 하였다. 1918년 아버지 송가수가 암으로 사망한 뒤 송미령은 상해의 저택에서 어머니와 함께 살았다. 장개석을 만나는 것은 4년 뒤의 일이다.

이후 장개석은 손문의 집을 자주 드나들면서 송미령을 보고 첫눈에 반해 버렸으며, 송미령도 건장하고 영준한 국민당 장교 장개석에게 상당한 호감을 가지고 있었다. 장개석은 일찍이 손문에게 자기가 송씨 집안에 청혼할 수 있도록 도와달라는 부탁을 하였다. 그러나 손문은 장개석을 동서로 맞이하는 것이 결코 싫지는 않았지만 장개석의 부탁을 거절할 수밖에 없었다. 그 이유는 첫째, 자신이 송경령과 결혼하면서 분란을 일으켰던 송씨 집안과 관계가 그다지 좋지 못하였고, 둘째, 송경령이 장개석에게 극히 부정적인 인상을 가지고 있었기 때문이었다. 송경령은 군인 장개석에게 극도의 편견을 가지고 있었는데 그녀는 심지어 손문과 측근들에게, "송미령이 죽는 것을 볼지언정 장개석과 결혼하는 것을 보고 싶지는 않다."라고 털어놓기도 하였다. 사실 송경령은 장개석의 나이가 많고 출신이 비천했기 때문이 아니라, 장개석이 손문의 유지와 국민혁명을 거역하고 민족 분열을 조장했기 때문에 결혼을 반대하였던 것이다.

또한 당시 장개석은 이미 결혼을 하여 아내를 세 명이나 둔 유부남이었음에도 불구하고, 송미령이 모두의 예상을 깨고 장개석과의 결혼을 감행할 수 있었던 데는 역설적이게도 언니들의 성격으로부터 받은 영향이 컸다고 볼 수 있다. 무엇보다도 송미령은 매우 현실주의자인 데다가 욕심이 많았다. 재벌인 큰형부 공상희, 정치적 거물인 둘째 형부 손문과 비교해 손색이 없어야 했다. "영웅이 아니면 시집가지 않겠다"고 공언할 정도였다. 게다가 송경령이 전 가족의 반대를 무릅쓰고 손문과 결혼을 올렸을 때, 오직 미국에서 유학하고 있던 송미령만은 송경령의 입장을 이해해주고 있었다. 송미령은 그 누구보다도 먼저 그러한 송경령이 자신의 결혼에 동의해 줄 것으로 믿었으나 결과는 정반대였다. 송미령은 자신의 처지를 이해해주지 못하는 언니가 원망스러웠지만 그녀 또한 그러한 언니의 전철을 따라서 반대를 무릅쓰고 결혼을 감행하였던 것이다.

만약 송미령의 영웅 숭배가 송경령에게서 비롯된 것이라면, 송애령의 영특한 현실주의 관점은 송미령이 결혼의 장애 요소를 깨끗이 쓸어낼 수 있도록 도와주었다고 할 수 있을 것이다. 당시 환경에서 송애령은 국민당이 단결하기만 하면 중국의 통일이 이루어질 수 있으며, 그렇게 되기 위해서는 오직 군인에 의지해야 한다고 생각하였기 때문에 송미령과 장개석의 결혼을 긍정적인 시각으로 보았다.

송애령과 그녀의 남편 공상희孔祥熙의 결합은 중국의 남북 재벌세력의 연합이었고, 송경령과 손문의 결혼은 송씨 가문과 국민당의 결합이었다. 이럴 때 집안에 장개석과 같은 군인 세력이 가세한다면 더 이상 바랄 게 없다는 것이 송애령의 판단이었던 것이다.

송미령이 장개석을 만났을 때 당시 장개석은 국민당의 지휘관으로서 명성과 세력 기반을 확고히 다져 나가고 있었고, 손문의 유망한 후계자로 떠오르고 있었다. 1924년에는 황포군관학교 교장, 1926년에는 국민혁명군 총사령관에 취임하여 지방군벌들을 토벌하기 시작했다.

송미령의 어머니 예계진은 장개석이 유부남인 데다 기독교 신자가 아니라는 것 때문에 처음에는 이 혼사를 완강히 반대했지만, 앞으로 성서 공부를 열심히 할 것이며, 또 전 부인과 이혼하겠다고 하는 장개석의 말에 끝내 결혼을 승낙한다.

퍼스트레이디가 되고 싶은 자신의 야망 때문에 1927년 12월 1일 30세의 송미령은 여자관계가 복잡한 40세의 장개석과 결혼식을 올렸으며, 곧이어 1928년 송미령은 퍼스트레이디가 되었다. 따라서 송미령이 어릴 때부터 말해왔던 "영웅이 아니면 시집가지 않겠다"는 맹세는 실현되었고, 장개석도 손문 이후 최고의 권력자가 되었다.

결혼 후 그녀는 약 10여 년간 공산당과 일제침략에 대항하는 전쟁을 수행한 장개석을 그림자처럼 수행하면서 그의 개인비서, 통역관 겸 외교고문으로 발군의 재능을 발휘하였다. 또한 그녀는 매우 용감하여 항공사령을 자처하고 나서 비행기 120대를 미국에서 얻어와 항공외국용병대를 창설하기도 하였다. 이외에도 그녀는 정치 사회활동에 폭넓게 참여하여 여성단체와 아동복지단체에서 단체장 등을 맡아 활약하였다.

1936년 12월 서안西安에서 장개석이 장학량張學良과 양호성楊虎城에게 감금되는 사태가 발생하였다(서안사변은 1936년 12월 12일 동북군 총사령관 장학량이 국민당 정권의 총통 장개석을 섬서성의 서안 화

청지에서 납치하여 구금하고 공산당과의 내전을 중지하고 일본 제국
주의의 침략에 맞서 함께 싸울 것을 요구한 사건이다. 이 사건으로
국민당군과 홍군은 국공 내전을 중지하고 제2차 국공 합작이 이루어
져 함께 대 일본 전쟁을 수행하는 계기가 되었다). 그녀는 위험에 처
한 장개석을 구하기 위해 위험을 무릅쓰고 직접 서안으로 비행기를
타고 날아가는 과감성을 보였다. 또한 서안을 토벌해야 한다는 극단
적인 의견을 설득하여 평화적인 해결책을 모색해야 한다는 냉철한
상황 판단력을 보여주었다. 송미령은 직접 공산당 측의 주은래와 담
판을 통해 남편을 구해냈다. 전 세계가 긴장하며 주목했던 이 사건은
'항일민족 통일전선 결성'이라는 결과를 이끌어 내며 순조롭게 마무
리되었고, 현명하면서도 결단력이 있는 송미령의 뛰어난 능력을 널리
입증한 계기가 되었다.

이 서안사건으로 송미령은 '세계에서 가장 주목받는 여성'이 되었
으며, 미국을 비롯한 세계 각국에서 쏟아지는 찬사는 헤아릴 수 없을
정도였다. 1938년 제1기 『타임』지에서는 장개석과 송미령의 사진을
겉표지에 실어 '뉴스의 인물부부'로 선정하였다. 송미령은 더욱 주목
받는 국제적인 유명인사가 되었으며, 1943년에는 장개석을 따라 카이
로회담에 참석하여 통역을 맡기도 하였다. 1940년대에 그녀는 미국
의회를 상대로 정열적인 로비활동을 펼쳐 미국의 원조를 끌어냈으며,
'차이나로비'의 주역으로 대접받았다. 1943년에는 당시 루스벨트 대
통령의 초청으로 외국여성으로서는 최초로 미국 상하양원합동회의
에서 미국원조를 요청하는 연설을 하여 기립박수를 받았다. 미국의
루스벨트 대통령은 "선교사가 중국에 예수를 전했듯이 송미령은 미
국에 중국을 알렸다"고 극찬하였다.

이와 같이 송미령은 탁월한 언변과 정열적인 외교활동으로 수많은 신화를 남겼다. 공산당에 패한 뒤 대만으로 건너온 후 남편을 도와 자유중국정부의 강력한 배후가 되었다. 뛰어난 미모와 능력으로 송미령은 송경령 못지않을 만큼 중국 현대사의 한 페이지를 장식하였을 뿐만 아니라, 장개석 총통을 세계적 인물로 만드는 데에도 큰 공헌을 하였다.

1948년 장개석을 대신하여 미국으로 건너가서 원조를 요청하였으나, 1949년 장개석의 국민당이 모택동이 이끄는 공산당과의 패권 전쟁에서 패하여 대만으로 철수하자, 미국에 체류하고 있던 그녀도 1950년 1월 대만으로 건너갔다.

1950년대 초는 대만의 정국이 가장 불안한 시기였다. 만약 송미령이 비겁한 여인이었다면 그녀는 결코 대만으로 들어가지 않았을 것이다. 그녀는 장개석과 국민당을 위하여 언제든지 몸을 바칠 각오가 되어 있었기 때문에 위험을 무릅쓰고 대만으로 건너갔던 것이다. 송미령이 단순히 장개석의 권력을 흠모하여 그와 결혼하였다고 한다면 그녀의 이러한 행동은 그 무엇으로도 설명할 수가 없을 것이다. 대만에서 장개석과 함께 정권의 혼란기를 겪은 후에 그들은 집에 영화관을 설치해 두고 자주 영화를 보면서 다소 한적한 생활을 보냈다.

1974년 국민당 10기 5중전회에서 송미령은 '중산훈장中山獎章'을 받았다. 1975년 4월 5일 장개석이 병사하자 그해 9월 17일 송미령은 병을 치료하기 위해 미국으로 건너갔다. 그녀는 미국에 도착하자마자 병원에 입원하여 허리 수술을 받았으며 경과는 아주 좋았다. 그 후 여러 차례 대만으로 돌아가 계속적으로 조금씩 미국으로 짐을 옮겼다. 1991년 그녀가 대만을 완전히 떠날 때는 99개의 상자를 가져갔다고 한다.

송미령은 1950년 1월 미국에서 대만으로 건너가 1991년 대만을 완전히 떠날 때까지 약 40여 년간 실제로 대만에 있었던 기간은 그중 절반도 안 된다. 그녀는 왜 그렇게 미련이 많은 대만이라는 땅을 떠나야만 했을까? 그 원인은 아마도 대만의 정치적 분위기가 그녀의 심기를 불편하게 했던 이유도 있지만 그보다 자기 일생에 결정적인 변화를 가져다 준 제2의 고향 미국으로 하루빨리 돌아가고 싶었을 것이다.

그녀는 말년을 미국 동부 롱아일랜드의 별장이나 뉴욕 맨해튼의 자택 아파트에서 보냈다. 송미령이 권력 지향적이며 오만함과 허영심이 있었다 할지라도 그녀의 뛰어난 재능과 미모와 외교적 수완은 충분히 역사에 길이 남을 만하다. 중국이 일본침략에 대항하고, 대만이 공산중국의 위협 속에서 생존하게 된 데에 송미령이 결정적으로 기여하였다는 평은 너무나 당연하다고 할 것이다. 미국 시사주간지 『타임』은 '가장 존경할 만한 여성', '가장 아름다운 여성' 등의 타이틀로 그녀를 세 번씩이나 표지인물로 선정하였다.

3. 너무도 다른 두 자매의 인생, 그리고 백 세 생일

'송씨 집안 세 자매'의 생애는 극히 파란만장한 인간드라마일 뿐만 아니라 중국혁명과 20세기의 역사에 길이 남을 귀중한 증언을 함축하고 있다.

미국에서 신학대학을 졸업하고 선교사가 되어 귀국한 후 절강재벌로 성장한 아버지 송가수와 독실한 기독교 집안 출신으로 현대적 교육을 받은 어머니 예계진倪桂珍 사이에서 각각 둘째 딸과 셋째로 태어나 동일한 성장환경과 교육 속에서 자랐으면서도 송경령과 송미령은 서로 다른 인생관을 갖고 각기 다른 인생행로를 걸어갔다.

'송경령'은 중국의 국부 '손문'의 아내이면서, 손문 사후에도 오로지 자신의 조국 중국을 위해 대내외적으로 눈부신 활약을 펼친 존경받는 여성지도자이다. 반면 송경령의 동생 '송미령'은 남편 '장개석'을 도와 중국을 통일하려 하였으나, 결국 모택동에게 패한 후, 남편 장개석을 따라 대만으로 이주해 살면서 언니인 송경령과는 달리 권력욕이 강했던 여성지도자이다.

세 딸은 모두 전족을 하지 않았으며 학교교육을 받았다. 첫째 딸 송애령이 중서여숙에 입학한 것은 1898년, 다섯 살 때였다. 바야흐로 중국자본주의가 최초의 성장기를 맞이하려는 때였으며, 외국문화에 대한 관심이 높아지고 여성교육이 주목되기 시작하여 기독교인과 개화지식인 사이에서 '천족天足: 전족을 하지 않은 원래의 발을 의미 운동'이 일어나려고 하던 무렵이었는데 송가수 부부는 그 선구자였다.

강철 같은 현실주의자로 산서성 출신 명문 공상희孔祥熙와 결합하여 중국 재계를 마음껏 주물렀으나 정치에는 관심이 없었던 큰언니 애령靄齡, 1888~1981년과는 달리 경령은 국부인 손문과 결혼함으로써 최초의 퍼스트레이디가 되어 가장 확실한 손문의 사상 계승자로서 투철한 혁명운동가적 리더로 성숙한 후 대중 편에 서서, 국민당 정권의 부패와 비민중적 정책을 비난하며 종국적으로 중공정권에 합류하여 국가 부주석, 명예주석을 지냈다.

이와 달리 미령은 1927년 장개석과 결혼하여 중국 제2의 퍼스트레이디로서 20여 년을 지내며 장개석을 도와 역사적인 회담장에 참여하고, 또한 1940년대 미국상하의원에서 연설하여 미국의 원조를 얻어내는 성공적인 외교수완을 발휘한 달변과, 강인한 의지와 미모의 소유자로서, 대만으로 건너간 후 아시아에서 가장 강력한 반공의 상징이었으며, 대만의 영원한 퍼스트레이디였다.

송경령과 송미령 모두 성실하고 책 읽기를 좋아하고 학구적인 면이 있었음은 공통적이다. 그러나 언니 경령은 내성적이고 침착하며 수줍음을 타는 성격으로 초지일관 신념을 관철하는 외유내강의 성격이었음에 비해, 동생 미령은 쾌활하고 재치 있고 세련되고 당당한 모습을 보이는 외향적인 성품을 가졌으며, 특히 사교적인 면이나 외교적인 수완이 뛰어났다.

같은 부모 밑의 한 핏줄의 자매이며, 동일한 교육과 환경 속에서 자랐으나 매우 다른 정치노선을 가진 동생 송미령에 대해서도 송경령 못지않은 관심을 유발시킨다. 두 자매는 살아생전에 혈연의 관계는 어쩌지 못했으나, 한 사람은 좌파로서 또 한 사람은 극우로서 정책적으로는 서로 불화하였음은 익히 아는 바다. 시기는 확실하지 않지만, 각 성의 주석부인을 대상으로 했던 훈련반 모임에서 송경령과 송미령은 충돌했다. 송미령이 "여러분이 외국의 친구들을 접대하는 데 필요한 것, 예를 들면 나이프와 포크를 들고 식사할 수 있어야 합니다."라고 하자, 송경령이 "오늘날 중국여성과 중국인민의 문제는 나이프와 포크를 들고 식사할 수 있는가, 없는가가 아니라, 먹을 것이 있는가 하는 문제입니다." 그러자 송미령이 매우 난처해하고 있는 모습을 본 송애령이 구원에 나서서 "오늘날 여성계의 문제는, 무엇보다도 단결입니다."라고 말했다고 한다.

송경령과 송미령, 두 여성을 놓고 볼 때 송경령은 파란만장한 중국 현대사 속에서 평범한 여성으로 안주하지 않고 망명생활을 하며 민중 편에 서서 남편 손문의 뜻을 수호하기 위해 외롭게 투쟁하였으며,

결국 그녀는 최후의 승리자가 되어 중화인민공화국의 부주석과 명예주석에까지 올랐다.

송미령은 대륙에서의 22년간의 화려한 퍼스트레이디 생활을 거친 후, 공산당에게 패망하여 대만으로 이주한 후에는 다시 26년간의 퍼스트레이디 생활을 하였다. 중국공산당과의 전쟁에서 결국엔 정치적 패자가 되었으나 지난 40년대 그녀는 미국 의회를 상대로 정열적인 로비활동을 펼쳐 미국의 원조를 끌어낸 '차이나로비'의 주역이다.

송경령은 88년간의 생애 중 결혼생활은 10년이었으나 그 이후 손문의 뜻에 따라 평생을 혁명운동에 몸을 바쳤고, 미령은 106년간의 생애 중 결혼생활은 48년간이었으나 만년에는 거의 별거하다시피 했었다. 개인적인 의미에서 볼 때, 두 자매의 인생은 외롭긴 마찬가지였다고 보인다.

1997년 3월 23일 송미령은 뉴욕 롱아일랜드의 거처에서 기대와 기도 속에 그녀의 백 세의 생일을 맞이했다. 그녀의 백 세 생일잔치는 모두 미령의 "규모를 작게 하고, 널리 알리지 않으며, 외부인보다는 가족을 주로 부른다"는 원칙에 맞추어 진행되었다. 노부인이 휴식을 취하는 것에 영향을 주지 않기 위해 의식은 모두 오전 9시부터 11시까지 두 시간 동안 치르도록 했다.

9시가 되자 각지에서 온 내빈들이 속속 도착하였다. 입구에서 손님을 맞이하는 아가씨들은 한 분 한 분 깍듯이 모셨다. 선물증정을 마친 손님들이 한 명 한 명 안으로 들어와서 노부인에게 축하인사를 전했다. 이때 송미령은 먼저 휠체어에 앉아 일일이 악수를 하며 아들 손자뻘 되는 손님들에게 환영을 표했다. 손님이 많아져서 다 악수를 할 수 없게 되자 노부인은 수시로 키스와 미소를 보내며 마음속으로부터 환영을 표시했다.

특히 어린 손님을 만나면 그녀의 인자한 면모는 훨씬 더 잘 드러났다. 그녀는 그들과 같이 사진을 찍기도 하고 일일이 사탕과 작은 선물을 주기도 했다. 이에 장씨, 송씨, 공씨 집안의 36명의 증손자들은 마치 생일축하잔치의 주인공이라도 된 듯이 마음껏 뛰어놀았다.

송미령은 아이들을 끔찍이 사랑했고, 아이들은 할머니에게 깍듯이 대했다. 아이들에게 즐거움을 남겨주는 것, 그것은 바로 미래에 희망을 남겨주는 것과 같았다. 송미령은 기뻤다. 그녀는 기쁜 마음에 아이들과 같이 노래를 부르기도 하였다.

음식은 중국식으로 차려졌고 서양요리도 조금 준비되어 있었다. 축하분위기 속에서 손님들이 하나둘씩 안으로 들어왔다.

"자, 여러분 조용히 해주세요. 노부인의 말씀이 있겠습니다."

생일잔치의 사회자가 말했다. 연회장 내는 곧 조용해졌다. 송미령은 잔을 들며 말했다.

"사실 할 말이 별로 없어요. 하고 싶은 말을 술 한 잔에 담아 여러분께 권하겠습니다. 많이들 드시고 즐거운 시간 되세요."

송미령의 말은 잔치를 최고조로 이끌었다. 잔 부딪치는 소리, 축하인사, 웃음소리가 끊이지 않고 이어졌다. 1997년 3월 23일, 이날은 바로 송씨 왕조의 대변인인 송미령이 그녀의 백 세 생일을 맞이한 날이었다.

제15장

강청
제2의 측천무후를 꿈꾸다

강청은 어려움을 극복할 줄 아는 강한 의지의 소유자였으며, 목적을 위해서는 자신을 내던지는 야심 찬 여성이었다. 영화배우가 되기 위해서, 또 정권의 정상을 향해서 그녀는 수단과 방법을 가리지 않았다. 모택동의 최측근으로 모택동이 정권을 다시 장악하기 위해 발동한 문화대혁명에 기여하면서 강청은 정치무대에서 활발하게 활동하였으며, 그녀의 정적들에게 모욕을 주고 타도했다.

강청이 문혁기간에 막대한 권력을 행사할 수 있었던 것은 모택동의 단순한 관용에 의해서가 아니라 모택동의 동의와 부탁을 받았기 때문이었다. 강청은 이론가인 모택동의 생각을 구체적인 실천으로 옮기면서 자연스럽게 정책의 조정자가 되었으며, 모택동 말기에는 정권까지 장악하고자 했다. 모택동처럼 강청도 대중의 결속을 위해서는 대중의 정신, 그 가운데도 문화에 대한 통제가 필요하다는 것을 잘 알고 있었다. 대중을 위해 기득권자들이 아닌 젊은이들만이 도덕적으로 부르주아 이데올로기의 근원을 단절시킬 수 있다고 믿었다.

강청은 문화적으로 불모지였던 프롤레타리아 문화를 창조해냈다. 그녀가 만든 경극의 주인공은 눈부신 옷을 입은 구지배계급이 아니라 프롤레타리아의 의상으로 등장하는 일련의 노동자 계급이었다. 그들에게 적의 두목은 귀족, 특히 과거의 부자이며, 외국의 침략자 그것도 주로 일본인이었다. 그 결과 오늘날 중국 민중은 무대나 영화에서 연출되는 경극을 뒷골목이나 농장에서도 노래할 수 있게 되었다.

중국에서는 문화가 압도적으로 여성의 책임 영역이었던 적이 없었다. 몇 세기 동안이나 남성은 극작가, 연출가, 음악가로서 연극계를 좌우하고 무대를 독점했다. 그러나 강청은 프롤레타리아적인 시·소설·노래·무용·오페라를 끊임없이 창작하면서 농민들을 지도했고, 지방 여성의 사회적 정치적 구실을 남성과 동등하게 만들었다. 권력구조의 정점에 선 여성이 허심탄회하게 국민과 대면하는 20세기의 혁명적 지배자의 모습이 그녀에게서 시작되었던 것이다.

그러나 모택동은 강청에게 권력을 물려주지 않았다. 모택동은 강청이 그의 사상을 계승하였고 그의 과업을 함께했으나, 국가를 경영할 수 있는 능력이 부족하고 통치의 법칙을 모른다고 생각했다. 모택동은 강청의 한계를 잘 알고 있었다. 그녀는 불을 붙이는 재주는 있지만 큰 불을 다루거나 끌 줄은 모른다고 보았던 것이다. 결국 모택동이 죽은 뒤 강청은 당권과 정권을 탈취하려 했다는 죄명으로 1980년 사형선고를 받았다가 83년 무기징역으로 감형되었으나 1991년 자살했다.

모택동毛澤東: 1893~1976년의 부인 강청江靑: 1914~1991년은 문화대혁명 기간에 모택동의 후광을 업고 권력 행사자로 정책조정자로 적극 막강한 권력을 휘둘렀던 '4인방四人幇: 강청·왕홍문·장춘교·요문원'의 핵심인물로서 본명은 이청운李靑雲, 별명은 이운학李雲鶴, 무대이름은 남빈藍蘋으로 산동성 제성諸城 출신이다.

강청의 할아버지는 원래 2만여 평의 토지를 소유한 지주였으나 아버지 이덕문李德文대에 이르러 파산하여 가난한 목공소를 했다. 이덕문의 본처는 원래 지주집안의 딸이었으나 늙고 못생겼다는 이유로 이덕문의 사랑을 받지 못했다. 그래서 이덕문은 50세에 다시 결혼하여 20여 세의 젊고 예쁜 란씨欒氏를 첩으로 삼았다. 1914년 3월, 란씨는 딸을 낳았는데 그녀가 바로 몇 십 년 후 중국대륙을 떠들썩하게 흔들었던 강청이다.

이덕문은 성미가 급하고 거칠어 걸핏하면 자기 아내에게 손찌검을 하곤 했다. 어느 해 정월 대보름에 이청운의 어머니 란씨는 실수로 넘어져 그릇을 깨뜨렸다. 이에 화가 난 이덕문이 삽으로 마구 때리는 바람에 란씨는 손가락이 부러졌고 놀라서 울던 이청운은 따귀를 얻어맞아 이가 부러졌다. 더 이상 고통과 멸시를 당할 수 없다고 생각한 란씨는 딸을 데리고 그 집을 나왔다. 그러나 아무것도 가진 게 없었던 란씨는 생계를 위하여 남의 집 종살이라도 해야 했다. 그녀는 이청운을 친척집에 맡겼는데 이로부터 이청운에게는 가난하고 힘든 생활이 계속되었다.

본문에서는 강청이 정치무대에 등장하게 된 배경과 그녀가 어떻게 기득권에 도전하며 권력을 행사했는지를 소개함으로써 강청에 대한 새로운 평가를 시도해 보고자 한다.

1. 모택동과의 만남, 권력으로의 첫발

가정형편이 어려워 간신히 소학교를 졸업할 수 있었던 이청운은 1929년 수업료와 생활비가 면제된 산동실험극원山東實驗劇院에 입학하여 전통가극의 창, 신극의 연기, 그리고 여러 종류의 악기를 다루는 법을 배웠다. 그러나 약 1년 뒤에 실험극원이 폐쇄되자 일부 교사들이 조직한 순회 연극단을 따라 북경에 가서 출연했다. 이청운은 163㎝의 날씬한 키와 균형 잡힌 몸매에 예쁘장한 얼굴로 잘 웃고 명랑하며 호기심이 많은 적극적인 젊은 여성으로 뭇 남성들의 시선을 끌었다.

이청운은 만 17세 되던 1931년 봄, 실험극원의 원장이었다가 청도대학 학장으로 임명된 조태모趙太侔의 도움을 받아 청도대학 도서관 직원이 되었다. 이때 이청운은 많은 서적을 탐독할 수 있었고, 좌익 성향 교수들의 문학·역사·창작 등의 강의를 청강하였으며, 진독수·노신·이대교 등의 영향을 받아 봉건독재와 군벌통치 및 제국주의에 반대했다. 당시 급진적인 정치가 황경黃敬과 동거하고 있던 그녀는 반일학생운동에 참여했고, 1932년에 좌익극작가연맹에 가입했으며, 이어서 공산당에 하급당원으로 입당했다. 그리고 5개월 뒤 황경이 체포되자 강청은 상해로 이주했고, 그곳에서 다시 황경을 만났으나 그의 부모가 반대하여 황경과 파경에 이르렀다. 이청운은 1934년 5월 무렵부터 야학교 교사로서 여공들에게 창가·연극·한자를 가르쳤고, 독서모임을 이끌었으며, 학생들을 조직하여 농촌에 가서 소규모의 공연을 하기도 했다.

일찍이 노라와 같이 해방된 여성이 되고 싶었던 이청운은 '남빈藍蘋'이라는 예명으로 1935년 입센이 쓴 『인형의 집』의 여주인공 노라 역을 맡으면서 일약 연극계의 혜성으로 떠올랐다. 그러나 그녀는 연극배우로서 만족하지 않았다. 왜냐하면 연극배우는 많아야 수백에서 천 명에 이르는 관객에게만 알려지지만, 영화배우가 되면 더 많은 관중을 사로잡을 수 있다고 생각했기 때문이다. 그래서 남빈은 영화평론가인 당납唐納과 결혼하여 1936년과 1937년에 <자유신>과 <도시풍광> 등에 조연으로 출연했지만 영화배우로 크게 성공하지는 못했다.

곧 당납과 이혼하고 1937년에는 상해 연극계에서 유명한 연출가이자, 극작가이며, 예술이론 번역가인 기혼남 장민章泯과 동거했다. 이에 남빈의 사생활에 대한 비판이 일어 그녀는 상해에서 설 자리를 잃고 실의에 빠지게 된다. 이때 노구교사건이 발생하자 남빈은 연안延安: 중국 섬서성(陝西省) 북동부에 있는 도시(이 도시는 1930년대 중반부터 1949년까지 중국공산당의 본거지)으로 가 혁명투쟁에 문화사업을 연결시키고 싶었다. 그리하여 남빈은 1937녀 8월 하순에 연안에 도착하였고, 이때부터 남빈이라는 이름 대신 '강청江靑'이라는 이름을 사용했다. 당시 북경시위北京市委 대표인 황경이 1937년 10월 연안에 도착하여 강청이 당적을 회복하는 데 증인이 되어주어 11월부터 중공중앙당교中共中央黨校

에 입학할 수 있었다.

강청이 모택동을 만났을 때 당시 모택동의 두 번째 부인인 하자진賀子珍은 건강 때문에 모스크바에 있었다. 1938년 4월 모택동은 연안에 문예간부 양성을 위해 설립된 노신예술학원의 수임원장首任院長이었고, 강청은 희극교사였다. 강청은 현대극 <짓밟힌 여인>과 <유적대장>에서 여주인공 역을 맡았다. 그리고 연안에서 보기 어려웠던 경극 <지주를 살해한 어부打漁殺家>에서 강청이 주인공 역을 맡아 호평을 받았으며, 모택동의 기타 수장들이 관람한 뒤 분장실까지 가서 그녀를 치하했다. 모택동은 연극에 대단히 관심이 많아 강청이 출연한 연극들을 보았고, 24세의 아름다운 여배우 강청에게 관심을 가지게 되었다. 1938년 8월부터 강청은 군사위원회 사무실 비서가 되어 모택동 가까이에서 근무하게 되었다.

1938년 가을, 모택동이 강청과 결혼을 결심하자 중공중앙 정치국의 최고 간부들은 강청이 정치경력이 없고 배우로서 자유분방한 생활을 했던 것을 경멸했다. 그래서 당은 이 결혼을 승인하는 조건으로 강청에게 30년 동안 당의 직책을 맡지 말아야 하고, 정치에 참여해서는 안 되며, 오직 가정주부로서 모택동을 보좌할 것을 요구했다.

강청은 모택동의 세 번째 부인이다. 첫 번째 부인인 양개혜楊開慧가 국민당에게 살해된 후 하자진과 재혼했던 모택동이 이혼을 불사하면서까지 혼인한 여인이 강청이다. 대장정을 마친 홍군이 안착한 연안에서 1938년 11월 결혼할 당시 모택동은 45세였고 강청은 스물네 살이었다.

그러나 강청이 그들의 요구대로 모택동의 아내로서 조용히 지내다가 1966년에 문화대혁명의 지도자로서 갑자기 정치무대에 등장한 것은 아니었다. 강청은 모택동의 개인비서로서 그의 일정표를 준비하고 그의 연설문을 필기하거나 기사를 복사하는 등 여러 가지 잡무를 처리하였으며, 모택동의 비밀통신 모두를 관리했던 것으로 알려졌다. 그녀는 정치적 이념을 확산시키는 데 무대예술의 영향력이 크다는 사실을 알고 문화사업 분야에 종사했다.

강청은 문학과 예술은 특정한 계급과 정치노선을 초월하여 대중화되어야 하며, 민중이 이해하는 문화형태이어야 하고, 국가의 주인공인 노동자·농민·군인이 주인공이 되어야 한다는 모택동의 사상을 기준으로 문화계의 혁명을 기도했다. 그녀는 모택동의 지지를 받으면서 문예계의 대규모적인 정풍운동을 시작했을 뿐만 아니라 연극과 영화를 통해 계급투쟁과 프롤레타리아 이념을 전국에 확산시키고자 하였다. 그리하여 강청은 문장비판력이 날카로운 장춘교 및 유명한 극작가의 도움을 받아 모택동 사상을 전파하고 민중이 즐길 수 있는 모범극을 제작하였다. 강청은 경극뿐만 아니라 발레와 교향악도 구사회의 악습을 폭로하고 프롤레타리아 이념을 선전하도록 제작하였다. 이것은 중국의 전통문화유산에 새로운 사회주의 예술을 통합시켜 상층 엘리트만이 향유했던 예술을 대중화시켰던 것이다. 그러나 강청의 이러한 시도로 인해 문화예술의 다양성이 부정되어 문화예술계가 황폐화되었을 뿐만 아니라 문화예술이 권력투쟁에 이용되었다.

1967년에 이르면 강청이 준비한 작품들이 무대에 오르기 시작했고, 강청은 '모택동의 사상으로 빛나는 타오르는 붉은 등', '모택동의 가장 선량한 학생'으로 칭송받았으며 모택동의 '이동하는 보초'라고 자칭하기도 했다. 1968년 여름이 되면 강청은 막강한 권력을 갖게 되었다. 구습과 권위주의를 타파하고 일부 소수 엘리트만이 즐길 수 있었던 문화예술을 대중화한 강청의 업적은 결코 경시될 수 없다. 그러나 이를 추진하는 과정이 너무나 과격하고 급진적이어서 많은 부작용을 초래한 과오는 비판을 받을 만하다.

2. 강청의 가족들

강청은 모택동과 결혼하기 전에 이미 네 번을 결혼했었지만 아이는 하나도 없었다. 상해에서 활동하던 시절 황경과 동거할 때 임신을 했었지만 낙태수술을 했고, 그 후 모택동과의 사이에서 이눌李訥을 낳은 후 바로 불임수술을 했다고 한다.

이렇듯 이눌은 강청의 유일한 아이였다. 이눌의 이름은 모택동이 지어 준 것이었는데 어머니 성을 따르게 한 것은 자신의 정치적 지위로 인해 사람들의 주목을 끌 것을 우려했기 때문이고 "눌"자는 '논어'의 '군자는 말은 서투르나 행동에 옮김에 있어서는 게으르지 않다君子於言而敏於'는 문구에서 따온 것이다.

강청의 주변에는 이눌 외에 이민李敏과 모원신毛遠新 등 여러 명의 아이가 더 있었다. 이민은 모택동의 두 번째 부인 하자진의 소생이었고, 모원신은 모택동의 조카였다. 강청과 그들은 그저 그런 사이였고 이세 사람이 강청에게 특별히 관심을 갖거나 하는 일도 없었다. 그 세 사람은 강청 앞에서 항상 예의가 발랐고 불필요한 말은 한 마디도 하지 않았으며 조금의 무례한 행동도 하지 않았다. 이민이 특히 그러했다.

강청의 비서였던 양은록楊銀祿은 다음과 같이 기록하고 있다. "나는 강청과 5, 6년 함께 있었지만 한 번도 강청이 그들과 같이 밥을 먹는 것을 본 적이 없고 그들 중 누구도 개별적으로 강청과 식사하는 것을 본 적이 없었다. 가끔 강청이 식사 시간에 할 말이 있다고 부를 때에도 그들은 강청의 옆에 앉아서 그녀가 밥을 먹는 것을 지켜보면서 강청의 말을 들었다. 이런 상황은 일반인들에게는 매우 이해하기 힘든 것이다. 뿐만 아니라 강청은 그들에게 옷 한 벌 사 준 적이 없었고 선물을 준 적이 없었으며 그들 역시 강청에게 아무것도 선물한 적이 없었다."

한번은 모원신이 동북지역에서 일할 때였다. 그는 북경에 올 때면 조어대釣魚臺: 강청의 거처의 강청이 사는 건물에 머무르곤 했는데 항상 직원 식당에 가서 식사를 했다. 한번은 귀가가 너무 늦은 바람에 식당이 이미 문을 닫았다. 그래서 강청의 요리사가 밥 한 그릇을 볶아 주고 또 강청이 안 먹는 계란 노른자로 국을 끓여 주었다.

아이가 집에 늦게 돌아와 밥을 먹지 못했다면 남은 밥을 먹는 것은 너무나 당연한 일이고 굳이 손해를 따지더라도 극히 적은 것이었다. 하지만 강청은 그 사실을 알고 난 후 요리사를 크게 비난하고 공산당 소조회의에 끌고 가서 자아비판을 시켰으며 반성문을 쓰도록 강요했다.

강청은 요리사의 반성문을 높이 치켜들면서 말했다.

"반성문을 쓰지 않으면 그 자신은 잘못을 기억 못하는 법이오. 만약 똑같은 실수를 또 범한다면 그때 가서 이 반성문을 보여 주겠소. 그래야 그것이 두 번째라는 것을 알지. 이제 알겠소? 같은 실수를 또 반복하는 것이 가장 나쁜 짓이오."

모택동에게 있어 강청은 결코 양처良妻가 아니었으며 아이들에게 있어서도 현모賢母가 아니었다. 강청 자신도 이렇게 말한 적이 있다.

"대개 가정에서는 아버지가 엄하고 어머니가 자애로우시지만 우리

집은 좀 특수하지. 바뀌었어. 어머니는 엄하고 아버지는 자애로우시
니까."

이와 같이 강청은 외로운 어린 시절을 보냈기 때문에 독특한 개인
주의에 빠져 있으며 다른 사람들의 일에는 전혀 관심을 갖지 않는 괴
팍한 성격이었다. 그녀는 가족 중에서 특별히 친한 사람이 없었고 일
을 하면서도 친한 친구라곤 없었으며 인간관계에 있어 지기知己는 더
더욱 없었다. 그녀와 자식들과의 관계도 예외가 아니었다.

모안영毛岸英 1922.10.24~1950.11.25은 모택동과 첫 번째 부인인 양개혜楊開慧
사이에서 태어난 아들로 모택동이 몹시 아끼는 맏아들이었다. 그는
아주 힘든 어린 시절을 보냈고 어머니와 함께 국민당 감옥에 들어가
기도 했다. 그의 어머니가 장렬하게 전사한 후 그는 동생 모안청과
신문을 팔고 넝마를 줍는 것으로 생계를 꾸려 나갔다. 그러다가 공산
당 지하조직의 도움으로 두 형제는 아주 힘겹게 아버지 곁으로 갈 수
있었다. 그 후 둘은 소련으로 유학을 갔고 학업을 마친 후에는 귀국
해서 농촌으로 노동학습을 떠났다.

그러나 한반도에서 6·25전쟁이 발발하자 그는 몹시 흥분해 즉각
중국인민지원군에 지원서를 냈다. 마침 동북 지역에서 지원군 총사령
부를 맡고 있던 팽덕회彭德懷가 모택동에게 전쟁의 준비 상황을 보고하
기 위해 북경에 와 있었다. 모택동은 모안영을 팽덕회에게 부탁하면
서 모안영이 전쟁을 직접 경험할 수 있도록 한반도로 데려가라고 했
다. 이렇게 모안영은 자신의 고국과 가장 존경하는 아버지를 떠났고
그 후로 영영 돌아오지 못했다.

강청은 모안영보다 겨우 7살 많았는데 강청이 모 씨 집안으로 시
집을 간 그때부터 사이가 줄곧 안 좋았다.

강청이 모안영을 미워하는 이유는 어쩌면 아주 당연한 것이었다. 우선 그는 자기 친자식이 아니었다. 두 번째는 모택동이 그를 예뻐하는 것을 질투하기 때문이었다. 세 번째는 전통사상을 중시하는 중국에서 장남은 당연히 모택동의 '후계자'였던 것이다. 야심가인 강청에게 있어 그것은 커다란 장애이자 또 위협이었다.

6·25전쟁에 참전하기 얼마 전 모안영은 유송림劉松琳과 결혼했고 얼마 후 유송림은 군에서 꽤 괜찮은 일자리를 얻었다. 두 사람은 서로 사랑했고 매우 행복했다. 그러나 강청은 유송림과도 사이가 안 좋았다. 유송림은 강청이 처음부터 자신을 멸시하고 조소하며 모욕했다고 말했다. 그래서 그녀도 강청에게 불만이 많았다.

강청은 모안영 외에 그 동생인 모안청毛岸青 1923.11.2~2007.3.23도 몹시 싫어했다. 모안청은 어떤 사람에게 맞아 머리를 크게 다쳤고 그 때문에 심리상태가 그다지 안정적이지 못했다. 모안영이 6·25전쟁으로 죽자 그 충격으로 모안청의 상태는 더 나빠졌다.

당시 그는 중앙의 마르크스-레닌 연구소에서 일하고 있었는데 사무실에서 다른 사람들과 싸우고 심하게 신경질을 냈다. 그래서 모택동은 중남해中南海(중남해는 베이징의 황궁인 자금성 서쪽에 있으며, 중국최고지도자가 사는 곳으로 한국의 청와대, 미국의 백악관 같은 곳으로 철통 같은 경비와 미공개로 신비에 싸인 곳이다. 1949년부터는 중국공산당 중앙위원회와 국무원 청사로 사용하였고 모택동이 거주하던 곳으로 알려져 있다)에서 보살피면서 그의 정서를 안정시키고 건강을 회복하도록 했다.

그후 모안청이 처형 유송림의 여동생인 유소화劉邵華를 사랑하게 되었다. 강청은 그 소식을 들고는 노발대발하면서 그들의 결혼을 결사

반대했다.

강청이 모안청과 유소화와의 결혼을 반대한 이유는 간단했다. 그 둘이 결혼하고 나면 모 씨 집안에 모택동의 전처였던 양개혜의 후손이 더 늘어나기 때문이었다. 강청의 이런 생각은 안 그래도 경직되어 있던 모 씨 집안을 더욱더 각박하게 만들었다.

강청의 친언니는 북경에 살고 있었다. 문화대혁명 기간에 수입이 적어 생활이 어려워졌지만 강청은 한 번도 도움을 준 적이 없었으며 마치 그런 언니는 없다는 듯 행동했다.

한번은 이운하李雲霞라는 사람이 계속 강청에게 편지를 보내고 있었다. 그 내용은 대부분 강청을 그리워하고 한번 보고 싶다는 것이었으며 또한 강청의 건강 상태를 잘 알고 있고 건강을 기원하며 또 자신의 생활이 무척 빈곤하다는 것이었다. 편지에 직접적으로 써 있는 것은 아니지만 강청에게 도움을 청하고 싶어 한다는 것을 한눈에 알 수 있었다. 그러나 강청은 편지를 읽고 나면 바로 팽개쳐 버렸고 답장은 커녕 전화도 하지 않았다.

이후 강청의 비서가 이운하가 강청과 어떤 관계인지 알지 못했는데 어느 날 호기심에 강청의 요리사에게 물어보았다. 요리사는 이운하가 강청의 친언니며 예전에 중남해中南海에 살면서 강청에게 살림도 해 주고 아이도 돌봐 주었는데 강청의 눈 밖에 나면서 하루아침에 중남해에서 쫓겨났다고 했다. 그 후 강청은 친자매인 이운하를 모른 척했다고 한다. 이는 무쇠로 된 심장을 가진 사람이 아니고서는 할 수 없는 일이다.

게다가 강청의 질투심과 허영심은 상상을 초월했다. 모택동의 사랑을 빼앗아갈까 봐 모택동의 큰딸 이민과 맏며느리 유송림의 중남해 출입증을 박탈했다. 그리고 부끄러운 추억은 맹목적으로 지우려 했다. 국민당 조직원으로 복무한 전력이 있던 이복오빠 이간경李干卿의 북경출입을 엄금했다. 배우로 일하던 과거와 관련된 기록을 정보기관 과 홍위병을 배후조종해 옛 연인과 지인들의 집에서 일체 압수하여 직접 화로에 처넣고 소각했으며, 강청과 관계가 있던 다른 남자들이 나 1930년대 강청이 상해에서 어떻게 지냈는지를 알고 있던 사람들 은 모두 날조된 죄명으로 잡혀가 감옥에 수감되었다.

3. 붉은 여황제 강청의 몰락

강청이 정치적으로 도약하는 배경이 되었던 사건은 중국사회의 발 전을 20년 이상 뒤로 후퇴 내지 지체시킨 장애요인으로 평가되는 문 화대혁명文化大革命이다.

문화대혁명의 본질은 대약진大躍進운동의 참담한 좌절로 궁지에 몰린 모택동이 유소기와 등소평을 축출하려 획책한 권력투쟁 놀음이었다. 모택동을 등에 업은 강청은 홍위병紅衛兵을 동원해 유소기를 옥사시키 고 등소평을 인민농장으로 쫓아내는 데 성공한다. 강청은 모택동이 와 병 중인 틈을 타 주은래 총리마저 숙청하는 완전한 권력 장악을 도모 했다. 그러나 강청을 후원하는 군부실세였던 임표가 쿠데타에 실패한 다음 곧장 소련으로 망명하려다가 고비사막에서 비행기 추락으로 급 사한 1971년 9월 13일을 기점으로 강청의 권세는 급격히 기울어진다.

강청은 준비된 지도자는 아니었을망정 훈련된 정치인이었다. 강청 은 수많은 중국인민이 기아로 죽어나가도 콜레스테롤이 건강에 해롭 다며 계란 노른자는 버리고 흰자위만 먹었다. 반면 대중 앞에 나서서는 배우로서 활약하는 기간에 터득한 연기술과 모택동의 부인이라는 위광을 교묘하게 결합해 세련된 이미지 정치를 선보였다. 카메라 렌즈가 접근하면 망설임 없이 낫과 망치를 들고 농민의 친구이자 노동자의 벗임을 과시했다. 카메라가 사라지면 특유의 이기적인 본성으로 복귀했다. 강청은 자신에게는 한없이 관대하고 타자에게는 극단적으로 냉혹한 위선적 이중인격자의 전형적 표상이었다.

1966년, 문화대혁명이 일어나자 강청은 '중앙문화혁명소조' 제1부조장 겸 대리조장을 맡아 실권을 장악했다. 그 후 '중앙문화혁명소조'는 조직과 권한이 비대해져 중공중앙서기처와 중공중앙정치국을 압도했다. 1969년 4월 28일에 거행된 중국공산당 9기 1중전회에서 강청은 중공중앙정치국 위원이 되었다.

1971년 9월 13일, 모택동의 후계자로 지목되었던 부주석 임표가 반란사건으로 사망하자 강청은 모택동, 주은래, 강생에 이어 서열 4위에 올랐으며 1972년 1월에 강생이 병으로 은퇴한 후 다시 서열 3위로 올랐다. 임표 사건 이후 건강상태가 점점 악화된 모택동은 자신의 뒤를 이을 후계 문제에 부딪치게 되었다. 당내에서 서열 3위인 강청은 내심 자기가 후계자로 될 수 있다는 기대를 하였지만 모택동은 그녀를 안중에 두지 않았다.

1972년에는 서구언론에 자신을 선전하기 위해 중국을 방문한 30대 중반의 미국 여교수에게 자유분방했던 미혼시절의 민감한 연애담까지 서슴없이 공개하며 온갖 환대를 베풀었다. 당시 강청을 만났던 미국인 여교수는 얼마 되지 않아 『강청동지江靑同志』를 출판하였고, 서방 세계의 베스트셀러가 되었는데 1쇄로 3만 5천 권을 찍은 데 이어 곧 중쇄에 들어갔다. 그 책은 일순간에 세계를 놀라게 했고 강청은 서방세계에서 주목받은 그리고 영향력을 가진 중요한 인물로 급부상하게 됐다.

1973년 3월, 강청은 서열에서 한참 뒤로 밀려나고, 모택동의 총애를 받는 왕홍문王洪文이 강력한 후계자로 부상했다. 강청은 왕홍문을 자기편으로 끌어들여 장춘교張春橋, 요문원姚文元과 함께 '4인방'을 결성하여 정치적 주도권을 잡아나갔다.

1974년 6월, 1972년부터 암 진단을 받았던 주은래의 병세가 위중해져 병원에 입원하였다. 모택동과 주은래의 운명이 눈앞에 다가와 있다는 것을 감지한 강청은 그들의 사후에 정권을 장악할 새 내각을 구상하고 그것을 실행에 옮길 준비를 했다.

1974년 7월, 모택동은 중앙정치국회의를 소집한 자리에서 강청과 '4인방'의 정치적 행동에 대하여 엄중히 경고하였다. 1975년 9월, 모택동의 병세가 더욱 위중해져 말을 잘 못할 정도였으며 주은래도 4차 수술을 받았다. 이때 모택동은 조카 모원신을 곁에 두고 자기와 중앙정치국 사이의 특수연락원으로 삼았다. 모택동의 지시가 모두 모원신을 통해서 전달되게 한 것이었다. 그러나 모원신은 강청을 어머니라고 부를 정도로 그녀와 아주 각별한 사이였다. 이 기회를 이용하여 강청은 모원신과 결탁하고 잠깐 동안 '최고지시'를 반포하는 대권을 장악했다.

1976년 1월 8일, 중국공산당 중앙부주석, 국무원총리, 전국정협주석인 주은래가 암으로 세상을 떠난 후, 제1부주석인 등소평鄧小平을 제치고 화국봉華國鋒이 총리서리에 임명되었다. 이때 강청은 요문원을 시켜 전국언론에 주은래의 애도를 축소 보도하라고 지시하며 그녀 자신은 '황제의 꿈'을 꾸었다. 화국봉은 모택동의 후계자로서 정국을 수습하면서 강청을 견제하였지만 강청은 그러한 화국봉을 안중에 두지 않고 모택동 사후의 정권장악을 위한 준비에 여념이 없었다.

그동안 강청은 중국 역사에서 측천무후, 서태후에 이어 중국대륙을 장악할 가능성이 있는 유일한 여성으로 주목받았다. 막강한 모택동의 후광을 업고 10년 동안 활동하면서 권력의 행사자로서 정책의 조정가로서 확고한 위치를 차지했다. 강청 자신도 측천무후와 같은 여성 통치자가 될 수 있다는 생각을 가졌던 것 같다. 모택동의 병세가 위급한데도 강청은 사람들로 하여금 한고조 유방이 죽은 뒤에 여후가 어떻게 제후 왕족들을 하나하나 제거했는가에 관한 자료들을 준비하라고 지시했다. 강청은 모택동 사후 중국의 여성통치자가 되려고 했던 것 같다.

1976년 9월 9일 새벽, 모택동이 사망하자 4인방은 모택동이 지정한 정통 후계자인 것처럼 행동했다. 그러나 모택동 사후 정치위원회의 분위기는 완전히 바뀌었다. 정치위원회는 빠르게 강청과 강청의 동료들에게 등을 돌렸다. 모택동이 살아있을 때에는 강청에게 대단한 존경이 표시되었다. 그녀가 회의에 들어서면 모두 일어났고 회의실이 곧 조용해졌다. 그녀에게 가장 좋은 자리를 제공했고 사람들은 여러 말로 그녀의 환심을 사려고 했다. 아무도 그녀와 다투려 하지 않았다. 그러나 모택동이 죽은 뒤 분위기가 바로 바뀌었다. 그녀가 회의장에 들어서도 아무도 주의를 기울이지 않았다. 사람들은 계속해서 환담을 나누거나 문서를 읽고 있었고, 아무도 일어나거나 그녀에게 의자를 권하지 않았다. 그녀가 말할 때 아무도 귀를 기울이지 않았고 다른 사람들과 이야기를 하고 있었다. 1976년 10월 16일, 전국의 언론은 모택동의 죽음보다도 더 충격적인 사건을 공표했다. 그것은 바로 4인방의 체포였다.

1977년 7월, 중국공산당 10기 3중전회에서 강청의 당적을 영원히 박탈하고 당내외의 모든 직무를 해임한다는 결의안을 통과시켰다. 1981년 1월 25일, 중화인민공화국 최고인민법원 특별법정은 강청에게 반혁명집단 주범으로 사형을 선고하고 2년 후에 집행하도록 하였다. 1983년 1월, 최고인민법원 형사법정은 판결문에서 그녀에게 내린 사형판결을 무기징역으로 감하고 모든 정치적 권리를 종신토록 박탈한다고 선고하였다. 1991년 5월 14일에 강청은 감옥에서 자살했다.

제16장

등영초
13억 중국인의 큰언니

중국의 영원한 총리로 불리는 주은래와 함께 총리부부로 존경받았던 등영초는 신중국에서 정치협상회의에 유일한 여성대표로 참여할 정도로 지도적 혁명가였다. 그녀가 평생 실천했던 혁명활동 가운데 중심을 이루는 성과는 역시 통일전선정책의 실천과 중국여성운동의 지도에서 찾을 수 있다.

그녀는 민첩한 상황 판단과 세심한 친화력으로 공산당 안팎을 넘나들며 광범위한 인사들을 통합하는 능력을 보여줌으로써 통일전선 정책을 수행하는 데 가장 큰 기여를 한 인물이었다. 또한 본인이 성장과정과 5·4시기에 절감했던 중국여성의 현실을 바탕으로 혁명 안에서 여성과 여성운동이 어떠한 방향으로 나아가야 하는지를 끊임없이 모색하고 여성대중과 당중앙을 향해 적극적으로 제안하였던 여성지도자이기도 했다.

그러므로 등영초는 중국공산당의 요직을 두루 거친 여성혁명가이지만 중국 여성운동사에 있어서도 중요한 위치를 점하고 있다. 그녀는 남편이자 동지인 주은래와 함께 중국혁명사업에 매진함과 동시에 여성운동을 구국사업의 중요한 방편으로 생각하고 추진하였다.

1992년 7월 11일 등영초는 88세의 나이로 북경병원에서 파란만장했던 생애를 마감했다. 등영초는 남편 주은래와 마찬가지로 시신을 해부한 후 화장해줄 것, 화장한 유골을 안치하지 말 것과 추도회조차 하지 말아줄 것을 당부하는 유언을 남겼다. 살고 있던 집과 소유하고 있던 물품과 자료도 모두 당에 기증하거나 인민에게 돌릴 것을 부탁했다.

평생을 개인보다 국가와 인민을 먼저 생각했던 여성혁명가는 끝까지 인민의 공복으로서의 자세를 지킴으로써 중국인들의 마음속에서 사랑과 존경을 받는 '큰언니'로 자리 잡았다.

중국현대사의 격동기에 평생을 중국인민과 함께하며 근엄한 존칭보다는 그저 '큰언니鄧大姐'라고 불리기를 원했던, 총명한 두뇌와 검허한 인품을 지닌 모범적 혁명가이며 자애로운 중국공산당의 여성지도자 등영초鄧穎超: 1904~1992년의 역사적 업적을 조명해 보고자 한다. 중국인들에게 '큰언니'라는 애칭으로 불리는 등영초는 1919년 5·4운동으로부터 1992년에 이르는 기나긴 혁명생애를 통해, 5·4세대가 어떻게 혁명의 주역으로 성장하고 새로운 중국건설에 참여했는가를 보여주는 대표적 혁명가이다.

15살 어린 나이에 이미 강연대 대장으로 활약하며 천진의 5·4운동에 주도적으로 참여했던 등영초는 인생의 동반자이자 혁명의 동지였던 남편 주은래와 함께 존경과 사랑을 받는 혁명지도자로 남았다.

정치협상회의에 유일한 여성대표로 참여할 정도로 지도적 혁명가였던 그녀였지만 평생의 중심을 이루는 성과는 역시 통일전선정책의 실천과 중국여성해방운동의 지도에서 찾을 수 있다. 그녀는 민첩한 상황 판단과 세심한 친화력으로 공산당 안팎을 넘나들며 광범위한 인사들을 통합하는 능력을 보여줌으로써 통일전선정책을 수행하는 데 가장 큰 기여를 한 인물이었다. 또한 본인이 성장과정과 5·4시기에 절감했던 중국여성의 현실을 바탕으로 혁명 안에서 여성과 여성운동이 어떠한 방향으로 나아가야 하는지를 끊임없이 모색하고 여성대중과 당 중앙을 향해 적극적 제안을 제시하였던 여성지도자이기도 하다.

등영초는 남편이자 혁명동지인 주은래^{周恩來: 1898년 3월 5일~1976년 1월 8일}와 함께 중공혁명사업에 매진함과 동시에 여성운동을 구국사업의 중요한 방편으로 생각하고 추진하였으며, 구사회의 억압적 제도로부터 여성의 해방을 위한 노력을 경주하여 여성의 법률적 지위문제, 경제적 독립문제, 직업평등의 문제, 여자교육의 개혁문제, 혼인자유의 문제 등의 개혁에 큰 공헌을 하였다.

1. 등영초의 어린 시절

등영초는 1904년 광서성 남녕^{南寧}에서, 청조의 군관인 아버지 등정충^{鄧庭忠}과 신지식인 어머니 양진덕^{揚振德} 사이에서 외동딸로 태어났다. 그러나 일곱 살에 아버지가 사망하자, 경제적 기반이 없었던 모녀는 어머니가 가정교사 등을 해서 벌어 온 얼마 안 되는 돈으로 생활해 나가지 않으면 안 되었다. 더 많은 일을 하기 위해 두 사람은 천진으로 이사를 했으나 생활형편이 나아지는 기미가 보이지 않자, 등영초는 이미 배워야 할 나이에 이르렀음에도 면학의 기회를 갖지 못했다. 어머니는 자존심이 강하고 남에게 의지하려 하지 않은 성품을 지녔고 어린 딸은 그런 어머니를 보며 자신도 자립적으로 살아야겠다고 생각을 굳히게 되었다. 어머니에게 글을 배우던 등영초는 1913년 아홉 살이 되어서야 처음으로 학교에 입학할 수 있게 되었다. 어머니가 북경평민소학교에 교사로 근무하게 되었기 때문이다. 이 학교는 중국 사회당 북경지부에 의해서 설립되었고, 교사의 대부분이 중국사회당 원 또는 중국동맹회원이었다. 교사들 대부분 근무를 봉사로 생각했기 때문에 월급은 지급되지 않았다. 어머니 양진덕 역시 월급을 받을 수 없었지만 모녀가 학교에서 숙식을 제공받았기 때문에 큰 곤란 없이 새로운 환경에 적응해갈 수 있었다. 이것이 그녀에게 있어서는 신해 혁명 당시의 새로운 사상에 흔들리게 된 첫걸음이 되었다. 식사 때마다 교사들은 열정적으로 사회주의의 이상과 '대동세계大同世界'의 실현에 관한 이야기와 정치비판 및 새로운 사회 구상에 대한 토론을 벌였다. 이러한 진보적 분위기 속에서 모녀는 즐거움을 느끼고 새로운 이상을 추구하기 시작하였다. 그러나 1년도 되기 전에 교사들이 체포되고 교장 진익룡이 혁명자금을 모금해서 돌아오다가 원세개 정부에 의해 체포되어 결국 처형되는 사건이 발생하여 이 학교는 불과 반년 만에 폐쇄되어 버리고 말았다. 이 진익룡의 죽음 또한 어린 등영초의 마음속 깊숙이 남아 그녀의 앞날에 지대한 영향을 미쳤다. 등영초는 진익룡을 좋아하고 따랐기 때문에 그러한 사건은 그녀에게 하나의 충격이었다. 며칠을 우는 그녀에게 어머니는 "선생님을 영원히 잊지 말고, 선생님을 배우고, 앞으로 용감하게 살아가야 한다"고 말하였다. 그리고 위험을 무릅쓰고 진익룡의 장례를 치른 어머니의 강인함은 딸에게 충분한 역할모델이 되어주었다.

1915년 9월 『신청년新青年』의 창간을 필두로 한 신문화 운동은 민주와 과학을 기치로 내세우면서 유교도덕과 가족제도를 맹렬히 비판하고 사회개혁을 실현하기 위한 사상해방운동이었다. 신문화운동에서는 전통윤리에 대한 공격의 일환으로 여성해방문제를 주요한 과제로 삼았다. 『신청년』은 2권(1917.2)부터 거의 매 호 '여성문제' 전용란을 마련하여 남녀평등, 정조의무의 평등, 자유연애, 여자교육문제 등을 다루어 당시 청년들의 의식개혁에 많은 영향을 주었으며, 이러한 사회적 분위기는 등영초에게도 큰 자극이 되었다.

1916년, 등영초는 천진 직예제일여자사범학교直隸第一女子師範學校에 입학하고 비교적 자유로운 분위기 속에서 중국의 고전과 신학문을 공부하였다. 이때부터 등영초는 중국의 오랜 관습, 특히 결혼형식과 여성들이 처해 있는 상황에 의문을 품게 되었다. 신부를 볼 때마다 그녀는 '여성이 진정으로 독립된 자유로운 인생을 원한다면 자기 자신이 생계를 꾸려 나갈 수 있어야 한다'라고 생각했다. 어려서 어머니의 노고를 옆에서 지켜본 등영초의 경험이 이런 생각을 할 수 있게 한 하나의 요인이 된 것은 확실하지만, 이것은 또한 당시의 신사상의 영향 때문이기도 했다. '여자는 진실로 독립된 자유를 얻을 수 없는가', '여자가 자기 자신의 생계를 지탱할 방법은 없는가' 등 어머니와의 생활고에서 비롯된 이런 의문점들은 그녀에게 있어 여성에 대한 교육의 필요성, 즉 여자교육에서부터 여자들로 하여금 남자와 동등한 지식과 기능을 획득해서 남자들과 경제적으로 경쟁할 수 있게 하여야 한다는 결론에 이르게 되었던 것이다.

1919년 5·4운동은 중국사상 최초로 반제국주의 대중민족주의가 전국적으로 폭발한 근대적 정치 및 사회운동이었다. 지리적으로 북경에 근접해 있는 천진은 제국주의 침략에 있어 화북華北의 교두보가 되어 왔다(천진의 그러한 지정학적 위치로 인해 근대 이래 천진은 아편전쟁, 제2아편전쟁, 의화단운동을 통해 서구열강 침략의 기지였으며, 따라서 민중의 민족주의 감정이 특별히 강한 곳이었다). 따라서 지리적 근접성과 함께 북경에서 시작된 5 · 4애국청년학생운동은 바로 천진에 파급되었으며, 등영초는 어린 나이에도 불구하고 천진 5 · 4학생운동의 선봉에 섰다. 또한 5 · 4 당시 직예여자사범학교 학생이었던 등영초는 신문화운동의 영향과 5 · 4운동에의 참여를 통해 여성해방의식과 민족주의적 애국심을 배양할 수 있었다. 즉, 등영초는 중국여성들이 구사회 윤리에 의해 총체적으로 억압되어 있다고 파악하였다. 따라서 여성의 해방은 구사회 윤리의 폐지를 통해서만 종식될 수 있으며 또한 그것이 민족의 해방과도 관련되어 있음을 자각하게 된 것이다.

2. 주은래와의 결혼과 혁명활동

1919년 5월 4일 폭발한 5 · 4사건은 등영초에게 평생 민족운동과 여성해방운동에 참여할 최초의 장을 마련하여 주었다. 5 · 4운동기의 애국적 · 정치적 분위기와 청년학생들의 맹렬한 활동들은 민족의식을 널리 고조시켰다. 이 시기는 등영초에게 처음으로 조직적이고 단합된 행동을 경험하게 했던 중요한 시기로 이러한 조직과 활동은 후에 그녀의 민족 · 여성해방활동에 큰 경험이 되었다.

1919년 5 · 4운동이 발발했을 때 등영초는 15세의 나이로 직예제일여자사범학교에 재학 중이었다. 그녀는 5 · 4애국학생들의 궐기에 적극적으로 투신하여 '천진여계애국동지회天津女界愛國同志會'의 결성에 참가하였다. 이 단체는 천진의 여학생과 주부들로 구성되었으며, '본회는 국산품을 애용하고 여성들의 애국심을 환기시키는 것을 목표로 삼는다'고 규정하고 있었다. 이 단체는 여학생이 중심이 되어 각층의 여성들을 단결시켜 애국활동을 전개하려는 하나의 애국민중단체의 성격을 지니는 것으로, 여성계에서는 '통일전선사상統一戰線思想'이 이미 싹트고 있었다는 것을 보여주고 있다고 하겠다. 이러한 단체는 여성들에게 반제·반봉건 투쟁에 있어서의 일치단결의 역량을 마련하여 주었다. 이 단체의 회장으로는 류청양劉淸揚이 뽑혔고, 등영초는 강연대講演隊 대장으로 선출되어 공적인 집회장소 외에 각 가정도 순회하면서 많은 여성들에게 애국정신을 호소했다. 그녀의 연설은 특히 정열적이고 설득력이 있어서 듣는 이에게 감동을 주었다고 한다. 또한 등영초는 그때까지 여성으로서 아무도 생각하지 못한 가두선전에 참가하였으며, 처음에는 국한된 지역에서 선전, 강연 등을 통하여 여성 대중에게 호소하였다. 그리고 차츰 공공장소나 거주지까지 가서 선전하였다. 당시 내용은 일반적인 애국선전으로부터 민족독립과 여성의 평등한 권리 쟁취나 모성보호, 아동보호 등 폭넓은 반제·반봉건적인 내용을 포함하였다. 인쇄된 선전물은 대부분 문맹인 빈곤여성들에게는 별 효과가 없었고, 직접 맞부딪치는 접촉이야말로 하나의 해결책이었다(여학생들이 외부에 나가 강연하는 것은 역시 쉽지 않았다). 등영초는 당시 주민들의 집을 방문하여 강연했을 때를 회고하여 다음과 같이 말하였다. "처음에 여학생들은 사회의 봉건적 인습으로 인하여 남학생처럼 거리에 나가 강연을 할 수는 없었다. 처음에는 공공집회 장소 등지에서만 강연할 수 있었다. 제국주의로부터 나라를 구하고 매국노를 처단하자는 내용을 주로 강조하였다. 더불어 조선이 패망함으로써 망국의 노예로서 겪고 있는 참혹상에 대해 알려주었다. 주로 빈민지역을 중심으로 가정 방문을 하였는데 어떤 사람은 우리들을 매우 열정적으로 대접해 주었지만 어떤 사람은 대문을 닫아걸고 우리를 문 밖으로 거절하였다. 그러나 우리는 난관에 부딪혀도 의기소침하지 않고 여전히 집집마다 문을 두드리며 방문하였다."

5·4운동이 수많은 청년들에게 애국운동의 출발점이었듯이 등영초에게 있어서도 이후에 기나긴 혁명의 길을 걷게 한 시발점이 되었다. 그녀는 이 시기에 "그 이후의 활동을 위한 터전을 준비하였으며, 새로운 사상들의 혼합은 중국의 낡은 제도를 혐오하고 그것을 바꾸기 위해 투쟁하도록 이끌었다. 5·4운동은 나 자신에게 있어 가장 좋은 훈련장이었다"고 술회하였다.

1919년 9월 등영초는 일본유학 중 귀국한 주은래, 마준 등을 비롯한 천진 학연과 천진여계애국동지회의 대표 학생들과 함께 각오사(覺悟社)를 조직하였다. 신문화운동의 영향으로 인하여 젊은이들 사이에 남녀평등의 인식이 높아짐에 따라 이 두 조직의 주요 인물들이 하나의 조직으로 연합하여야 하는 필요성을 절감하고 남녀구분이 없는 단체를 결성하여 새로운 사조를 연구하고 선전할 수 있는 장으로서 조직된 것이 바로 '각오사'였다. 그들은 아나키즘을 위시해 사회주의, 길드사회주의 등 당시의 신사조를 연구하고 토론했다. 여성문제나 결혼문제도 그들의 논의주제가 되었다. 그러나 아직 그들의 사상은 미분화된 상태였으며, 더구나 등영초는 이 중에서 가장 나이가 어렸으므로 오로지 귀담아들을 뿐이었다. 활동 기간이 그리 길지 않았던 각오사는 혁명적 동지이자 반려자가 된 주은래와 등영초를 비롯하여 천진의 애국적 엘리트 학생들의 집합체로서 중국혁명의 인재들을 키워낸 곳으로 이름을 알리고 있다.

등영초는 애국운동과 각오사 활동을 거치면서 점차 중국여성의 현실과 앞날에 대한 모색을 시작하게 된다. 특히 그녀의 친구였거나 가까이에 있었던 교육받은 여성들의 불행을 보면서 결혼 및 가정제도의 폐해와 횡포에 대해 많은 관심을 기울이게 되었다. 등영초에게 가장 충격을 주었던 사건은 여자사범학교 친구였던 장사정張嗣婧의 비참한 죽음이었다. 등영초는 『장사정의 전기』를 통해 비참한 결혼 생활이 친구를 어떻게 죽음으로 몰고 갔는지를 상세하게 소개하였다. 원래 공부를 잘하고 친절했던 장사정은 친구들과 선생님들이 모두 좋아했으며 등영초와는 5·4시기에 집회, 시위, 강연을 함께했고, 각오사 회원도 함께한 친자매 같은 동료였다. 그런데 장사정은 졸업이 반년도 남지 않았을 때 갑자기 학교를 떠났다. 어렸을 때 부모가 정해준 상대와 결혼해야 했기 때문이다. 그러나 남편은 간질이 발병하여 사람이 완전히 변해 있었다. 그녀는 차마 부모님의 마음을 상하게 할 수 없다는 "효도"의 심정으로 내키지 않는 결혼을 하였으나 남편의 발작과 시부모의 학대를 받으며 날로 황폐해져 갔다. 하루 종일 집안일을 하면서도 경제력이 없는 남편을 대신해 돈을 벌어야 했고 어려운 가정 형편 때문에 거의 굶주리다시피 생활했다. 아들을 낳자 아기는 대를 이을 자식이라고 애지중지하면서도 병이 깊어가던 장사정은 치료 한 번 제대로 받지 못한 채 혹사당했다. 돌이킬 수 없이 병이 위중해진 장사정이 결국 숨을 거두던 날 처음으로 의사가 왕진을 왔다. 그러나 의사가 미처 집에 도착하기 전에 그녀는 숨을 거두었다. 장사정의 학비를 대주었다는 명목으로 며느리를 노예 부리듯 했던 시어머니는 이미 가망 없는 병인데 의사를 부르느라 돈을 썼다고 화를 냈다고 한다.

등영초는 장사정에 대한 전기와 함께 「자매들이여! 일어나라!」는 글을 발표하고, 장사정의 죽음이 구식 혼인제도, 경제제도, 어두운 가정의 압박, 출산 양육 과정의 영양실조, 그리고 분투하고자 하는 혁명

정신의 부재 때문이었다고 분석하였다. 등영초는 과거 수천 년 동안 중국의 문화 역사, 제도, 습관, 법률에서 여자는 한 '인간'으로 인정받지 못하고 장난감이거나 노예로 취급되었다고 말했다. 결혼하기 전에는 부모의 사유재산이고 결혼한 후에는 남편의 장난감이고 시부모의 노예가 되어 감옥으로 변형된 가정에 속박되었다는 것이다. 그래서 미혼 여성들을 향해서는, 이미 결혼이 정해져 있고 그것이 부모가 대신 결정한 것이라면 당신들은 마땅히 반항 분투해야 한다. 삼종사덕과 여자는 두 지아비를 섬기지 못한다는 등의 여자의 개성과 인격을 죽이는 나쁜 관념을 타파하고 결혼을 물리고 혼약을 해제해야 한다. 애정도 없이 일면식도 없는 사람들이 공동생활을 해야 한다면 남자의 입장에서는 강간과 무슨 차이가 있는가? 여자의 입장에서는 매음과 무슨 차이가 있는가라고 묻고 여자를 남자의 장난감으로 만들고 결국 생식기계로 전락시켜버린다고 성토하였다.

각오사는 백화문으로 된 『각오^{覺悟}』라는 간행물을 편찬하였는데 등영초는 『각오』에 여러 글을 기고하여 그녀의 사회 문제에 대한 소박한 생각을 피력하였다(등영초는 「왜…?」라는 제목으로 글을 썼다, "왜 인간을 천대하는가?", "왜 악습에 젖어 있는가?", "왜 다른 사람을 질투하는가?" 등의 민주적인 태도와 여학^{女學}의 중요성을 강조하였다. 각오사는 중국공산주의운동의 선구자인 이대교의 건의로 1920년 8월 북경에서 소년중국학회, 서광사^{曙光社}, 청년호조단^{靑年互助團} 등 4개 단체와 함께 좌담회를 가진 일이 있었다. 그 좌담회에서 등영초는 각오사의 조직경험과 일련의 활동에 대해 보고하였다. 이대교는 참여 단체들에게 마르크스적 세계관을 가질 것과 노동자·농민과 연계할 것을 강조하였다. 등영초는 이러한 이대교의 영향으로 적극적으로 혁명운동에 투신할 것을 다짐했으며, 노동자·농민과의 결합의 중요성을 인식하게 되었다. 4개 단체는「개조연합선언改造聯合宣言」을 내고, 또한 '약장約章'을 정하여 ① 사업의 선전에 있어 상호 연락할 것 ② 사회실황에 대해 조사할 것 ③ 평민교육의 보급 ④ 농공조직 운동 ⑤ 부녀해방의 촉진 등 5개 사업을 수행키로 결정하였다. 그러나 천진당국의 탄압이 시작되면서 각오사는 부득이 지하활동을 하기에 이르렀는데, 1920년 1월 주은래와 몇몇 회원이 체포당하자 그 활동도 사실상 정체되었다. 같은 해 4월, 등영초는 24명의 학생과 함께 주은래 등의 석방을 요구하며 그들 대신에 감옥에 들어가겠다는 제의를 하는가 하면 5월에는 5·4국치國恥 기념대회의 참가문제에 관한 학교당국의 처분에 대하여 전원이 출교·항의하여 일주일간의 투쟁을 견지한다는 과감한 행동을 전개해 나갔다.

1920년 8월 각오사는 북경에서 소년중국학회 등 4개 단체와 함께「개조연합선언改造聯合宣言」을 내고 '브나로드*'의 슬로건을 결정하였다. 그 후 주은래 등은 일하면서 배우기 위해 고학을 결심하고 프랑스 유학길에 오르고, 그 밖의 사원들도 각지로 흩어졌다.

등영초는 사범학교를 졸업하고 교사가 되었고, 국내에 남은 일부

---

* V narod movement는 19세기 후반 러시아의 귀족청년과 학생들에 의해 전개된 농촌운동. '브 나로드'(v narod)란 러시아 말로 '민중속으로'라는 뜻이다. 당시 러시아의 젊은 지식인층은 미르(mir)라는 농민공동체를 기반으로 사회주의의 실현이 가능하다는 신념 아래 농민의 계몽을 위해 이 운동을 벌였다. 1873년부터 시작된 이 운동은 이듬해 여름까지 농민을 대상으로 급진적 혁명사상의 계몽과 선전을 벌이기 위해 2,000여 명에 이르는 많은 지식들이 농촌으로 들어가면서 정점을 이루었다. 그러나 이 운동은 정작 농민들로부터는 별로 호응을 받지 못했고, 주종자들이 체포되어 '193인 재판'을 받으면서 막을 내렸다. 이 운동은 농촌을 근간으로 한 사회주의적 급진사상의 시발점이었으며, 많은 혁명가가 이를 통해 양성되었고, 주변 여러 나라의 농촌계몽활동이 시작되는 계기가 되었다.

회원들과 함께 '여성사女星社'를 조직하고 여성의 문제를 토론하기 위한 『여성女星』을 발간하였다. 『여성』은 여명의 새벽별과 같이 여성들의 앞길을 비추겠다는 염원을 담고 있었다. '여성사'는 초기 공산주의 지식인들이 1923년부터 1925년까지 조직해서 활동하였던 진보적 여성운동 단체로서 『여성』과 『부녀일보婦女日報』 등 출판물을 창간하여 여성해방의 사상을 선전하는 데 주력하였다. '여성사'의 구성원들은 여성 문제가 전체사회 문제의 일부분이라고 인식하고, 사회변혁과 국가운명과 여성해방을 분리할 수 없다고 생각하였다. 그리고 광대한 여성의 절박한 요구와 희망에서 출발하여, 여성자신의 해방과 민족·계급의 해방을 결합하여 선전하였다. 적지 않은 글들이 국민혁명에 적극적으로 참가할 것을 주장하였다. 또한 구체적 사례를 통하여 사람들의 관심을 집중시킬 수 있도록 이론 선전과 사실 보도를 결합시키고자 하였다.

1920년 9월, 등영초는 천진 여학련의 대표로 선발되어 황영, 왕이영 등과 함께 북양정부 교육부에 청원서를 제출하였다. 청원서에는 4개 조의 여자중학교 개혁 요구사항이 제시되어 있었는데, 그 주요 내용은 여자중학교의 과정과 재정을 남자중학교와 동등하게 하고 여학생들도 졸업 후에 직접 대학에 응시할 수 있도록 하자는 것이었다. 당시 교육부는 여학생의 요구에 대하여 고려해 보겠다는 통지를 보내왔다. 이러한 사실은 그 후 대도시에서 종전의 남녀 간 교육불평등을 극복하고 남녀가 동등한 교육을 받는 길을 새롭게 열었다는 점에서 적지 않은 성과였다. 1920년 전반은 등영초가 천진에서 마르크스사상에 접하면서 다시 한번 자기 변혁을 꾀하던 시기였다.

1921년 7월 중국공산당이 성립되자 전국적으로 광범위하게 마르크스주의가 전파되었다. 등영초는 당시 『신청년新靑年』, 『향도向導』, 『중국

청년中國靑年』 등의 진보적인 간행물들을 읽음으로써 마르크스주의와 접촉하였으며, 역사유물사관의 관점을 지니게 되었다. 그리고 그녀는 사회에는 압박받는 여성만 있는 것이 아니라 광범위한 노동자, 농민, 도시의 빈민과 소자산계급의 남녀 모두가 통치계급으로부터 압박을 받고 있음을 깨닫게 되었다. 그리하여 그녀는 중국사회에서는 마땅히 계급의 해방과 사회의 해방이 선행되어야 하며, 그런 다음에 여성해방문제가 해결될 수 있다고 생각하게 되었다.

이와 같이 등영초가 5·4운동 시기에 경험했던 애국과 여성의 각성은 마르크스주의를 매개로 중국혁명이라는 하나의 흐름에 통합되었다. 그녀에게 여성문제는 양성대립의 관점에서 풀 수 있는 문제가 아니었다. 그녀에게 있어 사회 전체의 구조가 만들어낸 여성문제는 남성과 함께 거대한 총체적인 중국혁명의 과정 안에서만 비로소 해결될 수 있는 것이었고, 중국혁명에 헌신함으로써 여성문제를 해결할 수 있기를 기대했다.

1922년 북경에서 두 개의 여성단체 '여자참정협진회女子參政協進會'와 '여권운동동맹회'가 조직되었다. 중국공산당의 여성부장이었던 향경여向警予는 후에 이들 운동의 한계성을 들어 비판했지만, 등영초는 이때 참정회는 의원이나 관리가 될 수 있는 일부 여성들에게만 국한될 뿐 그 외의 대다수 여성들은 어떤 구제도 받을 수 없다고 생각하고서 천진에서 스스로 여권운동동맹회의 지부를 성립시켰다. 1924년 유청양이 유럽에서 귀국하여 함께 『부녀일보』를 창간하였다. 이 점에 대해 향경여는 "천진에는 『여성』이 있고, 게다가 『부녀일보』도 출간되었다. 이것은 침체되어 있던 중국여성계의 새벽을 알리는 제일성이다"라고 높이 평가하였는데, 불행히도 불과 8개월 만에 군벌정부에 의해 정간당하고 말았다. 그리고 1924년 국공합작이 이루어졌기 때문에 그녀도 조직의 결정에 따라 국민당에 가입하였다. 지금의 하북성 당부黨部 활동에 참가하여 여성부장에 임명되었다. 주은래도 9월 귀국하여 광동에 있는 황포군관학교黃捕軍官學校의 정치부 주임이 되었다. 등영초도 1925년 양광兩廣지구의 여성운동을 담당하게 되어 광동으로 갔다. 1925년 8월 8일 주은래와 등영초 두 사람은 결혼하여 광주의 허름한 작은 방에서 신혼생활을 시작한다.

혁명의 발원지인 광동에서 등영초는 채창蔡暢 등과 함께 국민당좌파인 하향응 등을 도와 여성운동을 지도하였다. 1926년 1월에 열린 중국국민당 제2차 전국대회에서는 등영초가 여성운동의 경과보고를 했는데, 여기에서 국민당의 획기적인 여성정책으로서 그 이후에까지 영향력을 미쳤던 여성운동결의안이 채택되었다. 그녀는 이 대회에서 국민당중앙위원 후보로 선출되었다. 이때 그녀 나이 불과 23세였다. 그러나 그해 3월에 일어난 중산함사건, 1927년의 4·12쿠데타로 국공합작은 완전히 결렬되어 버렸다. 이로 인해 공산당원도 6만 명에서 수천 명으로 격감하여 부득이 지하운동을 하지 않으면 안 되었다.

광주에도 반혁명의 바람이 불어닥쳐 2천 명 정도의 노동자와 공산당원이 체포되어 학살되었다. 이즈음 등영초도 위험에 처했으나 다행히 위기를 모면하고, 그 후 1년간의 모스크바 생활을 포함하여 1932년 강서 소비에트에 있는 근거지로 옮기기까지 주은래와 함께 무한·상해 등지에서 백색테러의 공포에도 불구하고 지하활동을 벌였다.

1934년, 혁명의 근거지를 포기하고 연안까지의 장정長征(2만 5,000 ㎞에 달하는 중국 공산당紅軍의 역사적 대행군1934~1935년. 이 결과 공산당의 혁명 근거지가 중국 동남부에서 서북부로 옮겨졌으며 모택동毛澤東

이 확고부동한 지도자로 부상했다. 홍군은 추격해 오는 장개석의 국민당군과 계속 싸우면서 18개 산맥을 넘고 24개의 강을 건너 서북지방의 섬서성에 도달했다. 중국의 많은 청년들은 장정이라는 영웅적인 투쟁에 자극을 받아 1930년대 말과 1940년대 초에 걸쳐 공산당에 가담했다. 장정은 모택동이 공산당에서 지도력을 확립하는 계기가 되었으며, 또한 이를 통하여 공산당은 국민당의 지배력이 닿지 않는 근거지에서 전열을 가다듬을 수 있었다. 공산당은 연안을 근거지로 하여 힘을 키운 결과 국공내전을 승리로 이끌었고 마침내 중국 전역을 장악하게 되었다)이 시작되었다. 그러나 이때 등영초는 오랫동안 무리한 탓으로 결핵이 재발하여 심한 각혈을 하는 등 건강이 악화되고 말았다. 모두에게 부담이 될 테니 자기를 두고 가라고 부탁했지만, 중국공산당은 등영초를 대열에 참가시키기로 결정했다.

그 후 등영초는 무한으로 가 항일민족통일전선의 결성을 위해 큰 역할을 하였다. 또한 전쟁의 화염 속에서 어린 아이들을 구하기 위해 송미령과 풍옥상風玉祥의 부인 이덕전李德全, YWCA 등 각 방면의 사람들과 함께 전국전시고아구제회全國戰時孤兒救濟會를 조직했다. 많은 아동들을 구출하여 후방으로 옮기고, 중경에서는 열 군데의 아동보육소를 건설하기도 하였다.

1938년 송미령의 주최로 전국의 여성운동조직이 모여서 여성지도위원회가 성립되었는데, 등영초는 이를 적극적으로 지원하였다. 각층 여성들의 통일전선을 형성하여 항일민족통일전선을 굳건하게 하려고 하였다. 같은 해 7월에는 국민참정원의 한 사람으로 활약하고, 1939년에는 중경의 팔로군에서 주은래, 동필무董必武 등과 함께 국민당 통치구역에서 어려운 활동을 해냄으로써 중국공산당의 얼굴로서 또한 창구로서 중요한 역할을 맡게 되었다. 1946년의 정치협상회의에서 공산당의 7인 대표 중에 유일한 여성대표로 선발된 것도 바로 여기에서의 활약상 때문이었다.

등영초는 항일민족통일전선의 여성운동을 평가한 글에서도 여성운동은 혁명운동의 일부분이고 양성 간 투쟁이 아니라는 전제를 계속 천명하였다. 그녀는 항전이 진행되면서 여성운동도 질적 양적 발전이 진행되었다고 평가하였다. 즉, 여성운동의 중심이 위로, 모금, 후원, 보육사업으로부터 교육, 문화, 정치 작업으로 이동해갔을 뿐 아니라 여성운동의 범위가 대중 속으로 확대되면서 운동의 규모도 확대되었다는 것이다. 그것은 정치적 통일전선의 결과 여성들의 행동을 통일할 수 있는 통일적 단체, 지도기관이 마련되었다는 점도 중요하게 작용했다고 보았다.

1949년 수립된 중화인민공화국은 여성들에게도 과연 '새로운 중국'이었을까? 3년 후 발표된 등영초의 글「새로운 중국의 여성들이여! 전진 또 전진하자!」를 참조하면, 중국인민정치협상회의 공동강령에서 "중화인민공화국은 여성을 속박하는 봉건제도를 폐지한다. 여성은 정치, 경제, 문화교육, 사회생활 각 방면에서 모두 남자와 평등한 권리를 갖는다. 남녀 혼인의 자유를 실행한다"라고 규정하고 있다. 이후 중화인민공화국은 각종 중요 법령에서 이 정신을 관철하였으며, 각 방면에서 법률상 남녀평등의 권리를 보장하였다. 새로운 중국의 건설자로서 중국여성들이 획득한 평등권과 보호가 인민민주제도의 우월성을 증명하였다는 것이다. 그러나 그녀에게 여전히 가장 큰 난관은 수천 년간 전해 내려온 여자를 경시하는 봉건사상을 단시간에 전부 제거할 수 없는 점이었다. 그래서 그녀는 전체 인민을 향하여 남녀평등의 정책을 선전하고 여자를 경시하는 봉건사상에 반대하여 여성의 잠재역량을 더욱 잘 발휘하여 조국의 건설공작에 참가하도록 독려했다. 이것은 새로운 중국이 시급히 해결해야 할 과제가 바로 여전히 잔존하고 있던 봉건적 관념의 극복이라는 점을 보여주는 것이다.

1949년부터의 여성연합회부주석, 1956년에는 중국공산당중앙위원이라는 요직에 임명되어 신중국 건설에 중요한 역할을 담당하였다. 그러나 문화대혁명 중에는 거의 활동을 하지 못했다. 여성연합회 조직도 사실상 해체당한 상태였는데, 1982년, 오래간만에 그 본부를 방문했을 때, 그녀는 눈물과 박수로써 환영받았다.

등영초는 1957년의 반우파투쟁의 확대*와 대약진은 분명히 당의 오류이며, 더구나 문화대혁명**은 더욱 중요한 과오라고 말하고 있다. 그러나 그것은 모택동 개인의 책임으로 돌릴 것이 아니라, 중앙위원회의 결정으로서 자신들의 책임도 있다고 말하고 있다.

---

* 백화제방, 백가쟁명은 본래 지식인층의 지식과 기술을 공업화에 활용하기 위해 채택한 것이었다. 그러나 본래의 의도에서 벗어나 반사회주의 세력과 결탁하여 반혁명의 조짐이 보인다고 판단한 중공중앙은 1942년 삼풍정돈운동의 경험을 토대로 1957년 4월부터 정풍운동(整風運動)에 관한 지시를 통해 마르크스주의 사상의 수준을 높이고 당원의 관료주의·파벌주의·주관주의를 개선할 것을 요구했다. 이는 1956년에 일어나 헝가리 반공 시위에 편승한 일부 계층의 경거망동에 대한 주의의 성격을 띠고 있는 것이기도 했다. 당시 대자보를 활용한 비판 방식이 도입되었고, 도시의 간부들이 하방되어 육체 노동에 종사하면서 자신의 사고 방식을 개선할 것을 요구받았다.

** 1950년 대 말 대약진운동이 좌절된 이후, 중국공산당 내부에서는 사회주의 국가 건설을 둘러싸고 노선대립이 생겨났다. 당 최고지도자였던 모택동은 (당연히) 대중노선을 주장하였지만, 류사오치·덩샤오핑(주자파走資派) 등 실용주의자들은 공업 및 전문가를 우선시 할 것을 주장하였다. 실권이 없어질 것을 두려워한 마오쩌둥은 1962년 9월 중앙위원회 전체회의에서 계급투쟁을 강조하고, 수정주의를 비판함으로써 반대파들을 공격하기 시작하였다. 문화대혁명은 바로 주자파공격을 위한 대중 동원이자 운동이었으며, 정치 우위를 주장하는 문혁파(紅)와 기술과 능률을 중시하는 실무파(專)의 권력투쟁이었다고 해도 과언이 아니다.

등영초가 걸어온 길은 5·4운동을 시발점으로 하여 자기변혁을 가져왔던 중국혁명지도자의 전형으로서 받아들일 수 있을 것이다. 또한 혁명가로서 두드러진 인물은 아니지만, 꾸준히 중요한 역할 즉 국민당과의 파이프역할을 담당해 오면서 중국여성해방운동의 선구자역할을 담당해 왔다.

3. 등영초에 대한 평가

천진의 제1여자사범학교에 재학 중이던 15세의 등영초는 1919년에 일어난 5·4운동에 참여했다. 이 운동을 계기로 천진의 남개대학 학생들이 중심이 되어 조직한 각오사에 가담했고, 여기서 여섯 살 위인 주은래를 만났다. 그 뒤 주은래는 프랑스로 유학을 떠났으나 등영초와의 동지적 교신은 이어졌다. 두 사람은 주은래가 귀국한 때로부터 1년이 지난 1925년 결혼식을 올렸다. 등영초는 그동안 사범학교를 졸업하고, 초등학교 교사로 일하며, 사회운동에 참여하고 있었고, 1925년에는 중국공산당에 입당했다. 그녀는 총명하고, 겸손했으며 이념적으로도 잘 무장돼 있었다. 주은래는 등영초의 이러한 점들을 깊이 사랑했다. 이 무렵에는 제1차 국공합작國共合作이 성립돼 있어서 등영초도 국민당에 가담했으며, 1926년에 열린 국민당 제2차 전국대표자대회에서 중앙집행위원회 후보위원으로 선출되기에 이르렀다. 1927년에 제1차 국공합작이 깨지면서 그녀는 상해에서 비밀 공작사업을 수행함과 아울러 중국공산당 중앙부녀위원회 서기를 맡았다. 이 해 4월 반공 쿠데타를 일으킨 장개석의 공산당 탄압은 극심해졌다. 그녀와 주은래는 모두 피신에 피신을 거듭해야 했으며, 그녀가 아기를 사산

한 것이 이때였다. 계속되는 피신으로 몸이 너무 약해져 산고가 심하자 의사가 약을 쓴 것이 아기를 죽게 만든 것이다. 그 뒤 두 사람 사이에는 자식이 없게 된다.

등영초는 1932년 남편의 뒤를 따라 모택동이 이끄는 강서소비에트에 합류했다. 강서소비에트에 참가한 여성지도자의 수는 아주 적었는데, 그 점만으로도 중국공산주의 여성운동계에서 그녀가 차지하는 자리는 높다. 그런데 그녀는 거기서 그치지 않고 1934년에 시작된 장정長征에 남편과 함께 끝까지 참가함으로써 그녀의 위상을 더욱 높였다. 등영초는 남편과 함께 연안에 닿았으나 그 뒤에는 국민당 정부의 수도였던 무한과 중경에서 활약했다.

1937년에 제2차 국공합작이 이뤄지고 남편 주은래가 중국공산당의 대표들 가운데 한 사람으로 그 도시들에서 일하게 됐기 때문이었다. 이 시기에 그녀는 중국공산당 중앙위원회 후보위원으로, 또는 중국공산당 남방국위원 겸 부녀위원회 서기로 뽑히기도 했다.

1949년 중화인민공화국이 수립됐을 때 그녀의 나이 45세였다. 그 뒤 그녀는 공식적으로는 제1회부터 제5회까지의 전국인민대표대회 상무위원회위원으로, 그리고 제1회부터 제3회까지 중국대륙부녀연맹 부주석으로 활동했고, 개인적으로는 국무원 총리 주은래의 부인으로 활동했다. 등영초의 생활은 언제나 검소했으며 옷차림은 수수했다. 집 안에 가구라는 것도 거의 없다시피 했다.

1950년대 후반부터 1960년대 초까지 중국 전체가 흉년과 굶주림으로 시달리던 때 그녀는 일반서민과 똑같은 수준으로 식생활을 함으로써 지도자로서 모범을 보였다. 등영초는 강청을 비롯한 4인방이 제거된 직후인 1976년 겨울에 전국인민대표자대회 상무위원회 부위원장으로 선출됐고, 1978년 중국공산당 중앙정치국 위원으로 선출됐으며, 1983년에는 전국인민정치협상회의 주석으로 선출됐다.

이러한 화려한 경력의 등영초가 죽으면서 남긴 유서의 정신은 '검소' 한 가지였다. 그 내용을 소개하면 다음과 같다.

> 당 중앙 귀하. 사람은 반드시 죽는 법입니다. 나의 사후 처리에 관해 다음과 같은 부탁을 드리니 들어주시기 바랍니다. 나의 시신은 화장을 해주십시오. 유골도 보관하지 말고 뿌려 주십시오. 이것은 먼저 간 주은래 동지와의 약속입니다. 고별식이나 추도식 같은 것도 하지 말아 주십시오. 수의를 따로 만들 필요가 없습니다. 그것을 준비하는 것 자체가 인민들에게 폐를 끼치는 일입니다. 내가 입고 있는 옷으로 염을 하시기 바랍니다. 이상과 같은 나의 부탁을 내가 죽으면 사람들에게 알려 주십시오. 이것도 인민들을 위한 봉사일 것으로 생각됩니다.

이처럼 훌륭한 정신의 등영초는 동전 한 닢 남기지 않고 죽었으며, 죽은 후에도 화장하여 중국산하에 뿌려져 재조차 남기지 않았다. 한 평생을 오로지 조국과 인민을 위하여 희생과 봉사로 일관했던 등영초의 숭고한 리더십은 지금까지도 중국인들의 자긍심으로 살아 있으며, 항상 자신들을 보살펴주는 '큰언니'와 같은 지도자로서 그들의 기억 속에 생생히 살아있는 것이다.

등영초에 대한 평가를 표로 정리하면 다음과 같다.

구분	등영초의 삶과 지도력
성장환경	1. 불우한 가정환경 2. 신지식인 어머니와 어머니 동료 교사들로부터 중국의 사회와 여성문제에 대해 듣고 자랐으며, 어머니로부터 문학, 역사, 지리 등을 배움으로써 일찍부터 근대교육을 받을 기회를 가질 수가 있었다.
본받을 만한 사례	1. 등영초의 생활은 언제나 검소했다. 2. 1950년대 후반부터 1960년대 초까지 중국 전체가 흉년과 굶주림으로 시달리던 때 그녀는 일반서민과 똑같은 수준으로 식생활을 함으로써 지도자로서 모범을 보였다. 3. 화려한 경력의 등영초가 죽으면서 남긴 유서의 정신은 '검소' 한 가지였다.
원칙과 가치관	1. 평생을 개인보다 혁명과 인민을 먼저 생각했던 여성혁명가는 끝까지 인민의 공복으로서의 자세를 지켰다. 2. 열정, 성실, 겸허, 대범함으로 중국혁명과 여성해방운동의 선구적 역할을 담당했다.
성공요인	1. 총명한 두뇌와 겸허한 인품을 지닌 모범적 여성혁명가 2. 민첩한 상황 판단과 세심한 친화력으로 공산당 안팎을 넘나들며 광범위한 인사들을 통합하는 능력을 보여줌으로써 통일전선정책을 성공적으로 수행
업적	등영초는 중국혁명과 여성해방운동을 실천적으로 정립한 선구적 여성지도자이다.
등영초에 대한 평가	1. 에드가 스노우: "내가 만났던 중국의 여성 중에서 가장 예리한 정치적 두뇌를 소유한 사람이었다." 2. 주은래: "소초小超: 등영초의 애칭는 그야말로 열정적이고 이지적이다. 이 양자가 이처럼 철저하게 결합되어 있다는 것은 정말 기적이다." 3. 한평생을 오로지 조국과 인민을 위하여 희생과 봉사로 일관했던 등영초의 숭고한 리더십은 지금까지도 중국인들의 자긍심으로 살아있다. 4. 남편 주은래와 함께 중국인들의 존경과 사랑을 받는 혁명지도자로 남았다. 5. 훌륭한 예절과 남다른 재치 및 우아함과 함께 날카로운 정치적 식견과 자신의 생각을 제시하는 객관적인 방법을 지니고 있다. 6. 주은래: 등영초는 가정에서는 훌륭한 아내인 동시에 주은래의 활동에 있어서도 귀중한 내조자였다. 7. 중국인들에게 '큰언니'라는 애칭으로 불리는 등영초는 중국인들에게 존경과 사랑을 받는 혁명지도자이며, 근엄한 존칭보다는 그저 큰언니로 불리기를 원했던 그녀는 총명한 두뇌와 겸허한 인품을 지닌 모범적 여성리더로 중국인들에게 기억되고 있다 8. 북양대학일보北洋大學日報 기자: 등영초는 정열적이고, 성실함과 겸허함 그리고 대범함, 활발함으로 우리에게 깊은 인상을 주었다.

구성희(具聖姫) ─────────────────────

숙명여자대학교 사학과 졸업
국립대만대학교 역사과에서 「漢晉的塢壁」으로 석사학위 취득
북경대학교 역사과에서 「論漢人對死的態度」로 박사학위 취득
국내외 여러 대학의 연구교수와 연구원 및 북경대학교 전임강사를 역임하였으며 현재 숙명여
자대학교에서 강의

「先秦時代 生死觀과 魂魄說의 관계」
「先秦時代 生命起源說 중의 氣生萬物說」
「漢代人의 鬼神觀念과 巫者의 역할」
「한대의 厚葬風俗과 薄葬論」
「漢晉塢壁의 성질 및 기능」
「한대의 영혼불멸관」
「한비자 통치론의 역사적 공헌」
「한비자 정치사상의 역사적 의의」
「한비자의 통치론」
「漢晉塢壁에 관한 연구」
「漢代 喪葬禮俗에 표현된 영혼관과 귀신관」
「略論漢代人的死後地下世界形象」
「중국혁명의 여성리더 등영초」
「근대 중국여성해방운동의 선구자 추근의 리더십」
「등영초(1904-1992)의 리더십」
「하향응(1878-1972)의 리더십」
「女性革命家何香凝的領導能力」
「鄧穎超的領導能力及其對中國社會的影響」
「韓非子統治論在歷史上的進步性與貢獻」
「한고조 劉邦의 인재활용술과 리더십」
「劉備의 人才관리와 리더십」
「曹操的用人之道與管理思想」,
「漢高祖劉邦的人才管理術」
「난세의 영웅 위무제 조조의 인재활용술과 리더십」
「한대인의 영혼관과 사후세계관」
「티베트에 문명을 전파한 당나라 문성공주의 역사적 지위」
「중국역사상 최초로 정권을 잡은 여성-전한의 여후」
「화친을 위해 흉노로 시집간 한나라 왕소군의 역사적 공적」
「남자황제보다 뛰어난 당나라 여황제 측천무후의 역사적 공적」

『漢代人的死亡觀』(2003)
『兩漢魏晉南北朝的塢壁』(2004)
『한당번속체제연구』(2007, 공역)
『아주 특별한 중국사이야기』(2008, 공역, 책임집필)
『리더들의 리더가 된 중국의 제왕들』(2009, 공저, 책임집필)
『고대 중국의 제왕』(2011)

한 권으로 읽는
중국 여성사

초 판 인 쇄 ㅣ 2012년 9월 8일
초 판 발 행 ㅣ 2012년 9월 8일
2 판 인 쇄 ㅣ 2012년 12월 28일

지 은 이 ㅣ 구성희
펴 낸 이 ㅣ 채종준
펴 낸 곳 ㅣ 한국학술정보㈜
주   소 ㅣ 경기도 파주시 문발동 파주출판문화정보산업단지 513-5
전   화 ㅣ 031) 908-3181(대표)
팩   스 ㅣ 031) 908-3189
홈 페 이 지 ㅣ http://ebook.kstudy.com
E - m a i l ㅣ 출판사업부 publish@kstudy.com
등   록 ㅣ 제일산-115호(2000. 6. 19)

ISBN   978-89-268-3755-9 93910 (Paper Book)
          978-89-268-3756-6 95910 (e-Book)

이담 는 한국학술정보(주)의 지식실용서 브랜드입니다.

한 권으로 읽는

중국여성사